사회복지법제와 실천

사회복지법제와 실천

정진경

KNOWLEDGE COMMUNITY 공동체

개 / 정 / 판 / 서 / 문

몇 분짜리 동영상 위에 얹혀진 짧고 큰 글씨와 몇 마디 음성으로 필요한 정보와 지식을 얻는 시대라 한다. 알면서도 다시 긴 글과 두꺼운 책을 내어 놓는다.

『사회복지와 법의 만남』을 책제(冊題)로 하여 첫 발간(2016년 9월)된 이후 2년 6개월 사이, 사회복지법제 집필자라면 지나칠 수 없는 많은 사건과 변화가 있었다. 헌법재판소의 대통령 탄핵심판 인용결정(2017. 3. 10), 사회보장급여법의 본격 시행에 따른 사회복지사업법의 상당한 내용체계 변화(2017. 10. 24), 제2차 사회보장기본계획(2019~2023)의 수립, UN아동권리협약 제5차·6차 통합이행보고서(2017) 및 장애인권리협약 2차·3차 국가보고서(2019) 제출 등 헌법과 사회복지기본법 체계, 국제법에 이르는 여러 수준의 법령 체계에서 새로운 입법적, 정책 이행적, 사법적 사례들이 등장한 것이다.

그러니 부지런히 개정 작업을 해야만 했다.

사회복지교육 영역에서의 변화도 한몫 거들었다. 1997년부터 유지되어 온 사회복지사 자격증 이수 교과목 체계의 변경을 골자로 하는 사회복지사업법 시행규칙이 입법예고(2018. 12. 17)됨에 따라 사회복지법제론이 『사회복지법제와 실천』으로 변경되는 것이다.

당초에 사회복지법제는 사회복지 행정이 작동되고 실천이 이루어지는 사회복지 현장에 녹아 있으며, 이에 사회복지법제를 사회복지입법-사회복지현장-사법적 판단의 역동적 상호작용 속에서 통합적으로 접근하고자 했던 본 서에 어울리는 옷을 비로소 입게 되었다.

본 개정판의 주요 변화는 사회보장급여법의 법률적 지위와 내용적 중요성을 인식하며 하나의 독립된 장으로 구성하여 추가하였다는 점이다. 또한 본 서에 기술된 수많은 관계 법령들은 가장 최근에 개정된 법령체계와 내용으로 업데이트하였다. 판례를 비롯하여 새롭게 찾은 사례들과 정보를 추가하는 것 역시 빼놓지 않았다. 사회복지 입법 체계 및 사법체계에서 사회복지사의 역할과 사회복지 실천과정에서의 법적 접근을 내용으로 하는 제8장 사회복지법과 사회복지실천 파트도 보강하였다.

각 장을 시작하는 목표와 주요 용어 및 핵심 개요, 그리고 각 장의 마지막 요약만 읽어도 쉽게 이해될 수 있도록 구성했다. 사회복지법제가 실제 사회복지 영역에서 어떻게 구현되는지 더 궁금하게 여길 만한 내용을 추가적으로 찾아보는 수고를 덜 수 있는 친절한 사회복지법제 교재로 활용되기를 기대한다.

한치의 실수 없는 정확한 교정과 빼어난 편집으로 색을 입혀준 공동체에 감사드린다.

2019년 7월

서 / 문

차를 멈추게 한 빨간 신호등을 바라본다. 승용차가 없던 시절에는 현재와 같은 도로교통법도 없었을 것이다. 인공지능에 의해 움직이는 자율주행차가 도로로 쏟아져 나오는 미래의 도로교통법은 어떠할까?

법은 시대의 변화에 따른 사회적 요구의 대응이며 사실상 법이 스며들지 아니한 현대 우리의 일상생활은 찾아보기 어렵다. 사회복지법 역시 사회복지현장에 정교한 형태로 깊숙이 침투되어 있으며 '사회복지 현상 그 자체'에 있다. 그럼에도 정작 법은 어렵거나 꺼려지거나 나와는 거리가 먼 것으로 인식되기 십상이다.

사회복지와 법은 사회복지현장과 법체계 사이에서 만난다. 그러나 사용하는 용어의 차이를 비롯하여 사회과학적 사고와 법적 사고의 차이, 사회복지사와 법 전문가의 전문직업적 차이, 사회복지법과 사회복지현장 및 법적 갈등을 포함한 사법적 판단과의 이론적 · 실제적 상호관계에 대한 지식의 미흡 등 두 영역이 만나기 위한 준비의 정도는 매우 부족하다고 판단된다.

다른 사회복지 학문 분야에 비해 상대적으로 늦게 형성된 사회복지법제 분야의 연구는 여전히 기초적 단계에 머물러 있다. 나라마다 독특하게 형성된 법문화로 인해 상이한 외국의 사회복지법제를 접목하는 것도 더더구나 어려운 일이다.

본 서를 집필하게 된 중요한 동기는 사회복지가 작동되고 운영되는 정책과 실천과정에서 우리가 얼마나 실질적으로 법 작용과 밀접하게 관련되어 있는지를 생생하게 이해시키기 위함이다. 이로써 사회복지학을 배우는 학생뿐 아니라 현장의 사회복지사와 종사자들이 사회복지법에 대한 지속적 학습의 필요성과 법적 민감성을 갖게 되기를 바란다.

두 번째 동기는 사회복지법제 영역에서 다루어져야 할 연구주제가 무궁무진함을 발견할 수 있게 된 것이다. 법의 구조적·기능적 맥락에서 사회복지법제의 통합적 접근모형을 구성한 본 서의 기본 관점으로부터 개별 사회복지 분야에 대한 법적 관점에서의 학술연구 주제들이 새롭게 발견되고 보다 많이 응용되기를 기대한다.

사실 무엇보다 저자의 가장 큰 바람은 사회복지법제가 이렇게 흥미진진하고 재미있는 것이었나?라는 반응을 듣고 싶은 것이다.

이를 위해 본 서는 내용적 구성 면에 있어 다음과 같은 점에 주력하였다.

첫째, 본 서에서 제시하는 통합적 사회복지법제 접근 모형은 사회복지법제를 사회복지법규와 사회복지정책 및 실천현장에의 적용, 그리고 사법적 판단이라는 입체적이며 역동적 관계에서 접근하게 함으로써 '사회복지에 대한 법적 접근'으로의 가능성을 보여주고자 하였다.

특히 사회복지법제를 정책 영역에서만 다루었던 기존의 접근을 본 모형을 통해 사회복지실천 영역까지 포괄하면서 '법 기반 사회복지실천'이라는 새로운 용어를 탄생시켰다.

둘째, 무엇보다 본 저술의 가장 큰 특징은 50여 개에 달하는 상자(□)에 담겨 있는 다양한 유형의 사례들일 것이다. 그리고 사회복지 분야에서 일어났던 헌법판례부터 손해배상청구, 행정심판, 행정소송 등 다양한 판례들을 소개함으로써 자칫 어렵고 딱딱해 보이는 기술적 설명을 보완하고자 하였다.

나아가 부록을 통해 1961년부터 현재까지 주요 사회복지법 제·개정 연혁표와 유용한 웹사이트를 소개함으로써 자료의 접근성으로 인한 사회복지법 학습의 어려움을 해결하는 데 도움이 되고자 하였다.

셋째, 최근 사회보장기본법과 사회복지사업법 및 국민기초생활보장법이 전면개정에 가까운 상당한 개정이 있었다. 본 서는 이러한 개정의 의미와 변화된 핵심내용에 대한 설명을 담고 있다. 또한 법 규정이 실제 정책화로 연계된 모습과 판례를 통해 해석되는 사례를 제시함으로써 하나하나의 개별법에 대한 통합적 이해가 가능하도록 노력하였다.

특별히 사회복지사의 처우와 법적 보호를 위한 법제도적 장치 및 관련 판례들과 그 의미를 소개함으로써 새로운 정보제공의 역할을 하고자 하였다.

모교에서 첫 시간강사로서 담당했던 수업이 사회복지법제론이었다. 교재는 물론이거니와 한 문장이 A4 반 페이지에 이르는 판례를 읽고 또 읽고 법률용어사전을 찾아가며 겨우 이해할 수 있었던 시절이었다. 그 후 10여 년이 넘는 동안 사회복지법제론을 수업하고 연구해 오면서 보다 더 사회복지 교육과 사회복지 실천현장에서 실감 나게 학습할 수 있는 저서를 집필해 보겠노라 생각하였다. 법학을 전공하지 않은 사람으로서 실수를 범하지 않기 위해 수없이 많은 법학 관련 서적들과 연구논문들, 사례들을 빼곡히 수집하며 꼼꼼히 공부하였다.

그리고 한국연구재단의 저술지원사업을 통해 본격적인 집필에 착수한 지 2년 만에 우선은 담고 싶어 왔던 내용들을 완성하게 되었다. 더 다루어야 할, 더 담아야 할 깊숙한 사회복지법제 이야기가 남았다는 것이고 앞으로 지속적인 개정 작업이 필요하다는 의미이다.

늘 완성되지 못한 교재를 나의 열정으로 채우던 사회복지법제론 수업에서 만난 수많은 학생들에게 고마움을 전한다. 법률 조항 하나하나까지 꼼꼼한 교정을 봐주시고 빼어난 편집으로 돋보이는 책을 만들어 주신 공동체 선생님들께도 감사한 마음이다.

희로애락의 전부. 두 아들과 남편이 누구보다도 기뻐해 주기를 바란다.

2016년 9월

폭염을 이겨내고 찾아와 준 가을을 반기며

차 / 례

제 5 장 헌법과 사회복지법

제 6 장 국제법과 사회복지법

제 11 장 사회복지사업법의 이해

제 12 장 국민기초생활보장법의 이해

표 / 차 / 례

그 / 림 / 차 / 례

사 / 례 / 차 / 례

Chapter

1

현대사회와 사회복지법

본 장의 목표

법이 현대사회의 발전과 밀접한 관련이 있는 것처럼, 사회복지법 역시 복지국가의 역사적 발전과정에서 형성되어 왔다. 본 장을 학습하고 난 뒤 :

- 현대사회와 법의 다양한 관련성을 이해한다.
- 법학과 사회과학적 사고의 차이점을 이해하고 사회복지법제 학습의 장애요인을 인식한다.
- 자본주의 사회의 전개와 시민법적 원리에서 사회법적 원리로의 전환 등 사회복지법의 역사적 등장 배경을 이해할 수 있다.
- 현대 복지국가에서 사회복지법이 갖는 실제적 의미를 알 수 있다.

주요 용어

- 법, 법학
- 사회복지
- 법적 사고
- 사회과학적 사고
- 복지국가
- 시민법 원리
- 사회법 원리
- 산업화
- 사회복지법

본 장의 핵심

사회복지법 체계는 사회복지 제도와 실천의 근간을 이루며 사실상 사회복지 현장에 정교한 형태로 깊숙이 침투되어 있다. 사회복지법은 사회복지에 대한 이념적 방향을 제시하며 국가의 책임과 의무 및 국민의 실체적 권리보장 사항을 규율한다. 또한 사회보험제도의 시행이나 사회복지시설의 운영, 사회복지기관 종사자의 전문직업적 권한과 처우 등 실제적 제도가 작동하는 기반이다. 그럼에도 불구하고 사회복지를 공부하는 학생이나 사회복지실천가에게 법은 여전히 어렵고 괴롭게까지 느껴진다.

그 이유는 첫째, 어려운 법률 용어와 기술방식의 차이, 복잡한 법체계로 인한 접근성의 어려움 등 법학과 사회과학이라는 서로 다른 학문 분야의 차이에서 비롯된다. 둘째, 법은 무서운 것, 왠지 꺼려지는 것 등 법에 대한 불편한 법 감정에서도 비롯된다. 셋째, 법은 그것이 비록 사회복지법이라 해도 사회복지와 무관한 법 전문가의 영역으로 생각되기 때문이다.

그러나 우리가 사는 현대사회는 더 이상 법 없이도 살아갈 수 있는 시대는 아니며, 사회복지 또한 법에 기반하지 않을 수 없다. 본 장에서는 우선 사회복지법이 어떠한 배경에서 등장하였으며 현대 복지국가에서 사회복지법이 갖는 의미가 무엇인지 고찰해 본다.

Chapter 1

현대사회와 사회복지법

1. 법과 사회

1) 현대사회와 법

"역설적이게도… 인간이 문명화되면 될수록 법에 대한 필요성이 더 커지고, 그들은 더 많은 법률들을 만들어 낸다." (Hoebel, 1954 : 292)

전통사회에서의 사회적 관계는 보다 직접적이고 친밀하며 이윤을 공유하는 미덕이 있는 반면 갈등은 적었다. 이러한 사회에서는 관습이나 도덕, 혹은 종교적 권위나 연장자의 조정에 의한 비공식적 사회통제 체계가 더 효과적이었다. 그러나 사회가 확대되고 복잡화된 근대사회에서 사회적 이질성은 커져갔으며 대면적 관계는 약화되고 이해관계는 매우 특수한 형태들로 나타났다. 더 이상 당사자 간 조정기제는 물론 비공식적 관습과 규범은 작동하지 못하였다. 산업화에 따른 물질적 재화의 접근성은 간접적(생산자−유통자−소비자)으로 되어가면서 불평등한 자원할당이 가속되고 사회 내 갈등과 분쟁은 더욱 증가하였다. 이로 인해 명확한 규제와 법집행 강화에 대한 요구는 필연적으로 증가하였으며, 법은 그러한 사회적 욕구에 대한 반응으로 등장하였다(Vago, 2006).

모든 법체계는 그 사회가 추구하는 가치와 이념 및 목적과 밀접한 관계를 가질 뿐 아니라, 그 시대의 특정한 지적(知的), 사회적, 경제적 및 정치적 분위기를 반영한다. 이렇게 한 사회의 법을 형성하는 고유의 속성으로 인해 각 사회마다 특징적인 '법 문화'를 만들어 내며, 따라서 각 나라의 법체계는 서로 달리 나타나게 된다(Friedman, 2002).

법과 사회의 관계는 다양한 측면에서 강조되어 왔다. "법은 사회에 의해 채택된 가장 특수하고 가장 처벌적인 기제"로서 법의 사회통제적 측면이 강조되기도 한다. 반면 "법은 사회발전과 모든 국민들의 삶의 조건을 향상시키고, 궁핍과 박탈의 문제를 제거하며 사회복지 향상을 위한 수단의 채택"으로서 정부의 사회계획으로 인식되기도 한다(Vago, 2006).

이러한 법은 개인 속에서 그리고 사회 속에서 구체적으로 실현될 때 가치가 발현되지만 실상 법과 현실 사이에는 괴리가 존재한다. 이는 법이 실정법에 규정되면 고정적이지만 사회는 유동적이며 항상 변화하기 때문이다(홍완식, 2013).

결국 법은 사회관계와 사회구조의 변화 등 현대사회의 발전과 함께 발달되었으며, 사회와 분리되어 생각할 수 없는 '사회 그 자체'에 있다.

2) 법학과 사회과학

법과 사회와의 밀접한 관련성에도 불구하고, 학문으로서의 법학과 사회과학은 각 학문에서 사용하는 용어의 차이와 심지어 용어의 기술방식 차이, 또 전문가적 문화의 차이 등으로 인해 학문 간의 상호교류를 어렵게 한다.

예를 들어, 구상권,[1] 피의자[2] 등과 같은 법률 용어는 그 자체만으로는 무슨 뜻인지 이해하기 어렵다. 판결문 등에서도 '~하다 하지 아니할 수 없다'(~하다), '~로 봄이 상당하다'(~이다), '~살필 필요 없이 이유 없다'(검토할 필요가 없다) 등 이중부정, 중복의미 사용과 같이 독특한 기술방식을 취한다. 법률이나 판결문을 접했던 사회

1) 구상권(求償權) : 타인을 위하여 변제를 한 사람이 그 타인에 대하여 가지는 반환청구의 권리(출처 : 현암사)

2) 피의자(被疑者) : 경찰이나 검사 등의 수사기관으로부터 범죄의 의심을 받아 수사를 받고 있는 자로서 공소가 제기되기 전인 자(출처 : 현암사 www.hyeonamsa.com)

복지 전공 학생이나 연구자라면 누구나 느꼈을 법한 일이다.

이러한 일상적인 언어와 차이가 있는 법률 용어는 언어적 규칙으로 짜여진 하나의 법 언어학 체계로까지 접근되고 있다(서경숙 · 니시야마 치나 공역, 2016).

학문의 접근 방식에 있어서도 두 학문 간에는 전문가적 문화의 차이가 존재한다. 법학자는 해당 특정 문제에만 관련된 법률 규정이나 증거에 초점을 두어 문제 해결을 시도하지만, 사회과학자들은 특정 문제라도 그에 영향을 미칠 수 있는 모든 가정과 이를 증명할 개방적인 접근방식을 취한다. 법률가들은 지금 여기서 결정을 내리고자 하는 욕구가 강한 반면, 사회과학자들은 어떤 이슈에 대한 최종 판단까지도 끊임없이 의문을 품는다(Vago, 2006).

법의 제정과 집행, 해석과 적용이라는 모든 활동이 사회 속에서 일어나며, 법학과 사회과학은 동시대에 전개되는 사회현실과 인간행위에 관하여 일정한 해석과 설명을 추구한다는 면에서 공통적이다. 그러나 법학은 그 방법론과 학문적 계보, 역할 등 여러 차원에서 사회과학 일반과 구분된다(양현아, 2006).

법학은 법에 관한 체계적 인식과 법질서를 연구목적으로 다른 학문들에 비해 사회의 규범성을 강조하며 가치지향성을 띤다(홍성찬, 2009 : 27-28). 경험적 연구를 통해 인간과 사회의 상호관계를 연구대상으로 하여 객관적 사실과 인과관계를 규명하고자 하는 사회과학과는 다른 점이다.

법학은 법에 의하여 사회현상에서 발생하는 법적 분쟁을 해결하고 사회악적 현상의 제거와 치유에 초점을 둔다. 이러한 법학은 정치학, 행정학, 사회학 등과 같이 사회현상에 속하는 사실의 학문이지만 이들과 달리 당위의 질서를 중시하는 규범에 관한 학문으로 법이념을 현실 사회생활에 적용하는 과정에서 옳고 그름이라는 가치판단이 불가피하다. 이에 법학은 다른 사회과학 학문들과 구별되는 독특한 논리적 · 체계적 · 해석적인 방법을 갖는 법적 사고를 바탕으로 하고 있다. 이러한 법적 사고는 법률가가 자신의 과제를 해결하는 방식에 의해서도 규정된다(남기윤, 2015).

Vilhelm Aubert(1973 : 50-53)는 법적 사고와 사회과학적 사고방식의 차이에 대해 다음과 같이 설명하고 있다.

① 법은 일반적 보편성보다는 어느 특별한 사례에서 발생한 것, 즉 특정성을 보다 지향한다.

② 법에서의 진실은 규범적이며 비확률적이다. 무엇이 발생했거나 발생하지 않았거나, 법이 타당하거나 타당하지 않거나, 어떤 사람이 법을 위반했거나 안 했거나 진실은 하나이다.

③ 법은 주로 과거와 현재를 지향하며 미래의 사건에는 거의 관심을 두지 않는다.

④ 법적 결과, 즉 법률이 목표로 하는 것은 설상 그것이 달성되지 않더라도 타당한 것이다. 법률에서 어떠한 의무를 정하였는데 그것이 완수되지 않더라도 법률규정의 형식적 타당성은 의심의 여지가 없다.

⑤ 법적 판결은 절충적 해결의 여지가 거의 없는, 즉 소송에서 이기거나 지거나, 이것 아니면 저것, 전부 아니면 전무로 판결되는 과정이다.

법과 사회, 그리고 법학과 사회과학의 특징적 차이는 법과 사회복지의 관계에 어떠한 점을 시사하는가?

우선 법과 사회복지는 사회문제의 해결을 위해 어떠한 방법과 수단을 채택해야 하는가에 대한 사회적 논의의 산출물(Preston-Shoot, Roberts, & Vernon, 2001)이라는 점에서 공통적이다. 그러나 '환경 속의 인간'(Person-in-Environment)을 강조하는 사회복지는 상황적 맥락을 중시하는 반면, 법적 규범과 합목적성을 강조하는 법학은 사실적 근거와 증거에 기반한다는 차이가 존재한다(Braye, Preston-Shoot, & Johns, 2005).

법은 사회복지에 관여한 제도운영자와 실천가로 하여금 일정한 당위적 행위규범의 방향을 제시하지만 실제 그러한 법과 사회복지 현실 사이에는 괴리가 발생하기도 한다. 그럼에도 사회복지와 법은 일선 정책현장과 사회복지조직 및 사회복지사의 전문적 활동이 펼쳐지는 '사회복지현장'과 법률 및 사법기관 그리고 법 전문가를 포함한 일반 '법체계' 사이에서 만난다(Preston-Shoot, et al., 1998).

이에 사회복지법에 대한 학문 영역은 사회복지학과 법학의 교집합 영역으로, 이 분야에 대한 연구를 위해서는 사회복지학과 법학을 동시에 이해하고 접근할 수 있어야 한다(윤찬영, 2010).

사 례 법 학습의 어려움

- 딱딱함
- 법률 형식
- 모순되는 내용
- 주관적 해석의 여지
- 법관 의복 등 전통
- 법 공부를 위한 자료의 접근성
- 용어, 언어, 표현방법
- 어떤 법은 계속 변하고, 어떤 것은 변하지 않음
- 피해자에 대한 고려 부족
- 엘리트적
- 너무 추상적
- 정치가 법 변화에 영향

출처 : Brammer(2010), p. 13

2. 현대 복지국가와 사회복지법

1) 사회복지법의 역사적 등장 배경

사회복지란 개인뿐 아니라 가족, 집단, 지역사회 및 전체 사회에 걸친 미충족의 욕구와 사회문제를 해결함으로써 개별 구성원을 비롯한 사회 전체의 기능 향상과 삶의 질을 높이기 위한 전문적 · 제도적 실천 노력이라 할 수 있다.

전통적인 농경사회에서 개인의 기본적 욕구 충족과 문제의 해결은 개인 스스로나 가족 또는 지역사회 공동체 내에서 이루어졌다(박차상 외, 2009; 윤찬영, 2010). 이조차 불가능한 상황에 처한 사람들을 돕기 위한 사회사업활동은 영국의 자선조직협회(Charity Organization Society, 1869)나 미국의 인보관 운동(Settlement House Movement, 1889년 Hull-House) 등 민간 영역에서 이루어졌으며, 이는 사회복지실천 및 사회복지행정의 역사적 효시로 기술되고 있다(양옥경 외, 2011; 황성철 외, 2014).

이러한 맥락에서 사회복지법은 산업화와 자본주의의 발달 및 정치 · 경제 · 사회체제의 변동에 따라 나타난 사회문제를 해결하기 위한 사회복지제도와 함께 형성되고 발전해 왔다 할 수 있다(남기민 · 홍성로, 2013). 즉, 법의 등장을 사회적 욕구의 반응으로 본다면 사회복지법의 등장은 사회문제에 대한 제도적 대응으로 이해할 수 있다.

구체적으로 사회복지법 등장의 배경은 다음과 같은 측면에서 설명될 수 있다.

(1) 산업화와 자본주의 전개에 따른 사회문제의 대응

전통적인 농경사회가 제조업을 중심으로 한 산업사회로 변화하는 과정에서 질병이나 노령, 장애, 빈곤, 실업 등의 사회적 위험에 대한 문제를 더 이상 개인의 무능력이나 불운 등 개인적 원인으로만 보기 어렵게 되었다. 주거환경 및 위생의 문제, 산업현장의 안전 문제, 오일쇼크나 원자재 가격 변동, 산업체의 도산 등 개인이 손쓸 수 없는 구조적 문제에 의해 사람들이 질병과 장애 및 실업의 위험에 처하게 된다는 점을 인식하게 된 것이다.

산업화 과정 속에서 가족구조와 기능 역시 변화하였다. 더 이상 가족은 경제공동체로서의 기능이나 아동, 노인, 장애가족 등 가족부양 체계로서의 기능을 온전히 수행하기 어렵게 된 것이다. 즉, 산업화 과정에서 발생하는 사회문제의 해결이 개인이나 가족의 기능만으로는 불가능하게 되었다.

한편 산업화 진전에 따른 자본주의의 급속한 발전은 경제적 성장을 가져왔으나, 실제 사회 현상에서는 노동과 자본 등 계층의 분화, 빈부격차의 심화, 노동시장의 분화, 노인 인구 증가에 따른 부양부담 등 심각한 사회문제를 양산하게 되었다.

사회문제의 심화는 사회질서의 유지를 어렵게 할 뿐 아니라 국가발전을 저해하게 될 위험 요소이며, 이를 해결하는 역할이 국가의 책임으로 더 인식되었다. 즉, 사회문제를 해결하고 사회적 위험에 처한 국민을 보호하기 위해 국가의 제도적 개입과 사회정책이 요구되었고, 이러한 정부의 기능을 수행하기 위해서 필연적으로 사회복지법이 등장했다고 볼 수 있다.

(2) 시민법 원리에서 사회법 원리로의 전환

법은 국가(또는 공권력)와 개인 간의 관계를 규율(公法)할 뿐 아니라 사인(私人)과 사인 간의 관계를 규율(私法)하기도 한다. 산업화와 자본주의의 진전에 따른 사회문제 해결을 위한 제도적 대응으로서만 사회복지법의 필연적 등장을 설명하는 데는 한계가 있다. 즉, 해당 법 원리가 개인 당사자 간의 관계를 규율하는 방식으로 작동한다면 이는 사회문제 해결을 위한 국가 책임으로서의 사회복지법으로 보기 어렵다. 따라서 자본주의 전개 과정에서 나타난 시민법적 원리의 사회법적 원리로의 전환 내용을 이해할 필요가 있다.

19세기 초 봉건사회의 붕괴와 산업화의 진전 과정에서 초기 자본주의는 부르주아 시민계급에 의해 형성되었다. 이 시대의 기본적 사상은 '자유'와 '평등'이었는데, 여기서 '자유'는 신분사회에서의 각종 억압으로부터의 자유이며, '평등'은 법 앞에서의 평등을 의미했다. 이러한 사상적 배경을 둔 시민법 원리는 교양과 재산을 가진 부르주아 계급의 성인 남성을 지칭하는 추상적 평균인으로서 기본적으로 자유권을 행사할 수 있는 능력이 있는 인간형을 상정하고 있다(윤찬영, 2010).

시민법 원리는 다음과 같은 원칙을 내용으로 한다.

- **소유권 절대의 원칙** : 각 개인의 사유재산을 절대 인정하여 소유권의 행사와 처분을 소유자 개인에 맡기며, 국가와 다른 개인은 이에 간섭하거나 제한을 가할 수 없다.
- **계약자유의 원칙** : 법적으로 평등한 시민들 간에는 자유로운 의사를 가지고 권리와 의무 관계에 대해 당사자 간 합의하며 등가적 교환을 한다.
- **과실책임의 원칙** : 고의 또는 과실에 의해 타인에게 손해를 끼칠 경우 그것은 개인의 책임이며, 과실이나 고의 여부는 피해 당사자가 입증해야 한다.

그러나 이러한 시민법 원리로 인해 국가는 자유로운 경제활동에 대해 방임할 수밖에 없었고, 부의 편중과 자본의 독점 및 횡포, 절대 평등하지 않은 고용주와 노동자 간의 계약 불공정 문제, 산업재해 피해자의 증가 등 그 한계를 드러냈다.

자본주의 사회의 유지 발전을 위해 개인의 자유와 이익을 대변했던 시민법 원리는 사회 전체의 공동체적 안녕을 지도할 수 있는 사회법 원리로의 수정이 불가피하였다. 사회법 원리의 구체적 내용은 다음과 같다.

- **소유권의 사회성 원칙** : 사유재산을 소유하고 행사하는 데 있어 사회 경제적 및 국가적 차원에서 필요한 일정한 제한과 구속을 할 수 있게 되었다. 이로써 누진세와 독과점 금지 등을 시행하는 경제법이 등장하였고, 국가의 사회보험제도 운영에서 보험료 갹출을 개인의 소득에서 강제 징수할 수 있는 사회보험법 체계의 작동이 가능하게 된다.
- **계약의 공정성 원칙** : 이는 상대적으로 불평등한 위치에 있는 노동자가 고용주와 대등하게 계약을 맺기 위해 집단적으로 계약의 주체가 될 수 있도록 인정한 것이다. 노동조합 조직, 단체교섭권과 단체행동권 등 노동3권을 보장하는 노동법이 등장하였다.
- **무과실 책임의 원칙** : 이는 과실에 대한 개인의 책임이 아닌 집합적 책임주의에 기반한다는 것이다. 이로써 업무상 재해나 질병을 개인의 실수나 부주의가 아닌 집합적으로 보호해야 할 산업재해로 인식하며 산업재해보상법이 등장한다. 실업의 문제 역시 개인 책임이 아닌 사회적 책임으로서 실업보험이 등장할 수 있게 된다.

〈표 1-1〉 시민법과 사회법의 비교

구 분	시민법	사회법
이념과 사상	개인주의, 자유방임주의	집합주의, 사회민주주의
경제체제	자본주의 초기(상업 · 산업자본주의)	독점자본주의, 수정자본주의
국가의 역할	시민사회 질서 유지자 권리의 다툼, 질서문란에 사후적 대응, 경제생활 개입, 간섭, 통제, 조정 안 함	경제발전 위해 사전적 개입, 통제, 조정
권 리	자유권	사회권(생존권, 복지권)
인간관	평등한 추상적 인간	불평등한 현실적 인간
법원리	소유권 절대의 원칙 계약자유의 원칙 과실책임의 원칙	소유의 사회성 계약의 공정성 집합적 책임
법영역	민법, 상법	사회복지법, 노동법, 경제법

참조 : 남기민 · 홍성로(2013). 사회복지법제론(제4판), p. 40.

2) 복지국가의 발전과 사회복지법의 의미

사회복지법은 복지국가의 등장과 함께 생성되었으며 이에 사회복지를 '복지국가의 이념을 실현하기 위한 모든 국가정책'으로 보는 견해가 있다(이태영 · 고영훈, 2004).

복지국가의 발전 역사에서 탄생기에 해당하는 1880년에서 1914년에 이르는 시기에 사회보험 입법과 투표권 등의 시민권이 확대되고 공적사회지출비가 증가하였다(Pierson, 2007). 실제 이 기간 동안 독일에서는 세계 최초의 사회보험 입법인 질병보험법(1883)과 재해보험법(1884), 노령 및 폐질보험법(1889)이 제정되었고, 프랑스, 스웨덴, 네덜란드, 덴마크, 호주 등에서도 산재보험과 건강보험에 관한 법이 제정되었다. 미국 복지국가의 기원 역시 복지국가 이념으로서 한계가 있다는 비판에도 불구하고 대공황의 결과로 나타난 사회문제에 대한 대응(뉴딜정책)으로 제정된 사회보장법(1935)에 두고 있다(Pierson, 2007).

제2차 세계대전 이후 복지국가의 급속한 팽창기에 해당하는 1940년대, 영국 역시 이 기간 동안 복지국가가 생성되었다. '복지국가'라는 용어 또한 1945년 영국 노동당 정부에 의해 처음 사용된 것이다(Wincott, 2011). 1942년 베버리지 보고서의 출현 이후 1943년 신체장애자고용법, 1945년 가족수당법과 국민보험법, 1946년 국민보건서비스법, 1948년 국가보조법이 제정(박차상 외, 2013)되는 등 영국에서도 복지국가의 생성기에 사회복지법이 발전되었다고 할 수 있다.

복지국가의 확대는 사회적 위험의 포괄범위(복지혜택의 종류 및 포괄성)와 각 복지제도의 적용범위 확대, 복지혜택의 제공 수준 및 결과적 재분배 효과의 확대 요소와 결부되는 방향으로 진행되어 왔다(김태성 · 성경륭, 2014). 이러한 복지국가의 확대 과정에서 다양한 종류의 사회복지법 제정이 증가하게 된 것이다. 한편 복지국가는 무한정 팽창할 수 없으며, 정치 경제적 환경 변화에 따른 복지국가의 재편 역시 불가피해지고 이 과정에서 기존의 법은 지속적으로 개정되면서 사회복지법 체계의 복잡성도 증가하였다.

예전에는 개인이나 사적 영역의 문제로 인식되었던 것이 현대사회에서는 사회적 문제로 인식되면서 이를 보호・지원하고 해결하려는 제도적 장치가 지속적으로 만들어지고 있다.[3] 사회복지법을 기반으로 한 제도적 장치의 증가는 결국 법의 규범적 틀에 적용받아야 할 사회복지 영역이 확대되고 심화됨을 의미한다.

사회복지에 대한 국가 역할의 확대를 수반하는 현대 복지국가에서 사회복지법이 갖는 의미에 대해 다음과 같은 측면에서 살펴볼 수 있다.

(1) 국가의 책임과 의무의 강화

사회복지법은 국민의 삶의 질 보장이라는 일반적 법 목적 달성을 위한 국가의 책임을 선언할 뿐 아니라, 개별 사회복지법을 통해 특정한 법 목적 달성을 위한 국가의 책임과 의무를 구체화한다. 강제적 행위규범으로서 사회복지법은 정부의 사회복지 증진 의무를 다하도록 하며, 의무 불이행이나 위법한 정부 행위에 대해 시정과 개선 등 의무이행을 요구할 수 있다. 사회복지에 대한 국가의 책임과 의무를 규정하는 사회복지법은 사회복지정책의 시행이 상황에 따라 달라질 수 있는 국가의 재량행위가 아님을 의미한다.

(2) 법적 권리로서의 사회복지권 발달

사회복지법이 사회복지에 대한 국가의 재량행위가 아닌 법적 의무를 의미한다면, 국민에게는 국가의 재량에 의해 혜택을 누리는 반사적 이익이 아닌 사회복지에 대한 법적 권리로서의 의미를 갖게 된다. 이는 복지국가의 발전을 공민권(18C)－정치권(19C)－사회권(20C)의 발전으로 설명하는 다소 막연한(robust) 권리로서가 아닌 실체적 법적 권리라 할 수 있다(Wincott, 2011). 사회복지법을 통해 인간의 존엄성과 생존권과 같은 기본권 역시 추상적 권리가 아닌 실체적으로 보장받아야 할 권리로 성립하는 것이다.

---

3) 예를 들어, 산후조리는 전통사회에서 일반적으로 '가족 내'에서 이루어졌으나, 점차 사회변화에 따라 '산후조리원'과 같은 시장영역에서 발전된 서비스가 이용되었고 현대에는 저출산문제와 공적서비스의 사각지대 해소, 보편적 사회서비스 확대와 맞물려 산모돌보미서비스(바우처)와 공공산후조리원 등 제도적 지원장치가 만들어졌다.

(3) 사회복지제도 운영의 원리

복지국가의 발전은 수많은 복지제도의 시행을 동반한다. 사회복지법이 사회복지에 대한 국가의 책임과 의무를 규정한다 해도 실제 복지제도를 시행함에 있어 모든 것을 국가가 직접 행해야 함을 의미하지는 않는다. 제도의 설계와 시행은 또 하나의 전문적인 정책 영역이라 할 수 있다. 해당 사회복지제도의 이념과 기본 방향, 제도 시행주체, 급여와 서비스 제공의 방식, 종사자와 인력, 대상자의 자격요건, 급여 및 서비스의 종류와 제공수준, 비용의 부담 등에 관한 기본 사항들이 법에 의해 규정된다. 그리고 이러한 법 규정은 실제 사회복지제도 운영의 기본 원리로서 마땅히 준수되어야 할 법적 가이드 라인으로 작용한다.

즉, 사회복지법은 사회복지제도 운영을 위한 기본 원리로서의 의미를 갖는다.

(4) 사회복지실천의 권한과 의무의 준칙

사회복지법은 사회복지사와 사회복지사업에 종사하는 조직 및 구성원이 해당 법에 의한 사업을 수행할 수 있는 권한을 부여한다. 사회복지전문직이 발전할수록 전문직 윤리강령만으로 사회복지전문가가 사회복지대상자에게 개입할 수 있는 권한을 확보하기는 어렵다. 사회복지법은 사회복지사와 실천가로 하여금 사회복지대상자의 사적 영역에 개입할 수 있는 법적 권한을 부여한다.

한편 사회복지법은 사회복지조직과 사회복지사의 자격 및 준수해야 할 의무를 규정하고, 사회복지대상자를 위한 서비스와 급여의 제공 의무 및 금지해야 할 행위 등도 규정하고 있다. 이와 같이 사회복지법은 사회복지실천을 위한 사회복지사와 조직 및 종사자에게 권한의 근거와 의무의 준칙으로서 의미를 갖는다.

요 약

- 전통적 사회관계에서의 비공식적 사회통제 체제가 산업화 이후 특수한 이해관계와 복잡하고 다양화된 현대사회에서 더 이상 발휘되지 못하면서 법은 사회적 욕구에 대한 반응으로 등장하였다.
- 법과 사회과학은 동시대의 사회현상과 인간행위를 대상으로 하지만 학문적, 연구방법론적, 해석적, 용어적, 전문직 문화의 차이가 존재한다. 법적 사고는 보편성보다는 사례에 대한 특정성, 당위의 규범성, 전부 아니면 전무로 판결되는 비확률성 등의 특징을 가진다.
- 사회복지법은 산업화와 자본주의 전개에 따른 사회문제의 제도적 대응으로 출연하여 시민법적 원리가 사회법적 원리로 전환되면서 등장하였으며, 복지국가의 형성과 발전에 따라 사회복지법 역시 발전하였다.
- 현대 복지국가에서 사회복지법은 사회복지에 대한 국가의 책임과 국민의 법적 권리를 강화하는 것이며 사회복지제도의 운영원리로서뿐 아니라 사회복지실천의 권한과 의무의 준칙이 되고 있다.

참고문헌

김태성 · 성경륭(2014). **복지국가론**. 경기 : 나남.

남기민 · 홍성로(2013). **사회복지법제론**(제4판). 경기 : 공동체.

남기윤(2015). **법학방법론**. 서울 : 고려대학교출판문화원.

박차상 · 정상양 · 김옥희 · 강종수 · 고관용(2011). **한국사회복지법 강의**(제3판). 서울 : 학지사.

서경숙 · 니시야마 치나 공역(2016). **법과 언어 – 법언어학으로의 초대 –**. 서울 : ㈜박이정.

양옥경 · 김정진 · 서미경 · 김미옥 · 김소희(2011). **사회복지실천론**(제4판). 경기 : 나남.

양현아(2006). 사회학적 사고와 법해석의 교감을 위해. **서울대학교 법학, 47**(3), 254-283.

윤찬영(2010). **사회복지법제론**. 경기 : 나남.

이태영 · 고영훈(2004). **사회복지법제론**. 서울 : 동인.

전광석(2014). **한국사회보장법론**(제10판). 서울 : 집현재.

홍성찬(2009). **법학원론**. 서울 : 박영사.

홍완식(2013). **법과 사회 : 사회적 쟁점과 법적 접근**. 서울 : 건국대학교출판부.

황성철 · 정무성 · 강철희 · 최재성(2014). **사회복지행정론**(제3판). 경기 : 정민사.

Aubert, V.(1973). *Sociology of Law*. Harmondsworth, England : Penguin.

Brammer, A.(2010). *Social Work Law*(3rd ed.). Pearson.

Braye, S., Preston-Shoot, M., & Johns, R.(2005). Law in Social Work Education : Reviewing the Evidence on Teaching, Learning and Assessment. *Social Work Education, 24*(5), 547-563.

Friedman, L. M.(1975). *The Legal System : A Social Science Perspective*. NY : Russell Sage Foundation.

Hoeble, E. A.(1954). *The Law of Primitive Man : A Study of Comparative Legal Dynamics*. Cambridge, MA : Harvard University Press.

Pierson, C.(2007). *Beyond the Welfare State*(3rd ed.). The Pennsylvania State University.

Preston-Shoot, M., Roberts, G., & Vernon, S.(1998). Working together in social work law. *Journal of Social Welfare and Family Law, 20*(2), 137-150.

Preston-Shoot, M., Roberts, G., & Vernon, S.(2001). Values in social work law : strained relations or sustaining relationships?. *Journal of Social Welfare and Family Law, 23*(1), 1-22.

Vago, S.(2006). *Law and Society*(8th ed.). Pearson Prentice Hall.

Wincott, D.(2011). Images of Welfare in Law and Society : The British Welfare State in Comparative Perspective. *Journal of Law and Society, 38*(3), 343-375.

Chapter

2

사회복지법의 기능과 법 지식의 필요성

본 장의 목표

우리에게 사회복지법 지식이 필요한 이유는 무엇일까? 이에 대한 충분히 설득력 있는 답을 얻고자 본 장에서는 법에 대한 기초지식에서 출발하여 사회복지법의 기능과 역기능에 대한 이해를 토대로 사회복지제도와 실천을 아우르는 사회복지법 지식의 필요성을 제시한다.
본 장을 학습하고 난 뒤 :

- 법의 특성과 일반적 기능에 대해 이해한다.
- 사회복지법의 긍정적 기능 및 역기능을 알 수 있다.
- 사회복지법 지식이 필요한 이유를 다양한 측면에서 설명할 수 있다.

주요 용어

- 행위규범
- 사회규범
- 강제규범
- 재판규범
- 인권보장기능
- 제도형성기능
- 형식적 법치주의
- 질서유지기능
- 분쟁해결기능
- 자원배분기능
- 법적 권한

본 장의 핵심

기초적인 법 지식을 알고 있다면 사회복지법의 특성과 기능을 이해하는 것이 보다 수월하다. 사회적 행위규범이자 목적규범이며 강제규범으로서 법이 가지는 특성은 사회복지법에도 적용된다. 법의 인권보장적 기능이나 분쟁해결 및 조정적 기능도 사회복지법이 가지는 기능의 측면에서 설명될 수 있다. 나아가 사회복지법 분야에서 특징적으로 발견될 수 있는 법의 긍정적 기능과 역기능에 대해서도 알 수 있게 한다.

법에 대한 기초 지식은 사회복지를 전공하는 학생으로서 또는 현장의 사회복지사에게 왜 사회복지법 지식이 필요한지에 대한 단초를 제공할 뿐 아니라, 법이 무조건 만능은 아니며 이를 비판적으로 판단할 수 있는 능력까지 키울 수 있는 토대가 된다.

사회복지법 지식이 필요한 이유는 한 가지로도 또는 수십 가지로도 제시될 수 있다. 무엇보다 본 장에서는 실제적인 사회복지법제 학습의 동기를 부여할 수 있어야 한다는 점을 강조하면서 비교적 상세히 사회복지법 지식의 필요성을 설명하고자 한다.

Chapter 2

사회복지법의 기능과 법 지식의 필요성

1. 법의 개념과 기능

1) 법의 개념과 특성

법이라는 용어는 다양한 이미지를 떠올리게 한다. 일정한 나이가 되면 운전면허를 취득하거나 선거에 참여할 수 있는 권리를 갖는 것, 세금을 납부하고 군대를 가야 하는 의무를 규정하는 것, 교통법규를 어겼을 때 벌금을 부과하거나 범죄자에 대한 형벌을 가하는 것, 재판을 통해 판결을 내리는 것, 국회에서 법률을 제정하는 것, 경찰이나 공무원이 법을 집행하는 것 등 실로 다양하다.

법을 어떻게 볼 것인가에 대해서도 신이 내린 자연의 질서로 보기도 하고, 인간이 만든 인간의 질서로 보기도 하며, 계급적 지배질서로 보기도 한다(김 욱, 2015). 결국 법에 대한 정의는 그것을 어떻게 볼 것인가의 철학적 이데올로기적 입장에서도 달라질 수 있다.

대체로 법에 대한 정의는 어떠한 관점에서 바라보느냐에 따라 다음과 같은 시각에서 강조되는 의미를 달리하며 정의될 수 있다(Stone, 1964; Vago, 2006).

- 권위 있는 정부기관에 의해 제정된 법률 자체에 초점을 두어 정의(입법적 시각)
- 법정에서의 판결 및 확정할 수 있는 재판규범으로서의 법(사법적 시각)
- 사회통제 내지 정책실행을 위한 정부의 핵심적 수단으로서의 법(사회정책적 시각)

어떠한 시각이건 법은 개인과 조직수준, 사회제도, 국가수준에 걸친 행위의 가이드라인이며 법에 대한 실행이나 해석이 없다면 그 자체만으로 의미를 갖기 어렵다.

일반적으로 법이란 인간의 사회생활에 있어 행위의 준칙으로서 국가권력에 의하여 강행되는 사회규범으로 정의될 수 있으며(김향기, 2013 : 3), 법은 다음과 같은 특성을 가진다.

〈표 2-1〉 법의 특성과 내용

법의 특성	내 용
행위규범	• 일정한 행위를 준수 또는 금지하도록 하는 행위규범 • 생각이나 의사, 개인에 한정된 자발적 행위가 아닌 외부로 나타난 행위
사회규범	• 사회공동체 목적과 가치의 실현을 위해 사회구성원 전체가 마땅히 따라야 하는 당위의 법칙
목적규범	• 법의 궁극적 목적 또는 특정한 목적을 달성하기 위해 존재하는 목적규범
강제규범	• 국가권력에 의해 제정, 승인되고 집행되는 규범 • 그 위반에 대하여 일정한 불이익이나 제재를 가하는 강제규범
조직규범	• 국가조직 등 사회의 다양한 조직과 그 조직구성원에 부여되는 조직규범
재판규범	• 구체적인 사건에 대한 판결을 통해 분쟁을 해결하는 재판규범

2) 일반적인 법의 기능

법은 우리 사회에서 사회통제와 분쟁해결을 통한 사회질서 유지뿐 아니라 사회변화를 유도하는 긍정적 기능을 수행한다. 법이 우리 사회를 위해 무엇을 하는지, 즉 법이 수행하는 일반적인 기능으로는 인권보장적 기능, 통제적 기능, 안정적 기능, 분쟁해결적 기능 및 조정적 기능 등이 있다(홍성찬, 2009). 그러나 법의 보수적 경향, 지나친 형식주의와 엄격성 및 소송제도의 남용 등과 같은 부정적 기능도 존재한다.

법체계가 현대사회에서 직접적 · 간접적으로 수행하는 기능은 다양하지만 대체로 규범적 기능과 사회적 기능으로 대별된다. 규범적 기능이란 법이 일정한 행위를 수행 또는 유보하기 위한 이유를 지시함으로써 사람들의 행위의 지침 혹은 평가기준이 되는 것이다. 사회적 기능은 다수의 법규범에 의해 확립되고 규제되고 있는 여러 법적 제도에 의해 수행되는 것으로, 이러한 기능은 억지(抑止)·활동촉진·분쟁해결·자원배분이라는 기본적인 네 가지 기능으로 구분될 수 있다(한국브리태니커 온라인 preview.britannica.co.kr).

(1) 억지(抑止)기능

공권력의 행사나 규제를 통해 사람들의 반도덕적 행위 등 일탈행위를 억지하는 기능으로, 이로써 사람들의 자유와 안전을 보장하는 법의 가장 기본적인 기능이다. 형법이나 도로교통법 등이 대표적인 예라 할 수 있다.

(2) 활동촉진기능

법은 단순히 사람들의 특정 활동을 제한할 뿐만 아니라, 의무를 부과하거나 각종의 사적 권능을 부여한다. 이를 통해 법은 사람들의 사회적 상호교섭활동을 촉진하게 된다. 공익법인의 설립·운영에 관한 법률, 자원봉사활동기본법 등은 사회적 활동촉진기능에 해당하는 예가 될 수 있다.

(3) 분쟁해결기능

법은 사람들이 자체적으로 이해관계를 조정할 수 있도록 사전에 권리·의무 관계를 가능한 한 명확히 규정하여 분쟁방지에 노력한다. 그러나 어떤 구체적인 분쟁이 발생하여 당사자 간에 해결할 수 없는 경우를 대비해 법원 등을 통해 최종적인 분쟁해결기능을 수행한다. 소비자보호법, 공정거래법 등이 이러한 기능을 수행하는 대표적인 예에 해당한다.

(4) 자원배분기능

자원배분기능은 법의 기능 확대 혹은 기능의 다양화에 따라 비교적 최근에 주목받고 있다. 국가가 국민의 사회경제생활에 광범위하고 적극적으로 관여하고 개입하게 되면서 각종 서비스 제공, 사회계획, 경제활동의 규제, 재화의 재분배 등에 불가결한 수단이 되고 있다. 자원배분기능은 행정법 · 경제법 · 사회보장법 등 특정의 정책목표실현을 위한 수단이라는 성격이 강하다.

2. 사회복지법의 기능

1) 사회복지법의 긍정적 기능

앞서 살펴본 일반적인 법의 기능에 기반하여 구체적으로 사회복지법은 어떠한 기능으로 작용될 수 있는지를 긍정적 측면과 부정적 측면에서 구체적으로 설명해 보고자 한다. 먼저 사회복지법이 갖는 긍정적 기능은 다음과 같다.

(1) 개인의 권리와 인권보장의 기능

사회복지법은 국민 개개인의 권리와 인권을 보장하기 위한 제도적 장치이다. 개인의 인권과 법적 권리가 침해될 경우 이를 회복하고 구제할 수 있는 기능을 담당한다. 나아가 사회복지법은 사회복지이용자 및 사회복지사의 권리를 보장하고 구제하는 기능을 담당한다.

(2) 사회복지 분야의 전체적인 질서유지 기능

사회복지법은 사회복지제도의 운영과 사회복지사업의 시행 및 전문적 사회복지 실천에 관련된 종사자, 기관, 정부가 따라야 할 규칙(행하거나 행하지 말아야 할 규정 포함)을 만들고 유지함으로써 사회복지 분야의 전체적인 질서를 유지한다.

(3) 분쟁해결적 기능

사회복지법은 올바른 행위에 대해 마땅히 따라야만 하는 당위규범으로서의 척도를 제시하며, 누구에게 법적 권리와 법적 의무가 있는지를 판단할 수 있는 근거로서 분쟁해결의 기능을 수행한다. 사회복지 분야에서 발생하는 여러 형태의 갈등이 법적 분쟁화되는 사례가 늘어나고 있으며, 이에 사법부의 판결을 통한 분쟁해결방식이 증가하고 있는 추세이다.

(4) 조정적 기능

현대 복지국가의 발달과 함께 국가의 공공복리 실현을 위한 정책들이 증가하면서 공익과 사익 간의 충돌이 발생한다. 사회복지법은 공익을 목적으로 개인의 권리에 제한을 가하기도 한다. 사회복지법은 사익과 공익의 합리적 조화를 위한 적극적인 제도적 장치라 할 수 있다.

(5) 제도형성의 기능

법치주의 국가에서 정치, 경제, 교육, 가족제도 등 모든 사회제도는 법형식에 의하여 수립되고 촉진된다. 사회복지제도 또한 법을 기반으로 형성되며 법은 제도운영의 기준과 가이드라인으로서 사회복지제도의 형성을 구체화한다. 증가하고 있는 새로운 사회복지제도들은 해당 법의 제정을 통해 구체적으로 형성된다.

(6) 사회변화 기능

사회복지법은 분명한 목적의 제시를 통해 사회가 바람직한 방향으로 변화할 수 있도록 유도하는 기능을 가지고 있다. 특히 법은 정부가 계획한 사회적 변화를 이끌어 내는 중요한 하나의 방법으로 활용되고 있으며, 법을 통한 사회변화는 현대 복지국가의 분명한 특징으로 나타난다.

2) 사회복지법의 부정적 기능

법은 긍정적 기능뿐 아니라 역기능 또한 존재한다. 시대에 뒤떨어진 법, 오래된 법률 용어, 행정상의 지연과 많은 절차상의 비효율성, 다양한 해석을 가능하게 하는 법기술적 허점으로 인한 법률의 불명확성, 특정 계층에 의한 독점적인 법의 사용 등 법이 초래하는 부정적 기능에 대한 비판도 가해지고 있다.

다음과 같은 내용은 일반적인 법과 마찬가지로 사회복지법 분야에서도 보이는 역기능이라 할 수 있다.

(1) 보수적 경향과 사회변화 반영의 지연

사회복지법률이 일단 제정되고 나면 법의 예측성과 법적 안정성을 위해 수정이나 삭제가 쉽게 이루어지기 어렵다. 또한 법적 구속력을 가지는 과거의 축적된 판례들 역시 법을 보수적으로 치우치게 하는 경향이 있다. 결국 법의 지나친 안정성 추구로 인해 사회적 욕구나 사회문제의 변화를 빨리 반영하지 못하게 될 수 있다.

(2) 형식적 법치주의와 지나친 엄격성

법의 형식적인 구조 속에 내재해 있는 법의 경직성으로 인해 절차상의 비효율과 행정상의 지연이 초래되기도 한다. 또한 행정행위를 오로지 법률에만 기반하고자 하는 형식적 법치주의는 국민의 권리보장을 위해 실질적으로 필요한 일을 하지 못하게 할 우려도 있다. 한편 특정한 상황에 대한 법조문의 엄격한 적용으로 인해 상황적 맥락의 고려나 유연한 법 적용이 이루어지지 못하는 경우도 있다.

(3) 합의적 규범에 대한 지나친 제한과 사전 통제

법이 만들어지면 민주사회에서 사회구성원들이 합의를 통해 충분히 만들어 갈 수 있는 행위에 대해 사전에 통제해 버리고 지나친 제한을 가져올 수 있다. 이에 법적 구속력은 사회복지의 전문적 재량을 사전에 지나치게 제한할 우려가 있다.

(4) 소송제도의 남용

이는 법적 권리를 실현하기 위한 구제수단으로 마련된 소송의 부정적 기능을 의미한다. 사회복지 영역에서 사회복지이용자와 사회복지조직, 사회복지사, 사회복지제도 운영기관, 혹은 지방자치단체나 정부를 상대로 하는 소송이 증가하고 있다. 이로 인한 사회갈등비용 증가, 민사분쟁의 형사사건화,[1] 정치적 방편으로의 남용 등 소송제도의 남용이 초래하는 다양한 문제가 발생할 수 있다.

3. 사회복지법 지식의 필요성

Preston-Shoot과 그 동료들(1997)은 다음의 네 가지 측면에서 어떻게 사회복지와 법 영역이 상호 관련되어 있는지를 제시하였다.

첫째, 법률과 규정은 사회복지사에게 법적 권한과 의무를 부여한다. 이들 법들은 사회복지사들로 하여금 실천을 위한 법적 권한 및 재량권의 범위와 관련된 지침을 제공한다.

둘째, 사회복지 전문성은 윤리적 지침과 사회복지사들이 준수해야 할 보호(care)의 규정들을 명확히 하는 전문적 실천 규칙들을 발전시켜 왔다.

셋째, 사회복지이용자들의 소송제기와 행정기관의 위법 또는 부주의를 보면서 사회복지사들과 사회복지조직은 스스로를 점검하게 되었고, 더 나아가 전문적인 행위에 대한 기대와 세부적인 의무를 명확하게 하였다.

넷째, 사회복지법은 제공할 복지 프로그램에 대한 규정과 자원할당 및 대상자의 자격기준 등에 대한 지침을 수립한다.

이러한 네 가지 영역들은 사회복지사업의 시행에 영향을 미치며, 모든 사회복지사들은 각각의 분야와 관련된 법에 대해 알고 있어야 한다고 주장하였다.

현대사회에서 사회복지정책의 집행은 물론 모든 사회복지실천 안에는 법이 있다고 해도 과언이 아니다. 이에 Madden(2003)은 사회복지사에게 관련 법률과 법적 체계에 대한 지식이 요구되는 이유를 다음과 같이 설명하고 있다.

- 법 지식은 사회복지실천의 적합한 지침을 촉진하고 제도 체계의 변화를 위해 필요하다.

---

1) 민사분쟁은 법관이나 법원에 설치된 조정위원회에서 분쟁 당사자의 사정을 검토하여 서로 양보하고 타협하도록 주선하는 방식으로 조정하여 간편하고 신속한 반면, 형사사건화되면 피의자 및 범죄피해자 간의 형사분쟁이 되어 범죄 피해자가 입은 피해를 실질적으로 회복하기 위해 일정한 사건에 대해 검사가 형사사건으로 회부(기소)하여 형사조정에 의해 해결한다.

- 사회복지대상자를 지원하기 위해 법 전문가(변호사, 검사 등)와 같이 일할 준비가 되어있어야 한다.
- 나아가 사회복지현장에서 보다 많은 법적 근거와 지식을 알고자 하는 개방적 태도를 지닌 사회복지사는 그들의 개입방법을 향상시킬 수 있는 폭넓은 기회를 발견할 수 있기 때문이다.

사 례 왜 사회복지법을 공부해야 하나?

- 사회복지의 모든 영역과 관련되었기 때문(사회복지 분야, 사회복지교육, 정책, 실천 등)
- 소송을 피하기 위함
- 사회복지사는 법에 의해 규정된 엄격한 지침 내에서 업무를 수행하기 때문
- 법에 의한 권한과 한계를 알아야 함
- 사회복지에 대한 국가의 역할과 특성을 이해해야 함
- 클라이언트, 사회복지이용자의 권리 및 불충분한 권리를 이해하여 임파워링할 필요
- 옹호를 위해
- 일반 국민들이 어떻게 활동해야 하는지 그 경계를 규정하기 위해
- 법은 사회복지대상자 집단과 사회복지사를 보호하기 때문
- 서비스 접근 향상을 위해 관련 법 지식을 잘 활용할 필요
- 서비스이용자 및 클라이언트를 위한 의무를 다하기 위해
- 공정하지 못한 차별에 도전하기 위해
- 법체계 형성과 개선에 영향을 미치기 위해
- 클라이언트가 민사소송 중에 있을 경우 보호를 위해
- 법규에 의해 크게 영향을 받는 다른 전문직 혹은 다른 기관과의 파트너십을 위해

출처 : Brammer(2010), p. 12.

본 서에서는 사회복지 분야에서 법지식이 필요한 이유를 다음과 같이 상세화하여 설명하고자 한다.

1) 사회복지 시행의 정당성 기반

① 사회보험제도 등 국가가 강제성을 띠고 시행하는 복지제도의 정당성은 헌법과 법률로부터 나오기 때문에 이에 대한 법 지식이 필요하다.

② 사회복지조직의 책임성 강화를 위해 조직 설립과 운영 및 사회복지사업을 시행할 수 있는 권한과 의무사항을 규정한 법률과 규정에 대한 지식이 필요

하다.

③ 사회복지법은 사회복지사가 사회복지대상자의 사적 영역에 개입할 수 있는 법적 권한을 부여하기 때문이다.

④ 사회복지사로 하여금 서비스 제공의 의무, 금지 또는 제한되는 행위와 한계에 대한 법 지식을 알도록 함으로써 분쟁의 소지를 예방할 수 있다.

2) 사회복지실천 역량 강화

① 사회복지대상자의 문제가 법률적 문제(이혼, 재산권 분쟁, 권리구제 절차 등)이거나 법률적 정보 제공을 통해 해결 가능한 경우 사회복지사는 충분하고도 정확한 정보를 제공하기 위해 해당 법 지식이 필요하다.

② 사회복지대상자의 사회보장수급권 보장에 필요한 자격요건, 서비스와 급여의 종류 및 요건, 관련 절차와 방법 등에 관한 법률적 지식을 많이 알수록 필요하고 적합한 서비스를 제공 또는 연계할 수 있다.

③ 사회복지이용자가 사회복지수급권을 보장받지 못하여 권리의 침해가 발견된 경우 이에 대한 권리구제 절차를 밟을 수 있도록 돕기 위해 관련 지식이 필요하다.

3) 사회복지법규 제·개정 참여

① 법이 어떻게 사회복지정책과 실천을 형성하는지에 대한 기본적인 헌법적 및 법적 원리를 알 필요가 있다(Alexander Jr., 2003).

② 사회복지정책의 집행 및 실천과정에서 발견되는 문제가 법해석 및 법적용의 모호성에서 비롯된 것인지 또는 법의 사각지대 문제에서 비롯되는 것인지를 판단할 수 있어야 하며, 이에 대한 법률 개정을 요구하기 위해서라도 법 지식이 필요하다.

③ 사회복지정책은 법률의 제·개정뿐 아니라 사법적 판단에 의해서도 정책의

강화 또는 정책의 변화가 이루어지며, 이와 관련된 지식을 알 필요가 있다.

④ 한편 사회복지법은 모든 의사결정의 기준과 모든 행위의 완벽한 가이드라인이 될 수는 없다. 이에 법에 대한 비판적 시각 역시 확장할 필요가 있다(Braye & Preston-Shoot, 2006).

사 례 국민연금 가입 중 장애 발생하면 '장애연금' 줘야 하는데, '진행성 질환' 발병 시기는 언제?

'구 국민연금법 제67조 제1항'(2016. 5. 29. 일부개정)에 의하면, 장애연금 수급권은 국민연금 가입 중에 생긴 질병이나 부상으로 완치된 후에도 신체상 또는 정신상의 장애가 있는 자에 대해 그 장애가 계속되는 동안 장애 정도에 따라 장애연금을 지급한다고 규정되었다. 즉, 장애연금 수급권을 인정받으려면 질병 발생일과 초진일이 국민연금 가입 이후여야 한다는 의미이다. 그런데 전** 씨는 2011년 6월에 망막색소변성증 판정을 받고, 2012년 12월 실명하여 국민연금공단에 장애연금을 신청하였으나 공단은 이를 거절했다. 망막색소변성증은 유전질환이자 진행성 질환이며, 전 씨는 1999년 4월 1일 국민연금 가입 이전에 야맹증과 백내장 수술을 받아 초진일이 가입 이전이라는 것이다. 국민연금 가입 이전에 이러한 질병을 알지도 못했고 발병도 하지 않았으나 단지 초진일이 가입 전이기 때문에 장애연금 수급권을 인정하기 어렵다는 이러한 법률 해석에 기반한 정책집행으로 인해 수급권을 제한할 우려가 제기되고 있다. 본 사례는 1심 패소 후 2심에서 승소하였으나 공단 측이 항고하면서 대법원 상고심 중이다.

출처 : 강혜민 장애인의 주홍글씨 Beminor, 2017. 10. 23.

4) 법 전문가와의 협업을 위한 법적 역량 강화

① 사회복지이용자들이 사회복지서비스 기관에 의뢰하는 문제들 중 사회복지사와 변호사의 공동 노력을 통해서만 가능한 문제가 존재한다(Stein, 2004).

② 사회복지대상자가 법적 쟁송의 과정에 있을 시(청소년범죄자, 성추행 당사자로서 지적장애인, 노인학대 피해자, 정신장애인 등) 이들에 대한 전문가적 의견을 제시하거나 증거로서 기록물을 제시할 경우가 있다. 나아가 직접 변론을 해야 할 경우(보호관찰대상 청소년, 아동학대 피해자 등)도 발생하기 때문에 관련된 법적 지식(특히 사법적 지식)이 필요하다.

③ 사회복지실천의 전 과정이 사회복지사와 경찰, 사법경찰, 변호사, 검사, 가정법원 등과 연계하여 이루어지도록 하는 사회복지법규가 증가하고 있다. 대표적으로 아동학대나 가정폭력, 성폭력 등의 예방 및 피해자 보호와 가해자 처벌과

같은 분야가 해당하며 관련 법 규정 및 타 전문직에 대한 이해가 필수적이다.

5) 사회복지사 및 사회복지조직의 보호와 권리 강화

① 종사자로서 사회복지사와 근무기관의 관계에서 고용과 근무조건 및 처우 등 사회복지사의 법적 권리가 보장되고 있는지 등 사회복지사와 관련된 필요한 법 지식을 알아야 한다.

② 사회복지사가 사회복지대상자 또는 그의 가족으로부터 제기된 소송에서 분쟁의 당사자가 되는 경우도 있다. 이때 증거부족이나 증거불충분 등으로 인해 사회복지사가 패소할 위험성도 있으며 이를 예방하기 위해 필요한 법 지식을 갖추어야 한다(Stein, 2004).

③ 사회복지조직과 사회복지사업 시행을 위한 재정적 지원의 근거는 사회복지법이며, 이는 사회복지사업의 효율적 시행과 행정에 필수적이다(Stein, 2004).

사 례 백반증 환자의 장애등급외 판정처분 취소사건 사례로 본 법 지식의 필요성

의뢰인은 환경미화원으로 근무하던 중 1991년경부터 얼굴 등에 하얀 반점이 생기더니 증상이 온몸으로 번져, '백반증' 판정을 받았고, 결국은 19년간 근무하던 환경미화원을 그만둘 수밖에 없었다. 의뢰인은 2006년경 A시청에 장애인등록절차에 따라 안면부 3급 장애인으로 등록하였는데, 2013년 재판정을 받는 과정에서 강화된 심사절차에 따라 장애인등급외 판정처분을 받아 장애인 등록이 거부되었다.

□ 백반증은 『장애등급판정기준』상 안면장애에 포함되지 않는다는 행정청의 의견

국민연금공단은 장애등급을 판정하는 기준이라고 할 수 있는 보건복지부 고시인 「장애등급판정기준」에서 안면부 장애에 면상반흔, 색소침착, 모발결손, 조직의 비후나 함몰, 결손을 열거하고 있으므로, 백반증은 위에 열거된 증상에 해당하지 않는다는 견해였고, 최근에는 백반증으로 장애인 등록된 사례를 찾을 수가 없었다. 심지어는 백반증 환우 모임에서조차도 현행 「장애등급판정기준」상 백반증으로는 장애인 등록을 할 수 없다는 비관적 의견을 제시하고 있는 상황이었다.

□ 의학적, 법리적인 검토를 통해 장애에 해당한다는 주장 전개

먼저 백반증은 「장애등급판정기준」의 안면부 장애에 열거된 질병에 해당되지 않는다는 의학적 견해를 극복하기 위해 백반증에 대한 의학적인 자료를 다양하게 수집하여 「장애등급판정기준」의 안면부 장애에서 열거하고 있는 질병인 색소침착과 백반증이 실질적 차이가 없음을 강조하였다.

또 이러한 의학적 견해를 뒷받침하기 위해서 대한의사협회에 백반증을 안면부 장애에서 제외시킬 만한 근거가 있는지에 대한 사실조회를 의뢰했다.

이를 통해 "백반증을 안면부 장애에서 제외할 합리적 이유가 없다. 백반증으로 인해 환자의 정서적 측면, 대인관계 및 사회생활에 지대한 영향을 미침은 잘 알려져 있으므로 이러한 측면에서 볼 때 안면부에 백반증이 있을 경우 '장애'로 판정할 수 있다고 여겨진다"는 내용의 회신을 받아 재판부의 심증을 유리하게 바꾸는 데 결정적인 역할을 하였다. 한편 법리적으로 「장애등급판정기준」의 법적 성격이 상위법인 장애인복지법 등의 위임에 따라 상위법규의 해석기준을 제시하는 행정청 내부의 사무처리준칙에 불과하여 법규로서의 효력이 없고, 더구나 그 규정 또한 열거적인 규정이라고 볼 이유도 없다는 점을 집중 부각하기로 하였다.

□ 형식적인 논리에 사로잡힌 행정청의 경직된 사고에 일침을 가하다

결국 1심 재판부는 이 사건 「장애등급판정기준」은 장애등급을 판정하기 위한 일종의 가이드라인으로 예시규정으로 볼 것이며, 장애의 구체적 부위와 상태에 비추어 「장애등급판정기준」을 그대로 적용하는 것이 특별히 불합리한 경우에는 장애인복지법과 동법 시행령, 시행규칙의 규정 내용 및 취지에 비추어 그 해당 여부를 판단하여야 할 것이며, 장애등급판정기준상에 '색소침착'이 안면장애사유로 포함되어 있는 이상 탈색소성 질환인 백반증만을 안면장애의 사유에서 제외되는 것으로 볼 특별한 이유가 없고, 원고는 안면부에 나타난 광범위한 백반증으로 인하여 오랜 기간 사회생활에 상당한 지장을 받는 안면장애인에 해당된다고 봄이 상당하므로 이 사건 처분(장애인 등급 외 처분)이 위법하다는 주장을 그대로 반영하여 원고의 청구를 인용하는 전부 승소 판결을 내렸다.

출처 : 대한법률구조공단 홈페이지.

요 약

- 법은 입법적 시각, 사법적 시각 및 사회정책적 시각에서 강조하고자 하는 의미를 달리하여 정의될 수 있다. 그럼에도 법은 사회적 행위규범이자 목적규범이며 강제규범으로서 그리고 재판규범으로서의 특성을 갖는다.
- 법은 규범적 기능과 사회적 기능으로 대별될 수 있으며 사회적 기능에는 일탈행위에 대한 억지기능, 사회적 활동 촉진기능, 분쟁해결기능, 자원배분기능이 있다.
- 사회복지법은 개인의 권리와 인권보장, 사회복지 분야의 전체적인 질서유지, 분쟁해결 및 조정적 기능, 제도형성, 사회변화 기능 등 긍정적인 기능이 있다. 그러나 법의 보수적 경향과 사회변화 반영의 지연, 형식적 법치주의와 엄격성, 지나친 사전 통제, 소송제도의 남용이라는 역기능도 존재한다.
- 사회복지법 지식은 사회보험제도 운영과 사회복지사업 시행의 합법적 정당성의 근거로서, 사회복지실천 역량을 강화하고 사회복지제도를 개선하며, 사회복지실천현장에서 법 전문가와의 협업을 촉진하는 한편, 사회복지사 자신과 사회복지이용자 및 사회복지조직의 보호와 권리강화를 위해 필요하다.

참고문헌

김 욱(2015). 법을 보는법-법치주의의 겉과 속. 경기 : 도서출판 개마고원.

김향기(2013). 법학개론(제9판). 서울 : 대명.

홍성찬(2009). 법학원론. 서울 : 박영사.

Alexander Jr, R.(2003). *Understanding Legal Concepts that Influence Social Welfare Policy and Practice.* Brooks/Cole.

Brammer, A.(2010). *Social Work Law*(3rd ed.). Pearson.

Braye, S., & Preston-Shoot, M.(2006). The role of law in welfare reform : critical perspectives on the relationship between law and social work practice. *International Journal of Social Welfare, 15,* 19-26.

Madden, R. G.(2003). *Essential Law for Social Workers.* Columbia University Press.

Preston-Shoot, M., Roberts, G., & Vernon, S.(1997). We work in isolation often and in ignorance occasionally. On the experiences of practice teachers teaching and assessing social work law. *Social Work Education, 16*(4), 4-34.

Stein, T. J.(2004). *The Role of LAW in Social Work Practice and Administration.* Columbia University Press.

Stone, J.(1964). *Legal System and Lawyer's Reasonings.* Stanford, CA : Stanford University Press.

Vago, S.(2006). *Law and Society*(8th ed.). Pearson Prentice Hall.

대한법률구조공단 홈페이지. www.klac.or.kr

한국 브리태니커 온라인. preview.britannica.co.kr

Chapter

3

구조적 · 기능적 맥락에서의 사회복지법 체계

본 장의 목표

사회복지법 체계는 법의 수직적 · 수평적 구조와 입법-행정-사법의 기능적 관계 속에서 역동적으로 작동한다. 본 장은 사회복지법제의 통합적 접근을 위한 토대에 해당하는 지식을 제공할 것이며, 이를 학습하고 난 뒤 :

- 법체계의 수직적 구조를 이해하고 사회복지법의 위치와 의미를 알 수 있다.
- 법의 수평적 분류체계를 이해하고 사회복지법의 성격을 이해할 수 있다.
- 기능적 맥락에서 입법-행정-사법 간의 권한 분립과 기능적 연관성을 이해할 수 있다.

주요 용어

- 헌법
- 법률
- 명령
- 행정규칙
- 자치법규
- 국제법
- 법원(法源), 성문법원, 불문법원
- 공법, 사법, 사회법
- 실체법, 절차법
- 입법, 행정, 사법
- 사회복지법 체계
- 법률우위의 원칙
- 행정의 자기구속 원칙

본 장의 핵심

사회복지법제란 쉽게 말해 사회복지법과 관련된 법 체계(legal system)이다. 사회복지법제에 대한 학습은 단순히 각각의 개별 사회복지법률을 읽어 내려가는 것만을 의미하지 않는다.

사회복지법률은 헌법과 국제법, 관습법 등 상위법의 한계 내에서 제정된다. 기본법과 개별법, 법률과 시행령 및 시행규칙, 각종 행정규칙 역시 사회복지법 체계 내에서 수직적 구조를 형성하고 있다. 또한 사회복지사업법과 같은 기본법 내에는 규정되어 있지 않지만 특별법이나 절차법 형태로 제정된 관계법령도 사회복지법의 수평적 분류 체계를 형성한다.

한편 제정된 사회복지법규는 적용과 실행의 과정으로 전환되며 이는 사회복지정책의 집행과 사회복지실천을 통해 구체화된다. 이 과정에서 해석의 모호성, 법과 현실적 상황과의 괴리, 관련 법 조항끼리의 충돌 등에 의해 법이 구체적으로 실현되는 데 어려움이 존재한다.

또한 법의 실행 과정에서 법률 조항의 위헌성, 정부의 재량권 이탈 혹은 불이행이 발생하여 사회복지이용자의 법적 권리가 보장되지 못하거나 권리가 침해되는 문제로 이어질 수 있다. 사회복지조직 및 사회복지사 또한 정부의 공권력에 의한 권리침해의 대상이 될 수 있고, 반대로 사회복지이용자의 권리를 침해한 당사자가 될 수도 있다. 결국 행위에 대한 위법성이나 권리침해 여부 등은 사법부의 판단에 맡겨진다.

위와 같이 실제 사회복지법제는 법령의 제정–실행–사법적 판단이 유기적으로 연결되어 매우 역동적으로 작동되는 체계이다. 본 장에서는 법제도의 구조·기능적 맥락에서 사회복지법 체계를 조망해 보고자 한다.

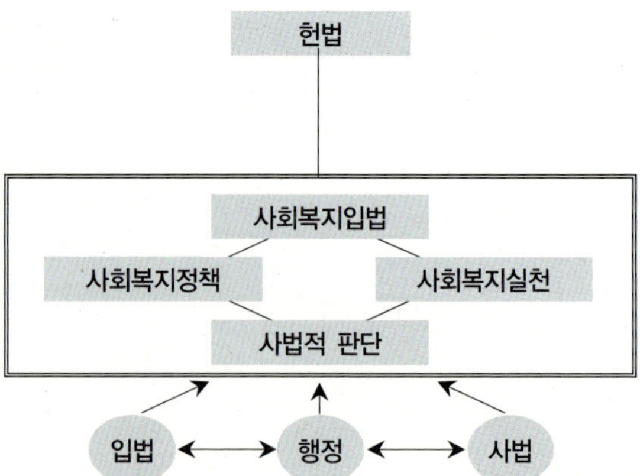

|그림 3-1| 구조적·기능적 법체계에서의 사회복지법제 접근

Chapter 3

구조적 · 기능적 맥락에서의 사회복지법 체계

1. 구조적 맥락에서의 사회복지법 체계

수많은 법들은 그 목적과 규율의 영역 등이 중복되거나 충돌할 수 있으며 이로 인한 혼란을 해결하기 위해 법의 체계화가 필요하다(권재열 외, 2006). 구조적 맥락에서 사회복지법제를 접근하는 것은 수직적 법체계와 수평적 법의 분류를 통한 법의 체계화에 기반하여 사회복지법제를 이해함을 의미한다.

1) 수직적 법체계와 사회복지법

수직적 법체계는 헌법을 최고 정점으로 하여 상위법 또는 하위법의 상호관계를 구성하는 법질서라 할 수 있다. 이는 실질적 의미에서 법이 성립하는 기초인 법의 타당성과 근거로서 법의 연원 또는 법원(法源, source of law)[1]과 유사한 의미이다(홍성찬, 2009).

성문법 체계에서 일반적인 법의 수직적 체계는 헌법을 최고의 상위법으로 하여, 법률, 국제법, 법규명령, 행정규칙, 그리고 자치법규로 구성된다.

---

1) 법원은 표현형식에 따라 성문법원과 불문법원으로 구분된다. 사회복지법과 관련된 성문법원으로는 헌법, 법률, 명령, 조례, 규칙, 국제법규, 정관 등이 있고, 불문법원으로는 조리, 관습법, 판례법 등이 있다. 본 서에서는 우리나라가 따르고 있는 성문법주의를 기반으로 수직적 법체계 속에서 사회복지법의 위치와 의미를 이해하고자 한다. 따라서 본 체계에서 불문법원은 포함하지 않으며 정관도 제외하여 엄격한 의미에서의 성문법원과는 차이를 두고 있다.

(1) 헌법

- **효력** : 헌법은 국가 최고의 기본법으로서 법률·명령은 물론 국가기관의 행위보다 상위에서 국가의 법질서를 규율한다. 따라서 다른 어떠한 형식의 법원(法源)에 대하여 우월한 효력을 갖는다.
- **절차** : 국가 최상위 규범으로서 헌법의 개정은 엄격한 절차를 요한다. 헌법의 개정 절차는 대통령이나 국회 재적의원 과반수의 발의로 제안되며, 20일 이상 공고기간을 거쳐 60일 이내 국회 재적의원 3분의 2 이상의 찬성으로 의결된다. 국회가 의결한 후 30일 이내 국민투표에 붙여 과반수의 찬성을 얻음으로써 개정이 이루어지며, 대통령이 즉시 공포한다(헌법 제128~130조).
- **사회복지법 체계상 의미** : 헌법은 사회복지법 성립의 기초이며 근거로서 사회복지법으로 구현되어야 할 사회적 기본권 등 국민의 권리와 국가의 의무를 규정하고 있다.

(2) 법률

- **효력** : 법률은 헌법을 구체화하며 헌법의 집행법으로서의 역할을 하는 것이므로 헌법의 규정과 원리에 적합하여야 한다. 한편 명령이나 자치법규에 대해서는 우월한 효력을 갖는다.
- **절차** : 법률은 국민의 대표기관인 국회의 의결절차를 거쳐 제정된 법 형식이다. 법률안은 국회의원 또는 정부에 의해 제출되며, 입법예고와 소관 상임위 및 법제사법위의 심의를 거쳐 본회의 의결을 통해 제정 또는 개정된다.
- **사회복지법 체계상 의미** : 법률수준에서의 사회복지법은 헌법에서 규정한 사회복지 관련 기본권을 실현하기 위한 집행법으로서 의미를 갖는다. 이러한 사회복지법률은 헌법규정에 위반되지 않아야 한다. 사회보장기본법 및 사회복지사업법을 비롯하여 국민기초생활보장법, 아동복지법 등이 국회에서 제정된 법 형식으로 존재하는 법률들의 예이다.

(3) 국제법

- 효력 : 국제법은 국가와 국가, 국가와 국제기구 사이의 문서에 의한 합의로 조약, 협약 등의 명칭으로 사용된다. 국제조약과 유엔헌장 등 일반적으로 승인된 국제법규는 국내법과 동일한 효력을 갖는다(헌법 제6조). 그러나 국제법이 국내법과 내용상 충돌할 때 어느 것의 효력이 우월한 것인지에 대해서는 판단이 매우 어렵다.[2] 다만, 우리나라 헌법에 의하면 ① 헌법, ② 법률에 상응하는 국제법규 및 국회의 동의를 얻은 조약의 순으로 국제법의 효력이 작용한다(김철수, 2013).
- 절차 : 국제법은 대통령이 체결하고 국회의 동의를 얻어 대통령이 공포함으로써 그 효력이 발생한다(헌법 제60조 및 제73조).
- 사회복지법 체계상 의미 : 사회복지법과 관련된 대표적인 국제협약으로는 「사회보장의 최저기준에 관한 협약」(ILO, 1952, Convention Concerning Minimum Standards of Social Security), 「아동권리협약」(UN, 1989, Convention on the Rights of the Child) 등이 있다. 한편 우리나라와 외국 정부 당사자 간에 맺은 사회보장에 관한 협정 등이 존재한다.

(4) 명령

- 효력 : 명령은 국회의 의결을 거치지 않고 법률의 위임(위임명령)이나 법률을 집행(집행명령)하기 위하여 행정기관이 제정하는 위임입법이다. 위임명령은 상위법령의 근거에 의하는 것으로 국민의 권리와 의무를 규율할 수 있는 법적 효력을 가지며 법률이나 헌법을 위반할 수 없다. 법률의 하위규범으로서 시행령과 시행규칙이 이에 해당한다. 한편 집행명령은 위임의 근거가 없더라도 법률의 범위 내에서 행정의 집행을 위해 제정할 수 있으며, 행정기관 내부에서만 효력을 갖는다.

2) 이와 관련하여 국내법 우위설, 국제법 우위설 등이 있으며 자세한 내용은 본 서 제6장 참조

- **절차** : 이러한 명령은 제정권자를 기준으로 하여 대통령령, 총리령, 행정 각부 장관의 부령으로 제정된다. 대통령령은 국무회의 심의 후 대통령의 재가를 거쳐 공포되며 부령은 법제처 심사 후 공포된다.
- **사회복지법 체계상 의미** : 사회보장기본법 시행령, 사회복지사업법 시행령 및 시행규칙 등이 명령의 형식으로 존재하는 예이다. 이들 시행령과 시행규칙은 각각 상위법률과 헌법의 한계 내에 존재한다.

(5) 행정규칙

- **효력** : 행정규칙은 행정기관 내부의 질서를 규율하기 위한 행정 내부의 규범으로 국민에 대한 법적 효력은 원칙적으로 존재하지 않는다. 따라서 어떠한 공무원이 행정규칙을 이행하지 않았다고 해도 위법한 행위로 볼 수는 없다.
- **절차** : 행정규칙은 상위법령의 위임 없이도 행정기관이 제정할 수 있으며, 고시, 훈령, 지침, 예규, 준칙 등의 명칭으로 존재한다.
- **사회복지법 체계상 의미** : 사회복지법 체계에서 행정규칙은 상위법령의 위임을 받아 제정된 경우가 다수 있다. 이러한 경우 법령을 보충하는 기능을 중시하여 대외적 구속력이 있는 효력이 인정된다(이태영 · 고영훈, 2004). 대표적으로 보건복지부 장관의 고시에 의한 최저생계비 기준, 장애등급판정기준 등이 해당한다.

(6) 자치법규

- **효력** : 자치법규는 지방자치단체가 법령의 범위 내에서 제정하는 지방자치에 관한 규정으로, 상위법령에 위반되어서는 안 된다. 그리고 지방자치단체가 조례를 제정할 수 있는 사항은 지방자치단체에 속한 고유사무인 자치사무와 개별법령에 의하여 위임된 단체위임사무에 한한다.
- **절차** : 조례는 지방자치단체가 지방의회의 의결을 거쳐 제정한다. 규칙은 지방자치단체의 장이 법령 또는 조례가 위임한 범위 내에서 제정한다(지방자치법 제22조, 제23조).

- 사회복지법 체계상 의미 : 사회복지법 체계에서 자치법규는 다양한 형태로 존재한다. 한 예로 국민기초생활보장법(법률 제15875호) 제43조 제5항에서 "지방자치단체의 조례에 따라 이 법에 따른 급여범위 및 수준을 초과하여 급여를 실시하는 경우 그 초과 보장비용은 해당 지방자치단체가 부담한다"는 규정에 기반하여 '초과조례'의 가능성을 전제하고 있다. 서울시의 '개인운영 사회복지시설 지원조례', 고양시 '무한돌봄센터 설치 및 운영 조례' 등 상위법령의 범위 내에서 자치단체에 속한 다양한 사무에 대해 규정한 조례가 존재한다.

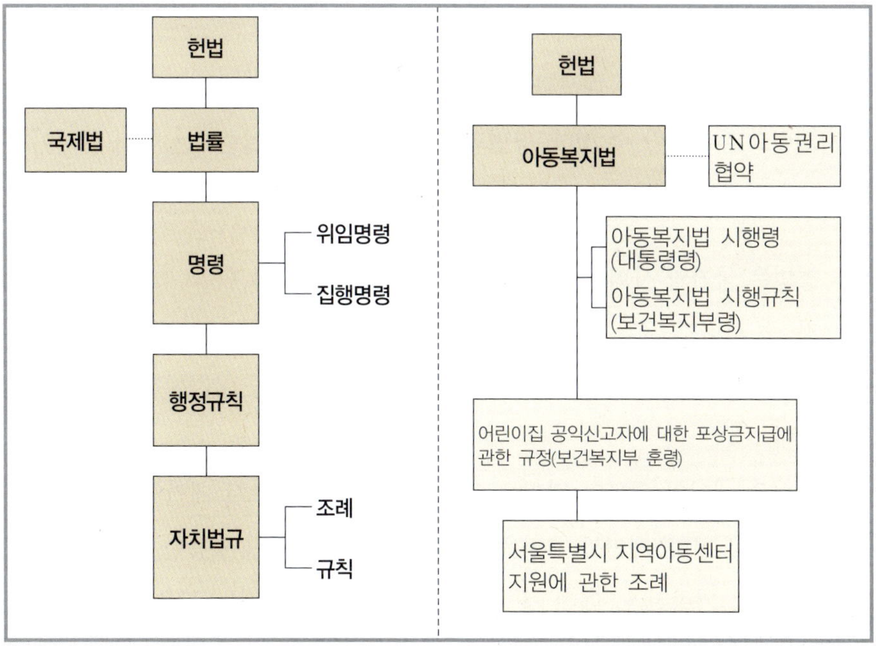

|그림 3-2| 수직적 법체계와 사회복지법 체계 적용의 예

2) 수평적 법 분류체계와 사회복지법

수평적 법 분류체계는 수많은 법들을 그 성질과 내용에 따라서 유사한 것끼리 구분하는 것으로, 여러 기준에 따라 정돈하고 분류하여 질서 있게 정비함을 의미한다(권재열 외, 2004). 수평적 법체계 분류의 가장 일반적 기준으로 삼을 수 있는 것은 법이 실증적으로 제정법화되었느냐의 여부에 따라 자연법과 실정법으로 나누는 것이다. 실정법은 국내외 적용범위에 따라 국내법체계와 국제법체계로 구분한다. 국내법은 다시 법의 성질, 체계, 적용범위, 내용, 효력 등에 따라 ① 공법 · 사법 · 사회법, ② 국내법과 국제법, ③ 일반법 · 특별법, ④ 실체법 · 절차법, ⑤ 강행법 · 임의법 등으로 분류할 수 있다(양수산 · 최완진, 2010).

사회복지법은 실정법으로서 국내법뿐 아니라 국제법 형태로도 존재하며, 사회법적 성격을 명확히 가지고 있다.

(1) 공법 · 사법 · 사회법

법이 규율하는 내용과 대상관계가 무엇인가에 따라 공법(公法)과 사법(私法) 그리고 사회법으로 분류할 수 있다. 공법과 사법을 구분하는 기준에는 여러 학설이 존재하는데 일반적인 차이점은 다음과 같다.

- 공법은 국가와 사회의 이익, 즉 공익보호를 목적으로 한다. 법률관계의 당사자 중 하나가 국가 또는 공공기관으로 국가의 조직이나 공공단체 상호 간 또는 이들과 개인의 관계를 규정하며, 납세 · 병역 등 국가생활 관계를 규율한다.
- 사법은 개인의 의무와 권리에 대하여 규정한 법률로서 개인의 사익 보호를 목적으로 한다. 개인과 개인을 당사자로 하여 사인 간 평등한 관계를 규율하며 혼인, 가족관계, 매매 등 개인적인 사회생활 관계를 규율한다.

한편 공법과 사법으로만 분류되었던 법체계는 자본주의 사회의 문제 해결 필요성 및 복지국가의 출현과 함께 노동, 경제, 기본적 사회생활 등 전통적인 사법체계에 속해 있던 법 영역에 대한 대폭적인 수정이 이루어졌다. 사회법은 사법(私法)인 영역에 국가가 간섭하고 조정함으로써 공법적인 요소가 가미되는 제3의 영역으로 노동법과 사회보장법 등이 대표적이다.

(2) 국내법과 국제법

국내법과 국제법은 법 제정의 주체와 효력이 미치는 범위에 따른 분류라 할 수 있다.

- 국내법은 실정법체계 내에서 한 국가 내에서만 인정되고 적용되며 효력을 가지고 시행되는 법이다. 국내법은 국가 및 공공기관과 국민의 관계 또는 국민 상호 간의 권리 의무를 규율하는 법으로 성문법과 불문법의 형태로 존재한다.
- 국제법은 국가 간 또는 국제조직에 의해 정립되며 '국제사회'에서 국가 간의 권리와 의무관계 및 국가－개인, 개인 상호 간의 권리 의무를 규율하는 법이다. 국제법은 명시적 합의인 조약과 국제법규 및 국제관습법 형식으로도 존재한다.

(3) 일반법과 특별법

일반법과 특별법은 법의 효력이 미치는 범위를 표준으로 하여 구분하는 것이다.

- 일반법은 법이 미치는 범위에 특정한 제한이 없으며, 해당 법의 목적에 관련된 전반적인 사항을 규율 대상으로 하여 모든 국민과 국가의 모든 지역에 적용된다.
- 특별법은 일정한 사항이나 사람 혹은 장소에 대해서만 제한적으로 적용되는 법이다.

사회복지법 분야에서는 사회보장기본법, 사회복지사업법 등이 일반법에 해당하는 예이다. 입양특례법은 일반법 형태인 아동복지법과 비교해서 요보호아동의 입양에 관한 사항에 특정된 특별법의 형태라 할 수 있다.

(4) 실체법과 절차법

실체법과 절차법은 법의 규정내용이 권리 의무의 실체적 내용인지, 수단과 절차의 내용인지에 따라 구분하는 것이다.

- 실체법(substantive law)은 법체계를 통해 보호하고 강화하고자 하는 권리들과 의무들을 정의하고 수립하는 법규를 의미한다. 권리·의무의 성질, 내용과 범위, 권리·의무의 발생과 변경, 소멸 등을 규율한다. 사회보장기본법을 비롯하여 국민기초생활보장법, 장애인복지법 등 대부분의 사회복지법은 실체법적 성격을 가지고 있다.
- 절차법(procedural law)은 법 사례, 즉 구체적인 사건에 맞추어서 이를 조사하고, 관리하며 결정하는 데 사용되는 수단과 과정을 내용으로 한다. 권리·의무의 행사, 보전, 이행, 강제 등을 규율하는 권리 의무의 실현절차라 할 수 있다. 민사소송법이나 형사소송법 등이 대표적인 예이다.

  사회복지법 체계에서 실체법과 이에 상응되는 절차법에 해당하는 예시는 다음과 같다.

실체법에 해당하는 사회복지법의 예	절차법에 해당하는 사회복지법률의 예
• 성폭력방지 및 피해자보호 등에 관한 법률(2010. 4. 15. 제정, 여성가족부 소관) • 아동복지법(2014. 1. 28. 개정, 보건복지부 소관)	• 성폭력범죄의 처벌 등에 관한 특례법 2010. 4. 15. 제정, 법무부 소관) • 아동학대범죄의 처벌 등에 관한 특례법 (2014. 1. 28. 제정, 법무부 소관)

(5) 강행법과 임의법

법 효력의 절대성 혹은 임의성을 기준으로 하여, 법 집행 행위주체의 의사에 따라서 법의 적용을 임의적으로 할 수 있느냐의 여부에 따른 분류이다.

- 강행법은 행위주체의 의사와 상관없이 절대적으로 법을 적용하는 것이다. '…하여야 한다', '…하지 않으면 아니 된다' 등의 조문으로 표현된다.
- 임의법은 행위주체의 판단이나 의사에 맡겨져서 법적용을 할 수 있음을 의미한다. '~을 고려하여 …할 수 있다' 등의 조문으로 표현된다.

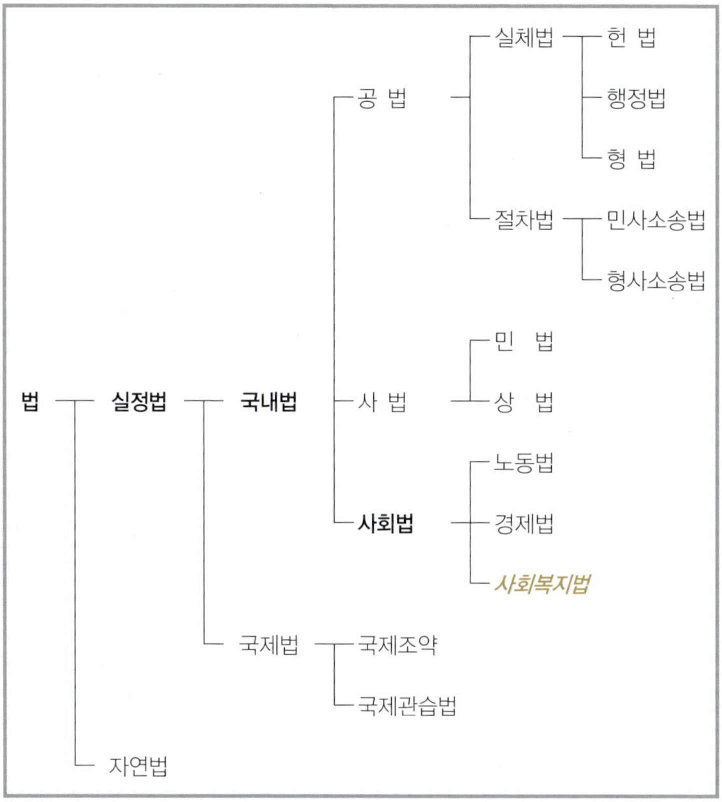

|그림 3-3| 수평적 법분류 체계에서의 사회복지법의 위치

2. 기능적 맥락에서의 사회복지법 체계

1) 입법 · 행정 · 사법기관의 기능과 권한

대부분의 민주주의 국가에서는 입법부와 행정부 및 사법부의 기능을 정부의 가장 중요한 기능으로 구성하고 있다. 동시에 이 세 기관 간에 권한의 독립과 균형을 위한 견제장치를 규정해 놓고 있다. 입법부의 기능은 법률을 만드는 것이며, 행정부의 기능은 입법부에 의해 제정된 법률을 집행 · 강화 · 실행하는 것이고, 사법부의 기능은 법률을 해석하고 사건이나 법적 분쟁을 해결하는 것이다.

그러나 이와 같이 서로 권한과 기능이 분리되었음에도 불구하고 실제 이들 간에는 상호 보완과 견제 및 중첩되는 관계 또한 발견할 수 있다. 이를 고유한 세 가지 기능 측면을 중심으로 어떻게 의회와 행정부 및 법원이 각 기능에서 역할을 발휘하는지 살펴보도록 하겠다(Birkland, 2001).

(1) 법 제정과 관련된 주된 기능은 입법부의 몫이다

그러나 행정부는 입법의 원천 계획을 제공하거나(행정 각 부처에서 제시), 법 제정의 촉매제 역할(입법기관에 정보제공, 이익집단, 정당지도자들을 통한 간접적 지원 등)을 할 수 있다. 반면 행정부의 수장인 대통령은 의회에서 통과된 법률을 승인하거나 거부권을 행사할 수 있다. 사법부는 입법의도에 대한 검토, 새로운 법률해석 등을 통한 법 형성에 개입하게 된다.

(2) 법 시행 및 강제집행의 주된 기능은 행정부의 몫이다

그러나 의회는 행정부에 의한 규정에 대해 법률적 거부권을 행사하거나, 대통령의 거부권을 받아들이지 않을 수 있다. 또한 사법부는 사건에 대한 판단을 통해 행정작용 혹은 행정행위를 검토하거나 이를 제한할 수 있다.

(3) 법 해석 및 분쟁조정의 주된 기능은 사법부에 있다

그러나 행정부의 수반인 대통령은 사법부로 하여금 특정 범죄에 대한 경감을 요구하거나 판사를 임명할 수 있다. 의회는 대법관 인사청문회, 탄핵의 요구 등을 수행하면서 사법부의 기능을 견제할 수 있다.

〈표 3-1〉 입법부, 행정부, 사법부의 고유 기능과 권한의 균형

	의 회	대통령	법 원
입법부	법 제정	법안 제청, 법률 거부권, 법률집행 위한 행정규정 제정 (준입법적 권한)	입법 의도를 해석하기 위한 법률 검토, 새로운 법 해석=법 형성
행정부	거부권행사에 대한 기각, 행정규정에 대한 의회 거부권	법 집행 및 법 질서 강화	행정행위 감찰 및 제한 (법원명령 또는 경고)
사법부	판사 및 대통령 탄핵, 인사 청문회, 청문회 증인 요청	처벌 경감, 판사 임명	법 해석

Note : 음영이 들어간 칸의 내용은 입법, 행정, 사법부 각 기관의 주요 기능을 의미함

출처 : Birkland, Thomas A.(2001). An Introduction to the Policy Process, p. 47 재구성.

2) 사회복지입법 및 사회복지현장과 사법작용의 기능적 관련성

입법이란 국가기관이 입법절차에 따라 국가와 국민 사이에 효력을 가질 성문의 법규를 정립하는 법 제정 작용을 의미한다(이병태, 2012). 입법은 일반적 · 추상적 형태로서 행정을 통한 법 집행과 사법을 통한 법 해석에 의해 구체적으로 실행 · 운용된다.

사회복지입법은 국가기관에 의해 정부 및 공공조직과 국민, 사회복지이용자 사이의 권리와 의무를 규율하는 법 제정 작용이라 할 수 있다. 제정된 사회복지법규는 정책의 집행과 사회복지실천을 포함한 사회복지현장을 통해 구체적으로 적용 · 운용된다. 사회복지법규의 구체적 적용과정에서 발생하는 권리의 침해 등과 같은 분쟁에 대해서는 사법작용을 통해 법규가 해석된다.

즉, 사회복지법 체계는 사회복지법이 제정되고 사회복지현장에서 실행되며 사법작용을 통해 명확하게 해석 또는 강화되는 기능적 상호작용을 포함한다.

(1) 사회복지입법 및 사회복지현장의 상호작용적 기능

사회복지법규는 국회와 행정부에 의해 제정되는 형태로 입법되며 사회복지현장에서 사회복지사업을 수행하는 주체에 대한 책임과 권한 및 의무를 부과한다. 또한 사회복지법규는 사회복지법률, 명령, 지침 등의 형식을 통해 사회복지제도 및 사회복지사업의 내용과 형태를 규정한다. 행정기관과 사회복지조직 및 사회복지사는 법이 규정한 한도 내에서 수행해야 하며, 법적 근거가 없는 행위는 효력을 발휘할 수 없다(법률우위의 원칙).

사회복지법규가 실질적으로 작동되는 것은 사회복지현장을 통해서이다. 그러나 복지제도의 실행과 사회복지실천이 이루어지는 사회복지현장에서 다양한 문제들이 발생할 수 있으며 이를 해결하기 위해 필요한 법규의 '개정'이 요구되기도 한다. 특히 사회복지현장에서는 다음과 같은 측면에서 문제가 발생할 경우 관계 법령의 개정 필요성이 인식된다.

- 사회복지이용자 선정기준, 서비스/급여제공 수준 등 사회복지이용자의 권리에 직접 영향을 미치는 법 규정 자체의 지나친 엄격성
- 법 규정상 임의조항의 과다로 인해 지나친 행정재량의 남용 허용
- 기존 법 규정이 새로운 문제와 욕구를 포괄하지 못함
- 관련 사회복지법규 간 혹은 사회복지법과 타법 간의 충돌
- 시대에 뒤떨어진 법률용어
- 법 해석의 모호성에 따른 적용의 난해함
- 상위 법 규정에 없는 하위 지침규정으로 인한 권리의 제한

사 례 **사회복지현장에서 상반된 법령 규정의 문제에 따른 법 개정 사례**

'치매 노인, 요양원 물탱크 빠져 사망……법 규정 상반'

2015년 충북 충주 한 요양원에서 70대 치매 어르신이 물탱크에 빠져 사망한 사건이 발생하였다. 이는 노인요양시설 계단 출입문 개폐 여부에 대한 법령 규정이 상반되는 상황에서 발생한 것으로, 즉 계단 출입문을 폐쇄하면 소방시설법을 위반하게 되고, 개방해 두면 노인복지법을 위반하게 되는 문제이다.

노인복지법 시행규칙 별표 4에는 노인요양시설 입소 치매 노인의 낙상을 방지하기 위하여 계단에 출입문을 설치하고 잠금장치를 하여야 한다고 규정되어 있다. 반면 「소방시설의 설치·유지 및 안전관리에 관한 법률」 제10조 제1항 제1호에 따르면 건축법에 따른 피난시설(복도, 계단, 출입구 등)에 대해 폐쇄행위를 금지(개방하여야 함)하도록 규정하였다.

이러한 문제에 대해 보건복지부는 입소 어르신의 안전을 도모하기 위해 평상시에는 잠금상태로 유지되다가 화재 등 비상시에는 자동으로 열리는 개폐장치를 설치하도록 노인복지법 시행규칙 개정을 추진하였다.

노인복지법 시행규칙 별표 4 제4호 개정

기 존	개 정
(2) 계단의 경사는 완만하여야 하며, 치매노인의 낙상을 방지하기 위하여 계단에 출입문을 설치하고 <u>잠금장치</u>를 하여야 한다.	(2) 계단의 경사는 완만하여야 하며, 치매노인의 낙상을 방지하기 위하여 계단의 출입구에 출입문을 설치하되, 위 출입문은 잠금장치 및 화재 등 비상시에 <u>자동</u>으로 열릴 수 있는 <u>개폐장치</u>를 갖추어야 한다.
(4) 주방 등 화재위험이 있는 곳에는 치매노인이 임의로 출입할 수 없도록 잠금장치를 설치하고, 배회환자의 실종 등을 예방할 수 있도록 외부 출입구에 적정한 <u>잠금장치</u>를 하여야 한다.	(4) 주방 등 화재위험이 있는 곳에는 치매노인이 임의로 출입할 수 없도록 잠금장치를 설치하여야 한다.
<신설>	(5) 배회 이용자의 실종 등을 예방할 수 있도록 외부 출입구에 적정한 잠금장치 및 화재 등 비상시에 <u>자동</u>으로 열릴 수 있는 <u>개폐장치</u>를 설치하여야 한다.

출처 : KBS 9시 뉴스(2015. 3. 3); 보건복지부 보도설명자료(2015. 3. 4) 재구성.

사 례 사회복지실천과정에서 행정지침 규정에 의한 사회서비스이용자 권리제한 소지

'서울시 아동청소년심리지원사업 서비스 운영매뉴얼' 규정에 따라 사회서비스 전자바우처 사업 중 지역사회투자사업의 일환인 '아동청소년심리지원사업서비스'의 제공 장소를 '기관방문' 형태로 제한함으로써 본 서비스가 필요한 대상자의 권리를 제한한 사례

- 사회서비스에 대한 상위법 규정은 사회서비스를 정의한 사회보장기본법과 사회복지서비스 제공 절차 및 방법을 규정한 구 사회복지사업법, 그리고 사회서비스 전자바우처 이용을 규정한 「사회서비스 이용 및 이용권 관리에 관한 법률」이라 할 수 있다.
- 2016년 기준 보건복지부의 사회서비스 사업은 산모신생아돌봄서비스, 노인돌봄종합서비스 등을 비롯하여 11개 사회서비스사업이 시행되고 있으며, '아동청소년심리지원사업서비스'는 지역사회투자사업의 하나로 지원되고 있다.
- 아동청소년심리지원사업서비스의 대상은 기준 중위소득 140% 이하 가정의 만 18세 이하 범위 내에서 ADHD 등의 문제행동 위험군 아동 중에서 선정할 수 있으며, 상담 및 언어·놀이 치료 등의 프로그램과 부모훈련 등의 부가서비스를 월 4회 회당 50분씩 실시할 수 있도록 규정하고 있다(보건복지부 사회서비스 홈페이지 www.socialservice.or.kr/user/htmlEditor/rssi/view2.do?p_sn=8)
- 아동청소년심리지원사업 서비스를 제공하는 서울의 한 A센터를 이용하는 서비스 대상 아동인 남매는 후천적 정신질환을 앓고 있는 어머니와 함께 기관방문을 통해 상담서비스를 받고 있었으나, 상담시간을 못 지키거나 기관의 다른 상담에 방해가 되는 등 도저히 기관 내 서비스가 어려워 4개월 만에 포기하였다. 이에 재가방문서비스로 전환하기 위해 이의 가능 여부를 관할 구청 담당공무원에 질의하였으나, '서울시 아동청소년심리지원사업 서비스 운영매뉴얼' 지침에 '제공장소'를 기관방문으로 하였기 때문에 재가방문은 안 된다는 답변을 받았다.
- 그러나 일반적인 제공방법 외에 제공장소를 특정하는 어떠한 상위법 규정도 없는 채, 행정기관 내부 규칙인 지침을 통해 이를 제한함으로써 본 서비스가 필요한 대상자의 권리를 제한하고 있다는 점에서 본 운영 매뉴얼 규정은 개정되어야 할 것이다.

오히려 상위법인 구 사회복지사업법 제33조의5(보호대상자별 서비스제공계획 수립) 및 제41조의2에서 재가복지서비스를 우선하여 제공하도록 한 규정에 비추어 본다면 서비스 제공 결정 후 보호계획의 개별적 수립은 대상자의 여건에 맞추어야 하며 재가서비스로 제공할 수 있기 때문에 행정공무원의 설명 및 서울시지침은 위임한계를 초과한 것으로 판단된다.

* 관련 규정 출처 : 2016년 서울시 지역사회서비스투자사업 제공기관 운영지침
(서울복지재단, 2015 : 90) "제공 장소 : 기관선택(기관방문형+집단활동형)"

이러한 사례는 사회복지현장에서 서비스를 제공하는 사회복지사들이 규정과 현실과의 차이에서 부딪히게 되는 문제이다. 이때 우선적으로 어떠한 상위법적 규정에 근거한 것인지, 관계 법령의 효력이 어느 수준인지 등을 파악하여 문제의 소지와 대안을 찾을 수 있으며, 사회복지법 지식의 중요성을 다시 한번 확인할 수 있다.

(2) 사법작용과 사회복지현장의 상호작용적 기능

사회복지법률을 포함한 시행령과 시행규칙 등 사회복지법규는 국민의 권리에 직접적으로 영향을 미칠 수 있는 본질적이며 중요한 내용에 대해 일반적이며 추상적인 형태로 규정하고 있다. 이에 비해 사회복지현장에서는 법 규정으로 일일이 규정하기 어려운 다양하고 복잡하며 예측 불가능한 상황과 변수들이 존재하거나 끊임없이 발생한다. 이에 사회복지현장에서는 보다 정교한 행정적 · 전문적 기술이 요구된다. 또한 공공 및 민간 사회복지사업에 종사하는 수많은 인력들이 일관성 있게 사업을 수행할 수 있는 기준이 필요하다(행정의 자기구속 원칙). 이에 사회복지법 분야에는 법령에서 위임받은 행정규칙들이 다수 존재하게 된다.

사회복지현장에서 사회복지법규가 적용 · 운용되는 과정에서 다음과 같은 권리 침해의 문제들이 발생할 수 있다.

- 사회복지법령 해석의 문제로 인한 사회복지수급권의 제한
- 사회복지법령 및 행정규칙 규정 자체의 위헌 소지
- 행정기관의 지나친 공권력 행사로 인한 권리의 제한
- 행정기관의 감독소홀 또는 의무불이행으로 인한 권리의 침해
- 사회복지사의 실천개입 과정에서 사회복지이용자와의 법적 분쟁
- 위법적 행위로 인한 사회복지이용자의 권리 침해

위와 같은 문제들의 해결은 행정심판이나 행정소송, 민사소송, 형사소송, 헌법소원과 같은 쟁송절차를 통해 최종적으로 사법기관에 의해 이루어진다. 즉, 사법작용을 통해 사회복지현장에서 발생하는 법 규정 해석의 문제, 권리의 구제, 의무 및 책임의 소재, 위법행위에 대한 처벌 등 다양한 법적 분쟁을 해결할 수 있다. 사법부의 최종 판단은 사회복지현장에서의 해당 행위를 정당화하거나 앞으로 발생하지 못하게 하는 구속력을 갖는다.

사 례 법원 "절차 안 지킨 정신질환자 강제입원 무효" 판결

서울중앙지법 형사31 단독(정재우 판사)은 자신의 의사와 달리 정신병원에 강제로 입원된 A씨가 청구한 인신보호를 받아들여, 전문의 진단이 미리 이루어지지 않고 정신병원에 강제로 입원시킨 뒤에야 의사에게서 진찰을 받은 점을 판단의 근거로 하여, 정신병원에 입원하는 과정에서 절차가 제대로 지켜지지 않았다고 보고 즉시 정신병원 수용을 '해제'하라고 명령하였다.
현행(2016년 3월 기준) 정신보건법은 보호의무자(부양의무자 또는 후견인) 2명 이상이 동의하고 정신건강의학과 전문의가 입원이 필요하다고 판단하면 정신질환자를 강제입원시킬 수 있다고 규정하고 있다. A씨의 경우 부모의 동의에 따라 사설 응급업체가 A씨의 몸을 묶어 정신병원에 강제 수용된 것이며, 사전에 전문의 진단이 미리 이루어지지 않은 절차상의 문제가 있다고 판단한 것이다.
법원은 이번 결정에 대해 사설 응급업체를 통해 정신질환자를 강제로 병원에 옮기는 행동의 위법성을 판단하는 기준을 제시했다고 밝혔다.

출처 : 대한법률일보(2016. 3. 31).

사 례 구미시, 장애인 감금 · 폭행한 시설 관계자 20인 기소

2014년 8월 1일 대구지검 김천지청은 장애인들을 감금하는 등 가혹 행위를 하고 보조금을 횡령한 혐의로 구미시의 한 장애인복지시설 관계자 20인을 기소했다고 밝혔다.
A씨 등 16인은 2013년 5월 24~27일까지 시설에서 생활하는 장애인이 다른 장애인을 폭행했다는 이유로 양팔을 뒤로 한 채 손발을 묶고, 기저귀를 채운 뒤 나흘 동안 방에 감금시킨 혐의를 받고 있다. 김천지청에 따르면 검찰은 이번 사건 관련자 6인을 구속기소하고, 장애인복지재단 대표 A씨 등 14인은 불구속 기소했다. 이들은 상습 중감금, 장애인차별금지 및 권리구제 등에 관한 법률 위반, 특정경제범죄 가중처벌 등에 관한 법률 위반 등의 혐의를 받고 있다.

검찰 관계자는 장애인생활시설 내 장애인 신체 제약에 대한 규정 및 감독 등이 장애인 인권을 지키는 데 크게 모자란다는 점을 확인했다며, "기존 관리감독 체계에 허점이 많다고 보고 범죄 혐의자에 대한 처벌 외에도 재발 방지를 위한 제도 개선책을 마련해 정책 건의할 방침"이라고 밝혔다.

출처 : 웰페어뉴스(2014. 8. 6).

(3) 사회복지입법과 사법작용의 상호작용적 기능

입법의 고유기능은 의회에 있으나 사법부 역시 판례나 법률 조항의 해석을 통한 법 창조기능을 갖는다(Vago, 2006). 또한 사법부의 분쟁해결 및 법 해석 작용은 해당 행위뿐 아니라 관련된 사회복지법령의 개정에 영향을 미친다.

사회복지입법과 사법작용의 관계는 다음과 같이 나타날 수 있다.

- 사회복지법 입법의도에 대한 재해석을 통해 사회복지법의 이념과 제도운영의 원리 제시
- 판단의 대상에 해당하는 법조문 해석의 명확화
- 위임의 한계 등 사법적 판단을 통해 헌법–법률–명령–행정규칙에 이르는 법규정의 정비
- 헌법재판을 통한 사회복지법 제정 및 개정에 영향

사 례 헌법소원 판결 결과에 따른 (구)국민의료보험법 급여제한 규정의 개정 사례

2002헌바1 "구 국민의료보험법 제41조 제1항 등 위헌소원"(2003. 12. 18)

[사건개요]

- 본 사건 심판대상 법률조항은 구 국민의료보험법 제41조(급여의 제한) 제1항인 '보험자는 보험급여를 받을 자가 자신의 범죄행위에 기인하거나 또는 '고의'로 사고를 발생시켰을 때에는 당해 보험급여를 하지 아니한다'는 규정이다. 청구인은 자신의 행위가 고의나 중과실에 의한 것임을 부인하면서 국민건강보험공단을 상대로 처분취소소송을 제기하였고, 처분의 근거가 된 법조항에 대해 위헌심판제청을 신청하였으나 법원이 이를 받아들이지 않자 헌법소원을 제기한 것이다.

[판결요지]

- 이 사건 법률 조항은 보험급여의 제한사유인 '범죄행위'에 '고의나 중과실에 의한 것' 외에 '경과실'까지 포함하고 있으며, 경과실범에 의한 사고에까지 보험급여를 제한하는 것은 최소침해의 원칙에 어긋나는 등 공익에 비해 사익이 현저히 침해되어 과도한 재산권 침해라 판결하였다.
- 본 판결 이후 국민건강보험법으로의 개정을 통해 제47조(급여의 제한) 규정에서 제1항 제1호 규정이 '고의 또는 중대한 과실'로 범죄행위에 기인하거나 '고의로 사고를 발생시킨 때'로 개정되었다. 위 위헌판결 결과는 개정 법률 규정을 통해 급여 제한의 이유로 경과실을 제외하는 등 해석의 명확성에 영향을 미친 예로 볼 수 있다.

한편 입법을 통해 엄격한 사법 집행이 강화되기도 한다. 우리나라에서 「아동학대범죄의 처벌 등에 관한 특례법」(2014. 1. 제정) 시행 전 · 후 3년간의 아동학대 사망사건에 대한 사법부의 판례를 분석한 연구결과에 따르면 양형 기준이 확연히 엄격해졌음을 확인할 수 있다(박연주 · 김봉선, 2018).

요 약

- 사회복지법 체계는 헌법－법률·국제법－명령－행정규칙－자치법규의 수직적 법체계상에 위치한다. 또한 사회법으로서 사회복지법은 국내법과 국제법 및 일반법과 특별법, 실체법과 절차법과 같은 수평적 분류체계에 의해서도 분류될 수 있다.
- 사회복지법 체계는 입법과 행정 및 사법의 기능적 관계구조 속에서 역동적으로 작동한다. 법 제정은 입법부, 법 시행 및 집행은 행정부, 법 해석 및 분쟁조정은 사법부의 고유기능으로 권한이 분리되어 있으나 이들 기능 간에는 긴밀한 상호작용이 있다.
- 사회복지입법은 사회복지현장의 질서를 규율하고 사회복지사업 수행의 권한과 한계를 부여한다. 그리고 사회복지현장에서 발견되는 법 적용 및 해석상의 문제들은 법 개정에 반영된다. 사회복지현장에서 법규가 운용되는 과정에서 발생하는 법적 갈등과 분쟁은 사법부에 의해 판단되며, 사법부의 판단은 관련 사회복지법의 개정과 정책 및 실천현장에 영향을 미친다.

참고문헌

권재열 · 김광록 · 김남철 · 김대환 · 김상일 · 유선봉 · 이충훈 · 이희성 · 임상규(2006). **법학개론**(제3판). 서울 : 법원사.

김철수(2013). **헌법개설**(제13판). 서울 : 박영사.

박연주 · 김봉선(2018). 「아동학대범죄의 처벌 등에 관한 특례법」 전 · 후 판결 비교 - 아동학대 사망사건의 양형분석을 중심으로-. **한국사회복지학, 70**(3), 139-157.

보건복지부 보도자료(2015. 3. 4).

서울시복지재단(2016). 2016년 서울시 지역사회서비스투자사업 제공기관 운영지침.

양수산 · 최완진(2010). **법학통론**(제4판). 서울 : 세창출판사.

이병태(2012). **법률용어사전**(제18판). 서울 : 법문북스.

이태영 · 고영훈(2004). **사회복지법제론**. 서울 : 동인.

홍성찬(2009). **법학원론**. 서울 : 박영사.

홍준형(2008). **법정책의 이론과 실제**. 경기 : 법문사.

Birkland, T. A.(2001). *An Introduction to the Policy Process : Theories, Concepts, and Models of Public Policy Making*. US. : M. E. Sharpe, Inc.

ILO(1952). Convention Concerning Minimum Standards of Social Security.

UN(1989). Convention on the Rights of the Child.

Vago, S.(2006). *Law and Society*(8th ed.). Pearson Prentice Hall.

대한법률일보. www.kltimes.co.kr

법제처 홈페이지. www.moleg.go.kr

웰페어뉴스. www.welfarenew.net

아동복지법

아동학대범죄의 처벌 등에 관한 특례법

성폭력방지 및 피해자보호 등에 관한 법률

성폭력범죄의 처벌 등에 관한 특례법

Chapter 4

사회복지법제의 통합적 접근

본 장의 목표

최근 사회보장법 및 사회복지사업법 등 사회복지 기본법들의 전면 개정과 사회보장급여법 등 신규 사회복지법률들이 시행되면서 사회복지법의 범주에 상당한 변화가 생기고 있다. 본 장에서는 실정법 중심의 사회복지법 범주를 구성하고 이를 입법－행정(정책집행 및 사회복지실천)－사법의 기능적 관계 속에서 사회복지법제의 통합적 접근 모형을 제시한다. 본 장을 학습하고 난 뒤 :

- 사회복지법의 개념과 범주화를 위한 다양한 논거와 쟁점을 파악할 수 있다.
- 사회복지 실정법을 중심으로 한 사회복지법의 범주화 및 이에 포함될 수 있는 개별 사회복지법규에 대해 알 수 있다.
- 사회복지법제의 통합적 접근 모형 구성을 이해하고 이에 필요한 지식과 기술은 무엇인지 알 수 있다.

주요 용어

- 사회복지법 체계
- 사회복지법제 지식
- 실정법
- 사회복지법제 실천
- 사회복지법제의 통합적 접근 모형

본 장의 핵심

앞의 제3장에서는 일반적인 거시적 법체계의 구조적 · 기능적 맥락에서 사회복지법제를 조망하였다면 본 장은 이러한 관점을 사회복지법제 자체에 초점을 두어 적용하면서 사회복지법제를 통합적으로 접근하기 위한 모형을 제시한다. 사회복지법과 관련된 제도로서 사회복지법제를 통합적으로 접근하기 위해서는 우선 사회복지법이 무엇이며 어떠한 법령들이 사회복지법에 포함되는지가 정립되어야 한다. 그러나 아쉽게도 사회복지법에 대한 용어의 사용은 물론 사회복지법 체계화에 대한 논의는 지금까지도 진행되고 있는 것이 사실이다.

우리나라에 '사회복지법'이라는 명칭의 법률이 있는가?를 질문하면 일부 학생들은 '있을 것'이라 대답한다. 그러나 실명의 '사회복지법'은 존재하지 않는다. 다만, '사회보장기본법'이라는 명칭으로 사회복지의 가장 기본이 되는 법률이 있다.

본 장에서는 사회복지법의 범주를 구성함에 있어 사회보장기본법 및 사회복지사업법을 기반으로 한 실정법 중심으로 접근한다. 그리고 구체적으로 어떠한 개별 사회복지법령이 포함될 수 있을지를 판단할 수 있는 유연한 기준을 제시하고 있다.

그 후 본 서의 기본이 되는 사회복지법제의 통합 모형을 사회복지입법–사회복지현장(행정 및 실천)–사법적 판단의 기능적 관계를 중심으로 소개한다. 아울러, 사회복지법제의 통합적 접근이 가능하기 위해 필요한 지식과 기술을 제시한다.

Chapter

4 사회복지법제의 통합적 접근

1. 사회복지법의 범주와 체계

1) 사회복지법 용어의 정의

사회복지법과 관련된 제도(legal system)로서 사회복지법제를 통합적으로 접근하기 위해서는 우선 사회복지법이 무엇이며 그 범위는 어디까지인가를 이해해야 한다. 그러나 지금까지도 사회복지법의 범위에 대한 정의가 혼란스럽고 이에 사회복지법의 체계화도 확립되지 못하고 있다는 문제가 지속적으로 제기되고 있다(박정호, 2004; 박정선, 2014). 물론 사회보장법이냐 사회복지법이냐 하는 용어의 사용 문제[1])도 여전히 존재한다. 사회보장과 사회복지를 상호 관련되었으나 별개의 개념으로 보는 관점, 사회보장을 상위개념으로 보고 사회복지는 중간개념 또는 하위개념으로 하거나(전광석, 2014), 반대로 사회복지가 전체를 포괄하는 상위개념이고 그 내부에 사회보장이 존재하는 것(박정선, 2014)으로 보는 포함관계의 측면에서 접근하는 관점, 사회보장과 사회복지는 동일한 의미로 상하 개념이 아닌 동일한 개념으로 보는 관점(김인재, 2009; 이준일, 2010) 등이다. 대체로 법학계에서는 사회보장을 가장 포괄적인 상위개념으로 보고 '사회보장법' 용어를 사용하는 경향이 강하다(전광석, 2002; 2014). 상대적으로 사회복지학계에서는 헌법에 규정된 사회보장과 사회

---

1) 헌법 제34조 제2항에 '국가의 사회보장 · 사회복지 증진 의무' 규정에 이미 두 용어가 병렬적으로 열거되어 있다.

복지가 병렬적인 동일한 의미이며 사회복지가 전체를 포괄하는 상위 용어로서 '사회복지법' 용어를 사용하는 경향이 뚜렷해 보인다(윤찬영, 2010; 정진경, 2006; 조만형, 2013).

본 서는 사회복지법제를 사회복지학을 구성하는 하나의 학문체계로서 접근하며, 이에 '사회복지법' 용어를 사용한다. 사회복지법은 사회복지에서 추구하는 이념을 실현하기 위한 목적과 이를 실현하기 위한 수단을 법규범으로 명문화한 것이라 할 수 있다.

2) 실정법 중심의 사회복지법 범주화

한편 사회복지법의 범위를 어디까지로 볼 것이냐와 관련한 논의는 대체로 두 가지 측면에서 접근되고 있다. 하나는 '사회복지'의 개념 정의에서 출발하여 사회복지법의 범위를 최광의－넓은 의미－좁은 의미로 접근하면서 사회복지법을 범주화하는 것이다(이태영 · 고영훈, 2004; 현외성, 2007; 박차상 외, 2011). 다른 하나는 실정법적 차원에서 사회보장기본법의 범위 내에 포함되는 영역을 포함하는 것이다(김 훈, 2012; 남기민 · 홍성로, 2013).

이 중 학리적 개념의 사회복지에서 출발할 경우 최광의의 사회복지법은 사회법 범주까지 확장되는 문제, 협의의 사회복지법은 공공부조와 사회복지사업법에서 규정한 개별사업법에 한정되어 지나치게 축소될 문제가 있다.

반면 실정법적 차원에서 사회보장기본법의 규정을 따르는 것은 복잡하고 혼란스러운 논쟁을 피하면서 실효성이 높다는 장점이 있다. 그러나 사회보장기본법의 개정에 따라 그 범위가 달라질 경우 사회복지법의 범주 역시 달라져야 하는 문제도 발생한다. 이에 사회복지법의 고유한 범주는 없는가? 하는 비판이 제기될 수도 있다.

실제, 2012년 1월 사회보장기본법이 전부 개정됨에 따라 개정 전과 후의 사회복지법 범주에서 큰 차이가 발견된다. 개정 전(1995년 제정)까지 사회보장은 "사회보험, 공공부조, 사회복지서비스 및 관련 복지제도"라고 정의된 것에 비해(제3조 제1호), 개정 후에는 "사회보험, 공공부조, 사회서비스를 말한다"고 규정한 것이다(제3조 제1호). 개정 사회보장기본법은 '사회서비스'에 대한 정의를 신설 규정함으로써 기존의 사회복지서비스의 영역을 확장함과 동시에 관련 복지제도라는 모호한 기술을 상당 부분 명확하게 한 것으로 판단된다.

〈표 4-1〉 사회보장기본법 개정에 따른 사회보장 범주와 사회서비스 정의의 변화

1995년 제정~2012년 개정 전 사회보장기본법	2012년 개정 후 사회보장기본법
제3조(정의) 이 법에서 사용하는 용어의 뜻은 다음과 같다. 1. "사회보장"이란 질병, 장애, 노령, 실업, 사망 등의 사회적 위험으로부터 모든 국민을 보호하고 빈곤을 해소하며 국민 생활의 질을 향상시키기 위하여 제공되는 사회보험, 공공부조, <u>사회복지서비스 및 관련 복지제도</u>를 말한다.	제3조(정의) 이 법에서 사용하는 용어의 뜻은 다음과 같다. 1. "사회보장"이란 출산, 양육, 실업, 노령, 장애, 질병, 빈곤 및 사망 등의 사회적 위험으로부터 모든 국민을 보호하고 국민 삶의 질을 향상시키는 데 필요한 소득·서비스를 보장하는 사회보험, 공공부조, <u>사회서비스</u>를 말한다.
4. '사회복지서비스'는 국가·지방자치단체 및 민간 부문의 도움을 필요로 하는 모든 국민에게 상담·재활·직업소개 및 지도·사회복지시설 이용 등을 제공하여 정상적인 사회생활이 가능하도록 지원하는 제도를 말한다(제3조 제4호). 5. '관련 복지제도'는 보건·주거·교육·고용 등의 분야에서 인간다운 생활이 보장될 수 있도록 지원하는 각종 복지제도를 말한다(제3조 제5호).	4. '사회서비스'란 국가·지방자치단체 및 민간부문의 도움이 필요한 모든 국민에게 <u>복지, 보건의료, 교육, 고용, 주거, 문화, 환경 등의 분야</u>에서 인간다운 생활을 보장하고 상담, 재활, <u>돌봄, 정보의 제공, 관련 시설의 이용, 역량 개발, 사회참여 지원 등</u>을 통하여 국민의 삶의 질이 향상되도록 지원하는 <u>제도</u>를 말한다(제3조 제4호).

사회보장기본법이 사회복지법 내부 체계에서 가장 기본법적 지위에 있고, 법은 사회변화에 따라 변화하는 것으로 사회복지법의 범위는 고정되어 있는 것이 아닌 지속적으로 구성되어 감을 고려할 때, 실질적 사회복지법의 범주를 구성함에 있어 이를 따르는 것이 바람직하다고 본다.

따라서 본 서에서 사회복지법의 범주화는 사회보장기본법의 범위 내, 즉 사회보장기본법 제3조의 정의에 입각하여 분류하며, 이에 해당하는 실정법으로서 사회복지법령을 포함하고자 한다.

그런데 이러한 기준에 의해서도 사회서비스 관련 개별법령에 해당하는 것이 무엇인가에 대한 논란이 발생할 수 있다. 예를 들어, 고용 분야에서 사회서비스와 관련된 법규를 어디까지 포함해야 하는지, 주거나 문화 분야에 해당하는 사회서비스 관련 법규는 무엇이 있는지 등이다.

이에 본 서에서는 사회복지법 범주를 구성하는 다음과 같은 추가적인 세부 기준을 설정하였다.

① **사회복지 기본법상에 명시적으로 정의된 법률** : 기본법적 지위에 있는 사회보장기본법 및 사회복지사업법에서 법률상으로 명확히 '정의'된 법률명에 해당하는 법들을 사회복지법 범주에 포함하는 것이다. 예를 들어, 사회복지사업법 제2조(정의)에 열거되어 있는 개별 법률들은 사회복지법 범주에 해당하는 것이다. 만약 신규로 개별 사회복지사업법률이 제정된다면 이는 사회복지사업법 개정을 통해 제2조 각호에 추가됨으로써 사회복지법 범주에 자동적으로 포함될 것이다.

② **사회복지 기본법의 법 시행을 위해 명시된 특정 법률** : 기본법적 지위에 있는 사회보장기본법 및 사회복지사업법에서 이 법 시행과 관련하여 명시적으로 특정 관계 법령을 규정한 경우이다. 즉, 이러한 기본법을 근거로 하여 별도로 신규 제정되거나, 반대로 신규 제정된 법에 기반하여 기본법 조항이 신설된 경우에 해당한다. 예를 들어, 사회보장기본법에 의해 신규로 제정된 「사회보장급여의 이용 · 제공 및 수급권자 발굴에 관한 법률」(2014. 12. 30. 제정)이나 「사회서비스 이용 및 이용권 관리에 관한 법률」(2011. 8. 4. 제정)에 근거하여 사회복지사업법에 관련 조항이 신설된 경우가 해당한다. 이로써 이 두 개의 법률은 사회복지사업법상(제2조 정의)에는 명시된 법률에 포함되지 않지만 사회복지법 범주에 포함될 수 있다.

③ **사회복지 일반법에 기반하여 제정된 특별법** : 국민기초생활보장법, 아동복지법, 장애인복지법 등 개별 사회복지 일반법에 기반하여 제정된 신규 법률이나 특별법이다. 예를 들어, 「아동학대범죄의 처벌 등에 관한 특례법」(2014. 1. 28. 제정)은 사회복지사업법의 정의에 명시되지 않았으나, 사회복지법의 범주인 아동복지법상의 아동학대 범죄자를 처벌하는 특별법으로 제정된 것이므로 사회복지법 범주에 포

함할 수 있다는 것이다.

④ **사회복지 개별법률상 특정 법률조항의 시행을 위해 명시된 별도의 법률 :** 사회복지 개별법률에서 규정한 모든 규정을 집행함에 있어 동 법률만 적용되는 것은 아니다. 특정 법률조항에 대한 집행은 다른 법률에 근거하여 적용할 수 있으며, 이에 해당하는 별도의 특정한 관계법령을 명시한 경우 사회복지법 범주에 포함할 수 있다. 예를 들어, 국민기초생활보장법의 주거급여 시행을 위한 주거급여법(2014. 1. 24. 제정)의 경우가 해당한다.

⑤ **사회복지 개별법률에서 규정한 사회복지대상과 사회적 욕구 및 급여제공과 밀접한 관련이 있는 보건, 고용, 주택, 교육, 환경 등 복지 관련법 :** 개정 전 사회보장기본법에서 규정한 기타 사회복지 관련 제도에 해당하는 법이라 할 수 있으며, 2012년 개정에 따른 사회서비스 분야에 해당한다. 신섭중 외(2001), 김 훈(2008), 이중호(2015) 등 역시 이러한 접근을 취하고 있으며, 이로써 건강가정기본법, 청소년기본법, 「장애인 등에 대한 특수교육법」, 「장애인고용촉진 및 직업재활법」, 고령자고용촉진법 등이 사회복지법 범주에 포함된다. 사회참여와 자아실현 및 민간자원 촉진이라는 사회보장기본법 및 사회복지사업법의 규정에 비추어 자원봉사활동기본법 역시 복지 관련법에 해당할 수 있을 것이다.

3) 사회복지법의 수직적·내용적 구성체계

앞서 논의한 사회복지법의 정의 및 범주화를 바탕으로 먼저 사회복지법 체계를 법의 수직적 구조 맥락에서 체계화할 수 있다. 즉, 사회복지법은 헌법을 최정점으로 하여 사회보장기본법을 기본법적 위치에 둔다. 사회보험 · 공공부조 · 사회서비스 영역에서의 개별 법률들이 존재하며, 개별 법률의 하위단계로 명령(시행령 · 시행규칙)과 행정규칙 및 자치법규가 존재하는 체계를 따르고 있다.

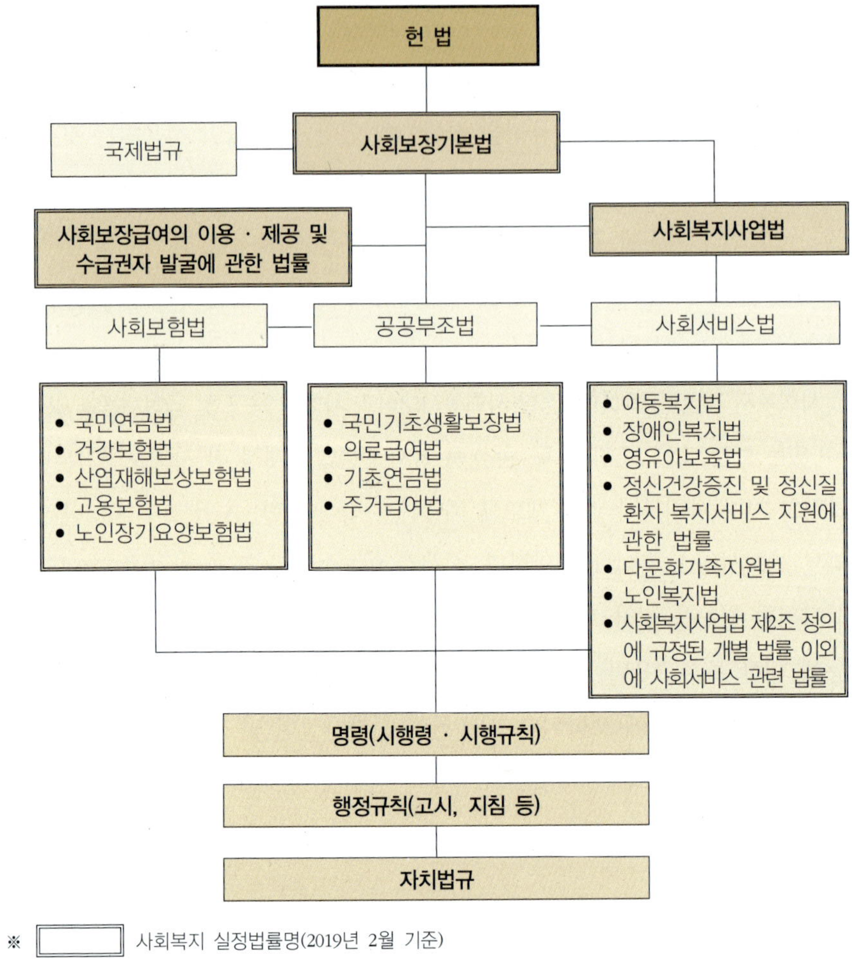

|그림 4-1| 사회복지법의 범주와 체계

한편 사회복지법은 개별법률마다 각기 다른 법 목적을 취하고 있다. 따라서 개별 사회복지법이 규율하는 대상에 따라 세부적인 내용은 차이가 있을 것이다. 그러나 사회복지법은 '생존권적 · 사회권적 기본권 실현이라는 이념하에 국민의 사회보장수급권을 보장하고자 국가 또는 공법인, 조직, 종사자 등이 사회적 위험으로부터 국민을 보호하기 위한 실질적인 급여 관계를 규율하는 법'으로서 사회복지급여와 관련된 권리 의무의 내용과 그 관계를 명확히 하는 실체법으로서의 보편적인 내용적 체계로 구성되어 있다.

이에 따라 사회복지법이 담고 있는 기본적인 내용들은 '장'(제1장, 제2장, 제3장 순)과 '조'(제1조, 제2조, 제3조 순), '항'(①, ②, ③ 순), '호'(1. 2. 3. 순), '목'(가, 나, 다 … 순.), 보칙, 부칙 등의 형식적 체계를 따라 대략 다음과 같은 내용으로 구성되어 있다.

- 법의 목적과 기본 이념
- 국가 및 지방자치단체의 책임
- 용어의 정의
- 사회복지시설 및 종사자 등의 의무
- 전달체계(위원회, 협의체, 법인, 시설, 단체, 종사자, 정보관리시스템 등)
- 사회복지수급권 및 대상자 자격 기준
- 서비스 · 급여의 종류와 수준, 서비스 관리
- 이용 및 신청절차
- 재정 및 비용분담
- 권리구제
- 벌칙
- 부칙

사 례 사회복지법의 내용적 구성체계 예

사회복지사업법

[시행 2019. 1. 15.] [법률 제16247호, 2019. 1. 15. 일부개정]

제1장 총칙

제1조(목적) 이 법은 사회복지사업에 관한 기본적 사항을 규정하여 … 중략 … 사회복지의 증진에 이바지함을 목적으로 한다.

제1조의2(기본 이념) ① 사회복지를 필요로 하는 사람은 누구든지 자신의 의사에 따라 서비스를 신청하고 제공받을 수 있다. … 중략 …

제2조(정의) 이 법에서 사용하는 용어의 뜻은 다음과 같다.

1. "사회복지사업"이란 다음 각 목의 법률에 따른 … 이하 생략
   가. 「국민기초생활 보장법」
   허. 그 밖에 대통령령으로 정하는 법률

제4조(복지와 인권증진의 책임) ① 국가와 지방자치단체는 … 중략 … 책임을 진다.

제5조(인권존중 및 최대 봉사의 원칙) 이 법에 따라 복지업무에 종사하는 사람은… 이하 생략

제2장 사회복지법인

제16조(법인의 설립허가) … 이하 생략

제3장 사회복지시설

제34조(사회복지시설의 설치)
제35조(시설의 장)
제35조의2(종사자) … 이하 생략

제4장 보칙

제42조(보조금 등)
제43조(시설의 서비스 최저기준)
제43조의2(시설의 평가) … 이하 생략

제5장 벌칙

제53조(벌칙)
제56조(양벌규정)

부칙

제1조(시행일) 이 법은 공포 후 6개월이 경과한 날부터 시행한다. … 이하 생략

2. 사회복지법제의 통합적 접근 모형

1) 통합적 접근 모형의 이해

현대의 법체계를 구성하는 첫 번째 요소는 '일정한 구조'를 지니고 있다는 점이다. 이는 법제도 그 자체와 법제도가 운영되는 과정으로서의 입법과 행정 및 사법제도를 둘러싼 제도들이 포함된다는 것이다. 두 번째 구성요소로서 법체계는 '실체'를 지니고 있으며 이는 개인의 권리와 의무 및 국가와 종사자에 대한 권한의 부여 등으로 구성된다. 세 번째 법체계의 구성요소는 문화로서 특정 사회에 지배적인 '법의식이나 법문화'를 의미한다(박상기 외, 2014).

이러한 법체계를 구성하는 세 가지 요소를 바탕으로 본 서의 구성을 위한 기본적 프레임이자 저자가 취하고 있는 사회복지법제에 대한 통합적 접근모형을 크게 다음과 같은 세 가지 측면에서 접근하였다.

첫째, 구조적 법체계 속에서 사회복지법제를 조망하는 관점으로 사회복지법령은 헌법을 최고규범으로 한 수직적 체계 내에서 작동하며, 사회복지법 역시 자체적인 상하위법 체계를 갖추고 있다.

둘째, 법 제도가 운영되는 기능적 차원에서 입법 · 행정 · 사법 간의 권한 분립 및 상호영향의 관점을 통해, 사회복지법제 역시 사회복지입법과 사회복지행정 및 실천, 그리고 사법적 판단들이 상호 밀접한 기능적 관련성을 갖는다.

셋째, 사회복지법은 사회복지를 구성하는 가치와 지식, 급여관계를 중심한 사회복지행정, 그리고 다양한 인구계층과 욕구 및 문제에 개입하는 사회복지실천이라는 고유한 전문직업적 문화와 성격이 반영된다.

이에 사회복지법제의 통합적 접근 모형은 국민을 중심으로 사회복지법규(입법)와 사회복지현장(행정 및 실천), 그리고 사법적 판단(司法)으로 구성된다.

① 법적 권리의 주체로서 국민은 정부에 대해 필요한 사회복지법에 대한 입법을

요구하며, 정부와 공·사 사회복지기관에 대해 필요한 급여와 서비스를 청구하여 이용한다. 권리의 침해나 권리보장이 충분하지 않을 경우에 필요한 사법적 권리구제 절차를 밟을 수 있다.

② 의회 또는 행정입법절차를 통해 정립된 **사회복지법규**는 국민에게는 사회보장에 관한 권리를 부여하고 정부 및 공·사의 사회복지조직과 사회복지 종사자에게는 책임과 권한 및 사회복지 실천규범과 행동지침을 제시한다. 사회복지법규는 사법부로 하여금 법적 분쟁을 판단할 수 있는 법원(法源)으로서 기능한다.

③ **사회복지행정 및 실천현장**은 사회복지법 내에서 법적 권한을 부여받으며 사회보장 급여 및 서비스를 필요로 하는 국민에게 여러 공급기관을 통해 실제 서비스를 제공한다. 법을 집행 또는 적용하는 과정과 실제 사회복지현장에서 발생하는 문제 해결에 필요한 법령의 개정 또는 제정을 요구할 수 있다. 그뿐만 아니라 실정법 내에서 발생하는 다양한 분쟁에 대해 사법기관에 해결을 요청할 수 있다.

④ 법원 및 헌법재판소는 법적 분쟁에 대한 **사법적 판단**을 통해 국민의 사회보장수급권을 보장한다. 또한 사회복지현장에서 발생하는 법 적용 및 해석상의 문제, 행정기관이나 사회복지기관으로부터 제기되는 법적 분쟁, 인권 침해 등 위법 행위에 대해 사법적 판단을 통해 문제를 해결한다. 이러한 사법적 판단 과정과 결과를 통해 명확한 법 해석이 가능해지며, 기존의 법규를 개정하는 데 영향을 미치기도 한다.

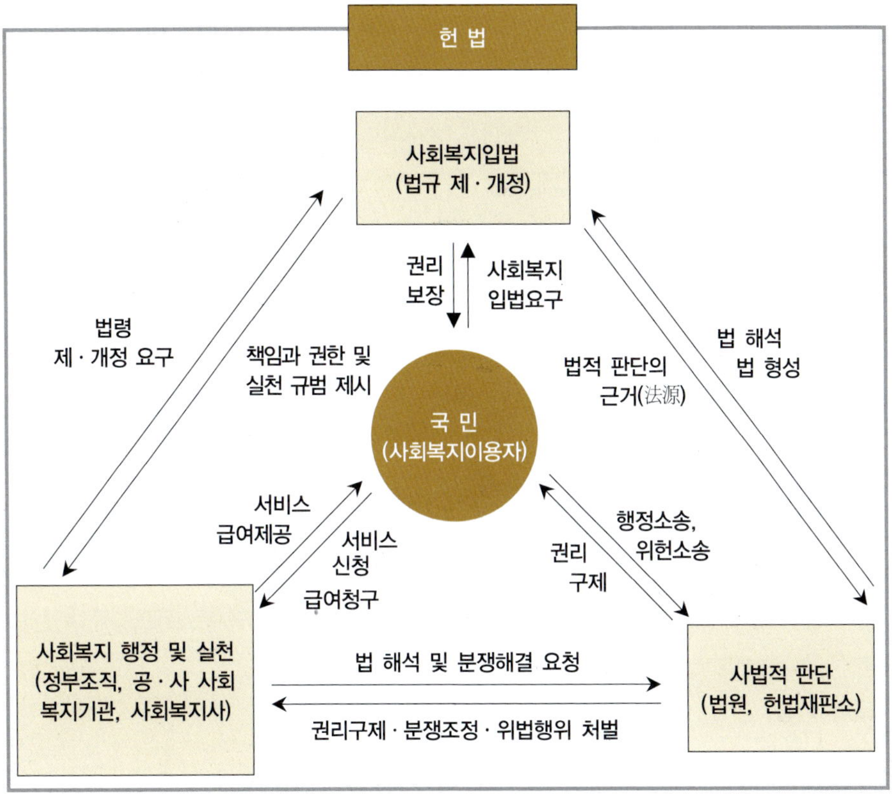

|그림 4-2| 사회복지법제의 통합적 접근 모형

2) 통합적 접근을 위한 지식과 기술

사회복지법제의 통합적 접근은 법을 기반으로 국민을 사회적 위험으로부터 보호하여 인간다운 생활을 할 권리를 보장하기 위한 사회복지의 법적 접근이라 할 수 있다.

사회복지법제가 법적 관점에서의 사회복지 접근 모형으로 실현되기 위해서는 이에 필요한 지식과 기술을 갖추어야 한다. 사회복지법제 교육은 대학기관뿐 아니라 실천현장에서도 사회복지법에 대한 지식과 기술을 습득함으로써 사회복지제도의 운영 및 실천역량을 강화하기 위한 지렛대로서의 역할을 한다.

(1) 지식

- 법의 체계에 대한 지식
- 법률 용어
- 사회복지법의 범위와 체계
- 주 업무를 규정하는 개별 사회복지법령의 내용
- 주 업무와 밀접하게 연관된 관계법령의 내용
- 사회복지법의 순기능과 역기능
- 입법, 행정, 사법기관의 구조와 역할
- 권리구제절차
- 입법절차
- 입법체계에서의 사회복지사 역할
- 법원 등 사법체계에서의 사회복지사 역할

(2) 기술

- 법 조문 해석 기술
- 사회복지실천과정에서 법 적용 기술
- 의사결정의 준거틀로서 법 지식 활용
- 사회복지실천 가치와 법의 조화
- 현행 법규에 대한 비판적 사고
- 기록, 대변, 옹호 기술
- 경찰, 변호사 등 법 전문가와의 협업 기술
- 피해자 인터뷰 기술
- 증언 기술

이러한 사회복지법제 지식과 기술의 활용에 대해서는 이후의 장들을 통해 사회복지 입법활동과 사법체계에서의 사회복지사 역할, 법 기반 사회복지실천 모델 등을 통해 자세히 소개한다.

요 약

- 사회복지법의 범주는 사회보장기본법 규정에 의한 실정법 중심의 범주와 체계를 갖는다. 즉, 사회보장기본법을 기본법으로 하여, 사회보험법, 공공부조법, 사회서비스법 범주 내에 실정법으로 구성된다.
- 사회복지법제의 통합적 접근 모형은 헌법의 테두리 내에서 국민을 중심에 두고 사회복지입법과 사회복지행정 및 실천 그리고 사법적 판단의 상호작용 속에서 사회복지법이 작동되는 원리와 현상을 이해하는 것이다.
- 사회복지법제의 통합적 접근이 가능하기 위해 다양한 법 관련 지식과 실천적 기술 또한 필요하다.

참고문헌

김 욱(2015). **법을 보는법 - 법치주의의 곁과 속**. 경기 : 도서출판 개마고원.

김 훈(2008). 사회복지의 개념 및 법체계에 관한 고찰. **토지공법연구**, 41, 521-544.

김인재(2009). 한국 사회복지 입법의 전개와 향후 과제. **이화여자대학교 법학연구소 법학논집**, 14(1), 165-188

남기민・홍성로(2013). **사회복지법제론**(제4판). 경기 : 공동체.

박상기 외(2014). **법학개론**(전정2판). 서울 : ㈜박영사.

박정선(2014). 사회복지법의 개념 정립을 위한 소고. **사회보장연구**, 30(1), 81-102.

박정호(2004). 사회복지법의 체계화에 관한 연구. **사회복지리뷰**, 8, 85-102.

박차상・정상양・김옥희・강종수・고관용(2011). **한국사회복지법 강의**(제3판). 서울 : 학지사.

방동희(2011). 사회복지법제 현황 및 개선방안-사회복지법제의 법치주의적 수용-. **공법학연구**, 12(2), 27-53.

신섭중 외(2001). **한국사회복지법개설**. 서울 : 대학출판사.

윤찬영(1994). 사회복지법의 체계화 방안-사회복지법의 체계화는 가능할 것인가?. 한국사회복지학회 추계학술대회 자료집, pp. 77-89.

이준일(2010). **헌법과 사회복지법제**. 서울 : 세창출판사.

이중호(2015). 사회복지법의 개념과 법체계의 개선방안. **東亞法學**, 68, 435-476.

이태영・고영훈(2004). **사회복지법제론**. 서울 : 동인.

이형하 외(2009). 사회복지사업법 제2조의 사회복지사업에 포함되는 법률에 관한 연구. **사회복지정책**, 36(4), 369-392

전광석(2002). 헌법 50년과 사회보장법의 발전. **한림법학**, 8(1), 137-175. 한림대학교 법학연구소.

_____(2014). **한국사회보장법론**(제10판). 서울 : 집현재.

정진경(2006). 사회복지법 관련 헌법재판소 판례분석 : 1987-2004 헌법판례 현황과 내용을 중심으로. **한국사회복지학**, 58(1), 395-423.

조만형(2013). 개정된 사회보장기본법에 따른 사회보장법체계의 재검토. **공법연구**, 41(3), 461-495.

현외성(2007). **한국사회복지법제론**. 경기 : 양서원.

사회보장기본법.

사회복지사업법.

Chapter 5

헌법과 사회복지법

본 장의 목표

헌법은 국가 최고의 근본법으로서 사회복지법규와 제도의 운영 및 사회복지권리구제에 이르는 사회복지법제의 작동에 근간으로 작용한다. 본 장을 학습하고 난 뒤 :

- 사회복지와 관련된 헌법의 기본 원리로서 기본권 존중주의, 법치주의, 사회국가의 원리에 대해 이해한다.
- 1948년 헌법 제정 이후 아홉 차례의 헌법 개정을 통해 나타난 사회복지 관련 헌법규정 변화와 그 의미를 이해한다.
- 헌법의 기본권에 대한 이해와 인간다운 생활을 할 권리 및 사회보장수급권의 법적 성격에 대해 이해한다.
- 기본권 구제 장치로서 헌법재판의 요건을 정확히 알고, 사회복지법 분야에서 헌법재판 유형에 따른 주요 헌법판례를 알 수 있다.

주요 용어

- 기본권 존중주의
- 법치주의
- 사회국가원리
- 법치행정
- 신뢰보호의 원칙
- 과잉금지의 원칙
- 기본권 제한
- 공공복리 적합성
- 인간다운 생활을 할 권리
- 프로그램적 규정설
- 법적 권리설
- 제도보장설
- 헌법소원, 위헌법률심판
- 각하, 기각, 인용

본 장의 핵심

사회복지법제는 헌법의 테두리 안에서 작동한다. 사회복지법률은 헌법의 생존권적 기본권 및 사회권적 기본권 실현을 위한 집행법으로서의 의미를 갖는다. 헌법재판소의 결정은 사회복지제도의 운영과 국민의 기본권을 재해석하여 명확히 하거나 최후의 기본권 구제 장치 역할을 한다.

2004년 10월 헌법재판소의 신행정수도건설특별법 위헌 결정 및 대통령(노무현) 탄핵심판 기각 결정(2004. 5. 14), 그리고 대통령(박근혜) 탄핵심판 인용(파면) 결정(2017. 3. 10) 등이 TV 생방송으로 보도된 이후 기본권과 기존 법질서에 커다란 영향을 주는 헌법에 대한 국민적 관심은 매우 높아졌다. 시각장애인 안마사 독점 위헌판결(2006헌마1098. 2008. 10. 30), 성매매특별법 합헌판결(2016. 3. 31. 판결) 등을 비롯하여 헌법재판소의 판결이 사회복지법 분야에 미치는 영향 역시 상당하다.

헌법이 사회복지 분야에 구체적으로 어떻게 영향을 미치는지는 헌법의 원리와 사회복지 기본권의 성격, 그리고 최후의 권리구제 장치로서 헌법재판에 대한 이해를 통해 가능하다.

Chapter 5

헌법과 사회복지법

1. 사회복지법제에서 헌법의 의미

헌법은 한 국가의 통치조직과 통치 작용의 원리를 정하고, 국민의 기본적 권리를 보장하는 국가 최고의 근본법이다(홍성찬, 2009; 김철수, 2013). 역사적 발전과정에서 헌법의 개념은 국가의 통치체제에 관한 기본 사항을 정하는 국가 고유의 헌법으로부터 시민국가 등장 이후의 근대 입헌주의 헌법으로 변모하였으며, 현대의 헌법은 생존권적 기본권 보장이 강화되면서 복지주의적 헌법 내지 복지주의에 근간을 둔 사회국가적 헌법으로 변천되고 있다(홍성찬, 2009; 김철수, 2013; 김학성, 2014).

사회복지법제의 측면에서 헌법은 특히 다음과 같은 의미를 갖는다.

첫째, 일반적인 법의 수직적 체계 내에서 사회복지법의 위치와 관계성을 이해하게 한다. 헌법은 법의 단계구조상 최고의 규범으로서 사회복지법률이나 공권력의 행사는 헌법에 근거해야 한다. 또한 사회복지법률은 헌법에서 규정한 기본권을 보장하고 구체적으로 실현하기 위한 국가의 책임과 의무를 규정한 것이다. 즉, 법률은 헌법을 실현하는 수단이 되며, 헌법은 사회복지법의 존재 근거가 되는 법원(法源)인 동시에 효력의 근거가 된다.

둘째, 헌법은 국민의 기초적인 지위를 보장하고 국가권력으로부터 개인의 기본권을 보장하는 규범으로(명재진, 2002), 사회복지법규나 행정행위에 의한 기본권의 침해 시 이를 구제할 수 있는 최후의 장치가 된다. 최후의 기본권 구제는 헌법재판

제도를 통해 이루어지며 이때 헌법적 판단을 통해 사회복지법률의 개정을 비롯한 입법과정이나 정책 개선 등에 반영된다(전광석, 1999; Lens, 2001).

결국 사회복지법제에서 헌법은 사회복지법을 지도하고 있는 최고의 규범으로(윤찬영, 2010), 사회복지에 대한 국가의 책임과 범위 및 국민의 권리를 정해주는 중요한 법(김 훈, 2012)이라 할 수 있다.

1) 사회복지 관련 헌법원리

사회복지법은 사회복지가 국가의 제도로서 실현되는 중요한 지침과 방향을 제시하는 것이며, 이러한 지침과 방향은 헌법의 기본 원리에서부터 출발한다(정진경, 2006). 우리나라 헌법의 기본 원리 가운데 '기본권 존중주의', '법치주의', '사회국가 원리'는 특히 우리나라 사회복지의 근간을 형성하는 원리라고 할 수 있다.

(1) 기본권 존중주의

우리나라 헌법은 전문에서 '우리들과 우리들의 자손의 안전과 자유와 행복을 영원히 확보하여 국민의 자유, 안전, 평등, 행복이라는 기본권 보장을 목적'으로 하고 있음을 천명하고 있다. 또한 헌법 제10조는 '모든 국민은 인간으로서의 존엄과 가치를 가지며, 행복을 추구할 권리를 가진다. 국가는 개인이 가지는 불가침의 기본적 인권을 확인하고, 이를 보장할 의무를 진다'라고 하여 기본권 보장의 대원칙을 규정하고 있다. 이하 헌법 제2장에서는 헌법 전문과 제10조에 의한 기본권 보장의 원칙을 구체화하는 개별적 기본권(자유권, 평등권, 생존권, 경제권, 사회권, 청구권, 참정권 등)들을 규정하고 있다.

그런데 헌법 제10조에 규정된 인간으로서의 존엄과 가치 및 행복을 추구할 권리는 헌법의 기본 원리이며, 이것은 포괄적 의미의 자유권으로서의 성격으로 국가에게 필요한 급부를 적극적으로 요구할 수 있는 것은 아니라는 것이 헌법재판소의 해석이다.

사 례 **헌법 제10조 인간의 존엄과 가치 및 행복추구권의 법적 권리 성격**

2009헌마617 국민기초생활보장법 시행령 제2조 제2항 제3호 위헌확인 등(2011. 3. 31) : 기각

헌법 제10조에서 규정한 인간의 존엄과 가치는 '헌법이념의 핵심'으로 국가는 헌법에 규정된 개별적 기본권을 비롯하여 헌법에 열거되지 아니한 자유와 권리까지도 이를 보장하여야 하며, 이를 통하여 개별 국민이 가지는 인간으로서의 존엄과 가치를 존중하고 확보하여야 한다는 헌법의 기본 원리를 선언한 조항이다.

또한 헌법 제10조의 행복추구권은 국민이 행복을 추구하기 위하여 필요한 급부를 국가에게 적극적으로 요구할 수 있는 것을 내용으로 하는 것이 아니라, **국민이 행복을 추구하기 위한 활동을 국가권력의 간섭 없이 자유롭게 할 수 있다는 포괄적인 의미의 자유권으로서의 성격**을 가진다.

(2) 법치주의

법치주의란 국가권력의 행사는 의회에 의하여 제정된 법, 즉 법률에 기반하여야 함을 의미한다. 이로써 법에 의하지 않고 국가가 국민에게 어떠한 명령이나 금지도 할 수 없으며, 행정은 법률에 의하여 행해질 것이 요구된다.

우리나라의 헌법은 국가권력의 법적 구속(제107조) 및 권력분립(제40조, 제66조 제4항, 제101조 제2항), 법률유보(제37조), 과잉금지원칙(제37조 제2항) 등을 통해 법치주의 원리를 규정하고 있다.

• 법치행정의 원리

법치행정의 원리는 다음과 같은 구체적 내용을 포함한다.

첫째, 행정행위는 의회가 제정한 법률에 의해 구속력을 가지며(법률의 법규창조력),

둘째, 행정기관은 법률을 집행하고 적용하며, 법률을 위반해서는 안 된다(법률우위의 원칙)

셋째, 행정작용은 법률에 근거해서 허용되며 법률에 근거 없는 행정작용은 위헌으로, 이로 인해 본질적인 중요한 사항은 법률로 정하며 하위법령에 위임하지 못하도록 한다(법률유보).

• **신뢰보호의 원칙**

신뢰보호의 원칙은 국민 개개인이 법령의 존속성을 신뢰하여 행위한 경우 국가는 그러한 신뢰행위를 보호해 주어야 한다는 헌법원칙이다(이부하, 2014). 이는 법치주의 원리 중 법적 안정성에 대한 국민의 신뢰가 보호되어야 함을 의미한다. 나아가 행정청이 국민에 대하여 행한 조치나 언행에 대해 보호가치가 있는 개인의 신뢰에 대해서는 보호해야 함을 의미한다.

• **과잉금지의 원칙**

과잉금지의 원칙이란 동원되는 수단은 목적을 실현하는 데 적합해야 하며, 목적달성에 적합하고 필요한 조치라도 달성되는 효과보다 더 큰 불이익이 초래되지 않아야 한다는 헌법원칙이다.

(3) 사회국가의 원리

사회국가란 사회정의의 이념을 헌법에 수용하고 사회현상에 대하여 방관하는 것이 아닌 경제, 사회, 문화의 모든 영역에서 정의로운 사회질서 형성을 위하여 사회현상에 관여하여 간섭하고 분배하며 조정하는 국가이다. 이는 궁극적으로 국민 각자가 실제로 자유를 행사할 수 있는 실질적 조건을 마련해 줄 의무가 있는 국가를 의미한다(헌법재판소. 2002. 12. 18. 2002헌마52). 이와 같이 사회국가의 원리란 국가권력을 실질적 평등에 구속시킴으로써 개인의 최소한의 생존을 보장하기 위한 원리를 말한다(김학성, 2014). 이로서 국가 및 행정주체는 사회정의에 따른 사회를 형성할 권능과 의무를 부과받는다(이태영 · 고영훈, 2004).

우리 헌법은 제119조 제2항에서 분배적 정의와 경제적 민주주의의 지향을 분명히 하고 있다. "국가는 균형 있는 국민경제의 성장 및 안정과 적정한 소득의 분배를 유지하고, 시장의 지배와 경제력의 남용을 방지하며, 경제 주체 간의 조화를 통한 경제의 민주화를 위하여 경제에 관한 규제와 조정을 할 수 있다." 나아가 헌법재판소는 헌법상의 이와 같은 경제질서가 "사회복지 · 사회정의를 실현하기 위하여 국가적 규제와 조정을 용인하는 사회적 시장경제 질서로서의 성격을 띠고 있음"을 밝히고 있다(헌재 1989. 12. 22. 88헌가13).

즉, 우리나라 헌법은 사회국가원리를 명문으로 규정하지는 않았지만, 헌법 전문 및 인간다운 생활을 할 권리를 비롯한 사회적 기본권의 보장, 사회적 시장경제질서 규정 등을 통해 간접적으로 사회국가의 원리를 수용하고 있는 것이다. 이 중 사회적 시장경제주의는 사회적 약자의 보호를 위한 어느 정도의 경제계획, 적정한 소득의 분배, 시장의 지배와 경제력 남용 방지 등을 위한 국가의 개입 권한을 부여하는 것이다(권영성, 2010). 따라서 국가의 복지정책 및 그 추진은 사회국가 실현이라는 헌법적 명령의 지침에 따라 이행하여야 한다(표명환, 2013). 이는 사회보장제도를 통한 소득재분배와 사회보험 강제적용 방식을 채택할 수 있는 중요한 근거가 되고 있다.

2) 사회복지 관련 헌법규정의 변화

현대 복지국가의 헌법은 균형 있는 경제의 성장, 적정한 소득과 분배의 유지, 재산권 사용의 공공복리 적합성 등을 달성하기 위한 기본 원리를 토대로 사회복지법에서는 가장 중요한 법원(法源)이 되고 있다. 헌법에 사회복지와 관련된 규정이 어떠한 내용으로 기술되어 있느냐에 따라 헌법에 규정된 의무를 실현하기 위한 사회복지법 체계 역시 영향을 받을 수 있다. 이에 그동안 우리나라 헌법이 제정되고 개정되어 오면서 사회복지와 직접 관련된 조항은 어떠한 변화를 거쳐 왔는지를 살펴보는 것은 의미가 있다.

〈표 5-1〉 헌법 개정과 사회복지 관련 조항의 변화

헌 법	사회복지 관련 헌법 조항
1948. 7. 17. 헌법 제1호	제19조. 노령, 질병, 기타 노동능력의 상실로 인하여 생활유지의 능력이 없는 자는 법률이 정하는 바에 의하여 국가의 보호를 받는다.

헌 법	사회복지 관련 헌법 조항
1962년 헌법 제6호	第8조. 모든 국민은 인간으로서의 존엄과 가치를 가지며, 이를 위하여 국가는 국민의 기본적 인권을 최대한으로 보장할 의무를 진다. 第30조. ① 모든 국민은 인간다운 생활을 할 권리를 가진다. ② 국가는 사회보장의 증진에 노력하여야 한다. ③ 생활능력이 없는 국민은 법률이 정하는 바에 의하여 국가의 보호를 받는다.
1980년 헌법 제9호	第9조. 모든 국민은 인간으로서의 존엄과 가치를 가지며, 행복을 추구할 권리를 가진다. 국가는 개인이 가지는 불가침의 기본적 인권을 확인하고 이를 보장할 의무를 진다. 第32조. ① 모든 국민은 인간다운 생활을 할 권리를 가진다. ② 국가는 사회보장 · 사회복지의 증진에 노력하여야 한다. ③ 생활능력이 없는 국민은 법률이 정하는 바에 의하여 국가의 보호를 받는다.
1987년 헌법 제10호	第10조. 모든 국민은 인간으로서의 존엄과 가치를 가지며, 이를 위하여 국가는 국민의 기본적 인권을 최대한으로 보장할 의무를 진다. 第34조. ① 모든 국민은 인간다운 생활을 할 권리를 가진다. ② 국가는 사회보장 · 사회복지의 증진에 노력하여야 한다. ③ 국가는 여자의 복지와 권익의 향상을 위하여 노력하여야 한다. ④ 국가는 노인과 청소년의 복지향상을 위한 정책을 실시할 의무를 진다. ⑤ 신체장애자 및 질병 · 노령 기타의 사유로 생활능력이 없는 국민은 법률이 정하는 바에 의하여 국가의 보호를 받는다. ⑥ 국가는 재해를 예방하고 그 위험으로부터 국민을 보호하기 위하여 노력하여야 한다.

1948년 제정된 제헌헌법 이후 아홉 차례에 걸친 헌법 개정에서 사회복지와 직접 관련된 조항의 수나, 용어의 표현 방식 및 규정 내용에 있어 변화가 있어 왔다. 제헌헌법에서는 헌법 제19조를 통해 노령, 질병, 기타 노동능력 상실로 생활유지 능력이 없는 요보호자에 대한 국가의 보호 규정만을 명시하였다.

1962년 제6호 개정헌법에서는 제8조를 통해 모든 국민의 인간으로서의 존엄과 가치 및 국민의 기본적 인권 보장에 대한 국가의 의무를 규정한다. 또한 제헌헌법 제19조의 내용들이 제30조 세 개의 조항으로 구체화된다. 즉, 헌법 제30조 제1항에 모든 국민은 인간다운 생활을 할 권리를 가지며, 제2항 국가는 사회보장의 증진에 노력하여야 하고, 제3항 생활능력이 없는 국민은 법률이 정하는 바에 의하여 국가의 보호를 받는다는 규정이다. 제6호 헌법은 사회복지대상을 모든 국민으로 확대하면서 국가의 사회보장 증진 의무를 규정하는 등 사회적 기본권으로서의 기초적 체계를 잡아나가기 시작했다는 데 의미가 있다(전광석, 1999).

1980년 제9호 개정헌법은 제9조에 '행복을 추구할 권리'를 추가하였으며, 제32조 제2항 '국가의 사회보장 · 사회복지 증진 노력' 의무를 추가하였다.

1987년 개정 이후 현재까지 유지되고 있는 제10호 헌법에서는 사회복지권과 관련된 규정이 제34조를 통해 여섯 개의 조항으로 증가한다. 즉, 제3항 여자의 복지와 권익향상, 제4항 노인과 청소년의 복지향상, 제5항 신체장애자 및 질병 · 노령 기타의 사유로 생활능력이 없는 국민, 제6항 재해 예방과 그 위험으로부터 국민을 보호하기 위한 노력과 같이 특정 집단에 대한 기본권 보장을 구체적으로 규정한 것이다.

헌법의 사회적 기본권에 대한 기초적 체계가 제시되기 시작한 1962년 헌법개정(헌법 제6호) 직후 1963년에 「사회보장에 관한 법률」이 제정되었으며, 연이어 우리나라 사회복지법률들이 속속 제정되어 사회복지법제의 기본 토대가 형성되었다. 또한 1980년 헌법 개정 이후에는 국정이념으로 복지사회 건설이 제시되고 사회보험법이 실질적으로 작동되기 시작하였다. 이어 1987년 헌법 개정 이후에는 아동복지, 노인복지, 장애인복지 등 사회복지서비스 개별 법률들이 제정되거나 전부개정되는 등 헌법의 개정에 따라 그에 상당하는 사회복지입법의 변화가 있었음을 발견할 수 있다(정진경, 2006).

2. 기본권으로서의 사회복지 권리

1) 기본권의 개념과 특성

(1) 기본권의 개념과 내용적 구성

기본권이란 실정헌법에 보장된 권리를 말한다(정종섭, 2014). 기본권 보장은 인권사상에 기초하고 있으나 실정헌법상의 기본권은 인권과 일치하지 않기 때문에 기본권과 인권은 개념상 구별된다. 기본권은 인간의 천부적 권리인 인권을 헌법 규정으로 명문화한 것이라 할 수 있다.

우리나라 헌법에 규정된 기본권은 권리의 주체나 효력, 내용 등의 기준에 따라 다양하게 분류할 수 있다. 본 서에서는 기본권의 실체적 내용에 따라 크게 인간의 존엄과 가치, 평등의 보호, 자유권적 기본권, 경제적 기본권, 정치적 기본권, 사회권적 기본권, 청구권적 기본권으로 제시한다.

이 가운데 인간다운 생활을 할 권리 및 사회보장수급권 등 직접적인 사회복지 권리가 포함된 영역은 사회권적 기본권에 해당된다.

〈표 5-2〉 기본권의 유형 및 내용

기본권의 유형	내 용
인간의 존엄과 가치	인간의 존엄성과 가치, 행복추구권
평등의 보호	법 앞에의 평등, 차별금지
자유권적 기본권	생명 및 인신의 자유 정신적 자유 : 양심의 자유, 종교의 자유, 학문의 자유, 예술의 자유, 언론·출판의 자유, 집회·결사의 자유 사생활 및 정보의 자유 : 주거의 자유, 사생활의 비밀과 자유, 통신의 비밀과 자유, 정보의 자유
경제적 기본권	재산권, 직업선택의 자유, 소비자의 권리
정치적 기본권	정치적 자유, 참정권, 선거권,
사회권적 기본권	**인간다운 생활을 할 권리, 사회보장수급권,** 근로의 권리, 교육을 받을 권리, 보건권, 환경권
청구권적 기본권	재판청구권, 국가배상청구권, 손실보상청구권, 형사보상청구권, 범죄피해자구조청구권

(2) 기본권의 효력

원칙적으로 헌법의 기본권은 국가와 국민의 관계에서 국가에 대한 국민의 권리로 시작되었으며, 이로써 기본권은 입법, 사법, 행정을 포함한 모든 국가권력을 구속한다. 기업이나 조직, 단체 등 비국가적 권력이나 개인 상호 간, 즉 대사인적 효력에 대해서는 원칙적으로 적용되지 않는다(김철수, 2013). 그러나 기본권은 모든 인간공동체의 기초이며 사회생활의 질서원칙으로서의 성격을 갖는다. 따라서 거대한 사회세력에 의하여 기본권이 침해되는 경우 이를 방치할 수 없기 때문에 간접적용설이 가장 설득력이 있다. 더 나아가 인간의 존엄 및 행복추구권(제10조)은 법률로도 제한할 수 없는 절대적 기본권인 헌법상 최고의 가치로서 사인들도 이에 구속되어야 함이 주장되고 있다(김학성, 2014).

(3) 기본권 제한의 일반원칙

그러나 하나하나의 기본권이 무제한적으로 보장되지는 않는다. '기본권 제한'이란 국가가 기본권 보호영역 내에 포함되어 있는 개인의 행위를 금지하거나 제약하는 것으로, 공권력이 의도적・직접적으로 이루어지며 명령이나 강제의 성격을 지닌 법적 행위에 의해 성립된다. 사실상 어느 하나의 기본권을 보장하기 위해 다른 기본권이 제한되는 등 기본권 간의 충돌 또한 발생한다. 예를 들어, 사회보장제도와 사회복지사업의 실시는 인간다운 생활 보장 등 생존권적 기본권을 보장하기 위한 것이지만 이러한 기본권 보장을 위해 개인의 자유권이나 재산권에 일부 제한이 가해질 수 있다.

이러한 기본권에 대한 제한은 헌법에 의해 직접적으로 제한되거나 개별 법률에 근거한다. 우리나라 헌법 제37조 제2항은 '국민의 모든 자유와 권리는 국가안전보장・질서유지 또는 공공복리를 위하여 필요한 경우에 한하여 법률로써 제한할 수 있으며…'라는 일반적 법률유보 조항으로 기본권 제한의 일반원칙을 규정하고 있다.

본 장에서는 사회복지법과 관련된 헌법재판에서 기본권 제한의 일반원칙으로 많이 제시되고 있는 공공복리 적합성과 과잉제한금지의 원칙을 살펴보고자 한다.

① 공공복리 적합성

여기서 공공복리를 위한 기본권의 제한은 기본권 제한의 목적이 국가적 복지 혹은 사회적 복지를 목적으로 하는 경우 국가에 의해 개인의 자유권 등 기본권이 일부 제한될 수 있음을 의미한다. 일반 국민의 건강증진과 생활안정, 사회적 위험으로부터의 국민 보호 등은 사회복지법의 일반적 목적으로서 이를 위한 국가의 사회보장제도 실시에 따른 개인의 재산권이나 자유권 등에 최소한의 국가개입이 불가피해진다.

99헌마365 '국민연금법 제75조 등 위헌확인'

강제가입과 소득재분배 효과를 전제로 한 연금보험료 강제징수 규정이 조세법률주의, 행복추구권, 시장경제 질서에 위반되는지 여부(기각)

[판결사유] 국민연금 강제가입이 자기 스스로 노후를 준비하는 개인들의 행복추구권을 침해한다고 볼 수 있으나, 본 제도가 '모든 국민의 생활안정과 복지증진에 기여하는 입법목적이 정당'하고, 본 제도가 상호부조, 상호연대성에 기초하여 계층 간, 세대 간 소득재분배 기능을 하여 '사회적 시장경제질서에 부합'

② 과잉제한금지의 원칙

기본권 제한이 공공복리 등의 목적달성을 위한 필요 불가결한 것일지라도(적합성 원칙) 기본권을 최소한도로 제한하는 수단이나 방법을 선택(필요성의 원칙)해야 하며, 이것을 과잉제한금지의 원칙이라 한다. 또한 공익이라는 목적과 침해되는 사익 간에 균형이 유지되어야 하고(비례성의 원칙), 사소한 공익실현을 위해 기본권 침해가 이루어지는 것은 제한된다.

2000헌마801 '국민건강보험법 제62조 제3항 등 위헌소송'

건강보험 강제가입 의무와 경제적 능력에 따른 보험금 납부가 헌법상의 행복추구권과 재산권 침해 여부(기각)

[판결사유] 건강보험의 문제를 시장경제가 아닌 국가에 의하여 국민들에게 강제 가입시키고, 경제적 능력에 비례해 보험금을 납부하게 하여 의료보장과 동시에 소득재분배 효과를 도모하기 위함. 강제가입과 보험료 차등부과로 인해 침해되는 사익에 비해 달성되는 공익이 훨씬 크므로 행복추구권이나 재산권을 침해했다고 볼 수 없음.

2) 사회적 기본권으로서의 사회복지 권리

헌법에서 보장하는 기본권 가운데 사회복지입법과 사회보장제도 및 사회복지사업을 통해 직접적으로 보장하고자 하는 기본권은 헌법 제34조 '사회권적 기본권' 영역에 있는 인간다운 생활을 할 권리와 사회보장수급권이라 할 수 있다. 이 두 가지 기본권이 직접적인 법적 권리로서의 효력을 갖는가에 대해서는 많은 논쟁이 있으며 이에 대해 살펴본다.

(1) 인간다운 생활을 할 권리의 법적 성격

헌법 제34조 제1항은 '모든 국민은 인간다운 생활을 할 권리를 가진다'라는 기본권을 규정하고 있다. 그런데 인간다운 생활을 할 권리가 생존권적 기본권 가운데 가장 핵심적인 권리임에도 불구하고 이를 실체적인 법적 권리로 볼 수 있는가에 대해서는 다양한 견해가 존재한다. 이는 인간다운 생활을 할 권리가 모든 국가권력을 구속하는지, 국민 개인의 법적 권리로서 인정되는지와 관련된다.

① 프로그램적 규정설 : 생존권은 직접적으로 행정권이나 사법권을 구속하기보다는 입법의 방향만을 제시한다는 입장이다. 즉, 생존권은 직접적 효력을 갖는 것이 아닌 국가목표의 규정이나 입법방침에 대한 규정이며, 입법에 의해서만 비로소 개인의 권리(주관적 공권)가 발생한다는 것이다. 따라서 이러한 입장에서는 생존권이 개인의 법적 권리를 직접적으로 보장하는 것은 아니며 따라서 권리를 청구할 수 없다고 본다.

② 법적 권리설 : 이는 생존권 규정을 국가에 대한 국민의 권리로 보는 견해이며 그러나 권리의 직접적인 효력에 있어서는 세 가지 입장이 있다(윤찬영, 2010).

첫째, 추상적 권리설에 의하면 생존권이 입법을 통해 구체적이고 현실적인 권리가 되기까지는 추상적 권리로 존재한다는 것이다. 따라서 국민은 국가에 대해 추상적 권리만을 가지고 있으며 국가에 대한 의무이행을 직접 청구할 수는 없다.

둘째, 구체적 권리설은 생존권 그 자체를 직접적이고 현실적 효력을 지니는 헌법적 권리로 본다. 이에 따르면 국민이 국가에 대하여 적극적으로 적절한 조치를 구할 수 있으며 이로써 재판규범성과 국가권력 구속성이 인정된다.

셋째, 인간다운 생활을 할 권리는 자유권적 기본권처럼 직접 효력을 가지는 완전한 의미의 구체적 권리일 수는 없지만, 불완전하나마 구체적 권리로서의 성격을 가진다고 하는 불완전 구체적 권리설이 있다.

③ **제도 보장설** : 제도의 보장은 국민이 삶을 영위하고 국가의 존립을 유지하는 데 필요한 일정한 객관적 제도를 헌법적 수준에서 보장하는 것으로 주관적 권리를 보장하는 기본권 보장과는 구별된다(정종섭, 2014). 따라서 헌법 제34조 국가의 사회보장·사회복지 증진 노력 규정은 헌법 수준에서 보장되는 제도의 보장으로 볼 수 있다. 이러한 제도의 보장을 통해 개인의 기본권 보장을 더 충실하게 할 수 있다. 사회복지 권리는 주관적 공권으로 존재하지는 않지만, 헌법상 보장된 '제도'이며, 이러한 제도의 보장은 국가권력을 직접 구속하고(정종섭, 2014), 제도마련을 위한 입법부의 적극적 입법을 청구할 수 있다(윤찬영, 2010).

인간다운 생활을 할 권리의 법적 권리로서의 성격에 대한 위와 같은 다양한 견해에도 불구하고 헌법재판소는 헌법 제34조 제1항이 정하고 있는 인간다운 생활을 할 권리는 법률에 의하여 구체화될 때 비로소 인정되는 법률상의 권리라고 보고 있다.

2002헌마328

헌법 제34조 제1항이 보장하는 인간다운 생활을 할 권리는 사회권적 기본권의 일종으로서 인간의 존엄성에 상응하는 최소한의 물질적인 생활의 유지에 필요한 급부를 요구할 수 있는 권리를 의미하는데, 이러한 권리는 국가가 재정형편 등 여러 가지 상황들을 종합적으로 감안하여 법률을 통하여 구체화할 때에 비로소 인정되는 법률적 권리라고 할 것이다.

(2) 사회보장수급권의 법적 성격

헌법 제34조 제2항부터 제6항은 인간다운 생활을 할 권리를 구체적으로 실현하기 위한 내용에 해당한다. 이 조항들을 통해 국가의 사회보장 증진 의무를 포괄적으로 규정하고 있으나 그 구체적인 내용까지 모두 헌법의 수준에서 규정하지는 않는다. 즉, 국가가 다양한 형태로 사회보장의 급부를 국민에게 제공하는 경우에는 반드시 헌법에서 정하지 않은 내용이라도 법률로써 정하여 제공할 수 있다. 이러한 경우 법률정책으로 보장되는 사회보장수급권은 법률상의 권리라고 할 것이다(정종섭, 2014). 헌법재판소는 사회보장수급권을 법률상의 권리로 판시하고 있다.

2000헌마342

헌법 제34조 제2항은 "국가는 사회보장·사회복지의 증진에 노력할 의무를 진다"고 규정하고 있는바, 사회보장수급권은 이 규정들로부터 도출되는 사회적 기본권의 하나이다. 이와 같이 사회적 기본권의 성격을 가지는 사회보장수급권은 국가에 대하여 적극적으로 급부를 요구하는 것이므로 헌법규정만으로는 이를 실현할 수 없고, 법률에 의한 형성을 필요로 한다. 사회보장수급권의 구체적 내용, 즉 수급요건, 수급권자의 범위, 급여금액 등은 법률에 의하여 비로소 확정된다.

3. 기본권 구제와 헌법재판

1) 헌법재판의 대상과 요건

법률관계에 대하여 다툼이 발생한 경우에는 대체로 법원의 재판을 통하여 누구에게 어떠한 내용의 권리가 있는지를 확정하여 그 다툼을 해결하게 된다. 그런데 그러한 법률관계의 근거가 되는 해당 법률이 헌법에 위반 혹은 잘못이 있다고 주장하거나, 국민에게 의무를 지우거나 국민의 자유를 제한하는 국가 공권력의 작용이 헌법에 위반된다고 다툴 때가 있다. 이때에는 헌법에 정한 권한 있는 재판기관이 그 분쟁에서 과연 무엇이 헌법에 합치되는 것이고 합치되지 않는 것인지 판단하여 헌법에 반하는 법률조항이나 공권력 행사를 바로잡음으로써 해결하게 되는데, 바로 이러한 것이 헌법재판이다(헌법재판소 홈페이지 www.ccourt.go.kr).

우리나라는 1987년 헌법을 개정하면서 헌법재판소를 설치할 수 있는 규정을 두었으며 이에 따라 헌법재판소법이 별도로 제정되어 모든 헌법재판은 헌법재판소에서 담당한다.

사회복지법규의 위헌성 여부나 국가의 사회복지제도 운영과 관련한 공권력 또는 부작위로 인해 국민이 헌법상의 기본권이 침해 내지 보장받지 못하였다고 할 경우에도 헌법재판을 통해 해결할 수 있다.

헌법재판의 종류에는 위헌법률심판, 탄핵심판, 정당해산심판, 권한쟁의심판, 헌법소원심판 등이 있으며, 이 가운데 사회복지 기본권 구제와 관련된 헌법재판은 위헌법률심판과 헌법소원에 집중되어 있다.

〈표 5-3〉 기본권 구제를 위한 헌법재판의 유형과 주요 요건

<table>
<tr><th colspan="2">구 분</th><th>내 용</th><th>요 건</th><th>결 정</th></tr>
<tr><td colspan="2">위헌법률심판</td><td>재판의 전제가 되는 법률이 헌법에 위반되었는지 여부를 법원이 직접 제청</td><td rowspan="3">• 다른 구제수단이 없거나, 이미 거쳤음
• 위헌법률심판의 경우 법원이 직접 제기, 일반 국민 헌법소원 시 변호사 선임
• 기본권 침해
- 침해의 자기관련성
- 침해의 현재성
- 침해의 직접성</td><td rowspan="2">• 각하 : 헌법재판청구 요건을 갖추지 않아 심판의 대상이 되지 못함
• 기각 : 헌법에 위반되지 않음. 합헌
• 인용 : 헌법에 위반 위헌</td></tr>
<tr><td rowspan="2">헌법소원</td><td>권리구제형
(헌법재판소법 제68조 제1항)</td><td>공권력의 행사 또는 불행사로 인해 기본권이 침해되었을 때 국민이 신청</td></tr>
<tr><td>위헌심사형
(헌법재판소법 제68조 제2항)</td><td>법원에 의해 위헌법률심판 제청이 받아들여지지 않았을 경우, 소송당사자가 헌법소원</td><td>• 위헌법률심판 : 헌가
• 권리구제형 헌법소원 : 헌마
• 위헌심사형 헌법소원 : 헌바</td></tr>
</table>

출처 : 정진경(2006). 사회복지법 관련 헌법재판소 판례분석 : 1987~2004 헌법판례 현황과 내용을 중심으로, p. 403.

기본권 구제를 위한 헌법소원의 심판대상은 사법부를 제외한 국회의 입법행위와 행정부의 행정행위 등 공권력의 행사 또는 불행사가 된다. 그러나 헌법소원을 청구하기 위해서는 다음과 같은 요건이 충족된 경우여야 한다.

- 다른 권리구제 수단이 없거나 이미 거쳤음에도 불구하고 기본권이 침해되었을 경우(헌법소원의 보충성)
- 기본권 침해가 자기 '자신의' 기본권이여야 하며(자기관련성),
  '현재' 기본권이 침해받고 있어야 하고(침해의 현재성),
  기본권이 '직접' 침해되어야 함(침해의 직접성)

이러한 내용적 및 형식적 요건이 충족되지 못할 경우 헌법재판소의 심판대상 자격으로서의 적법요건을 갖추지 못하였기에 각하된다.

사 례 **헌법소원 기본권 침해 요건 불충족에 의한 각하 판례**

2014헌마655
국민기초생활보장법 시행령 제3조 제1항 제4호 다목 위헌확인(2014. 9. 2) : 각하

청구인은 공권력작용에 대하여 자신이 스스로 법적으로 관련되어야 하며 원칙적으로 기본권을 침해당하고 있는 자만이 헌법소원을 제기할 수 있고, 제3자는 특별한 사정이 없는 한 기본권 침해에 직접 관련되었다고 볼 수 없다.
청구인은 심판대상조항에 의하여 직접적으로 기본권을 침해받은 자라고 할 수 없고 단순히 간접적, 사실적 또는 경제적인 이해관계가 있는 제3자에 불과하므로, 자기관련성이 인정되지 아니한다.

2) 사회복지 권리구제를 위한 헌법재판의 유형과 절차

(1) 위헌법률심판

위헌법률심판은 법원에서 진행 중인 재판의 전제가 되는 법률의 위헌 여부를 확인하기 위해 법원이 헌법재판소에 위헌제청을 하는 것이다. 위헌법률심판은 입법부가 만든 법률이 헌법에 위반되는지 여부를 심사하여 만약 헌법에 위반된다고 판단하는 경우 그 법률은 효력을 잃게 된다.

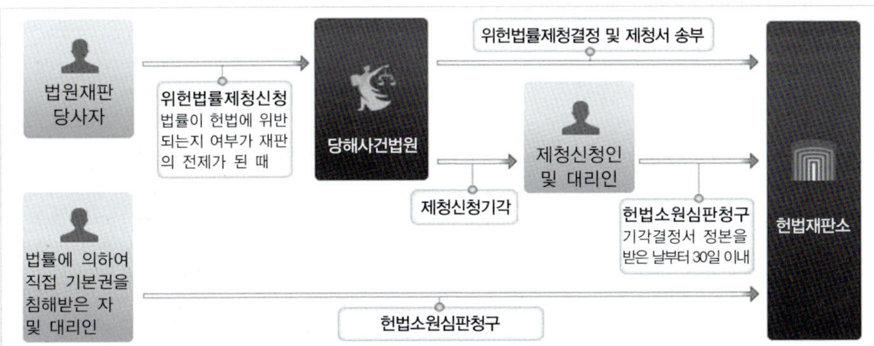

|그림 5-1| 위헌법률심사 및 헌법소원심판 청구 과정

출처 : 헌법재판소 홈페이지(www.ccourt.go.kr).

사 례 위헌법률심판 판례

성매매처벌법 제21조 제1항 합헌(2016. 3. 31)

헌법재판소는 2016년 3월 31일 재판관 6 : 3의 의견으로 성매매를 한 자를 형사처벌하도록 규정한 '성매매알선 등 행위의 처벌에 관한 법률' 제21조 제1항이 헌법에 위반되지 않는다는 결정을 선고하였다.

□ **사건개요**

- 제청신청인은 서울 동대문구 전농동에서 13만 원을 받고 성매매를 하였다는 범죄사실로 기소되었다. 제청신청인은 제1심 계속 중 성매매 행위를 처벌하는 '성매매알선 등 행위의 처벌에 관한 법률' 제21조 제1항에 대하여 위헌법률심판 제청신청을 하였고, 제청법원은 위 신청을 받아들여 이 사건 위헌법률심판을 헌법재판소에 제청하였다.
  - 제청법원인 서울북부지법의 오원찬 판사는 "축첩행위(첩을 두는 행위)나 외국인을 상대로 한 현지처 계약 등은 처벌하지 않으면서 불특정인을 상대로 한 성매매 여성만 처벌하는 것은 평등권을 침해한다"면서 "성인 간 성행위는 개인의 자기결정권에 맡겨야 하고 국가는 형벌권 행사로 개입해서는 안 된다"며 헌법재판소의 심판을 구하였다.

□ **심판대상 조항**

- '성매매알선 등 행위의 처벌에 관한 법률'(2011. 5. 23. 법률 제10697호로 개정된 것, 이하 '성매매처벌법'이라 한다) 제21조 제1항 성매매를 한 사람은 1년 이하의 징역이나 300만 원 이하의 벌금 · 구류 또는 과료(科料)에 처한다.

□ **기각(합헌 결정) 이유의 요지**

- "성매매는 그 자체로 폭력적, 착취적 성격을 갖고 경제적 약자인 성판매자의 신체와 인격을 지배하기 때문에 자유 거래로 볼 수 없다"며 입법 정당성을 인정했다. 개인 간 성행위는 성적 자기결정권의 보호 대상이지만 외부로 표출되어 건전한 성풍속을 해칠 때는 규제 대상이 된다.

  성매매행위에 대하여 국가가 개입함으로써 지켜내고자 하는 사회 전반의 건전한 성풍속 및 성도덕이라는 공익적 가치는 개인의 성적 자기결정권 등과 같은 기본권 제한의 정도에 비해 작지 않다. 불특정인에 대한 성매매 처벌은 평등권을 침해한다고 볼 수 없다.

(2) 헌법소원심판

헌법소원은 공권력에 의하여 헌법상 보장된 국민의 기본권이 침해된 경우에 헌법재판소에 그 침해된 기본권의 구제를 청구하는 제도이다. 자연인은 물론 법인도 헌법소원을 청구할 수 있다. 헌법소원은 국민이 직접 심판청구의 주체가 되고 기본권 침해에 대한 직접적인 구제를 목적으로 하므로, 헌법이 마련한 기본권 보장의 제도적 장치 중 핵심적인 것이다.

헌법소원에는 두 가지 종류가 있다. 첫째, 위헌법률심판 제청 신청이 법원에서 받아들여지지 않은 경우 청구할 수 있는 헌법소원(헌법재판소법 제68조 제2항)과 공권력의 행사 또는 불행사로 인해 기본권이 침해된 경우 청구할 수 있는 헌법소원(헌법재판소법 제68조 제1항)이 그것이다.

① 헌법재판소법 제68조 제1항에 의한 헌법소원

공권력의 행사 또는 불행사로 인하여 헌법상 보장된 기본권을 침해받은 자는 법원의 재판을 제외하고는 헌법재판소에 헌법소원심판을 청구할 수 있다. 다만, 다른 법률에 구제절차가 있는 경우에는 그 절차를 모두 거친 후에 청구해야 한다.

국회의 입법권도 공권력 중의 하나이므로, 법률 그 자체가 직접적으로 기본권을 침해하고 있는 경우나 국회가 당연히 입법하여야 할 사항을 입법하지 않음으로써 기본권을 침해하고 있는 경우도 헌법소원의 대상이 된다.

청구기간은 그 사유가 있음을 안 날부터 90일 이내에, 그 사유가 있음을 안 날부터 1년 이내에 청구하여야 한다. 다른 법률에 의한 구제절차를 거친 경우에는 그 최종결정의 통지를 받은 날부터 30일 이내에 청구하여야 한다.

② 헌법재판소법 제68조 제2항에 의한 헌법소원

법률이 헌법에 위반되는지의 여부가 소송사건에서 재판의 전제가 되어 당사자가 법원에 그 법률의 위헌심판제청을 신청하였으나 그 신청이 기각된 때에는 소송당사자가 헌법재판소에 헌법소원심판을 청구할 수 있다. 위헌법률심판의 제청신청이 기각된 날부터 30일 이내에 하여야 한다.

98헌바8 산업재해보상보험법 제94조 제2항 등 위헌확인(합헌)

심판대상 : 보험급여 결정을 위한 행정소송을 제기하기 위해 행정심판을 거치도록 한 규정이 재판청구권을 위반한 것인지의 여부(법원의 위헌법률심판 제청이 받아들여지지 않아 당사자가 헌법소원을 청구)
헌법재판소는 합헌 결정을 내렸으며, 그 이유는 다음과 같다.
산재보험은 업무와 재해 간의 의학적 관계, 신체장애 정도, 요양의 필요성 등 고도의 의학적, 법학적, 보험정책적 전문성과 기술성이 요구되는 것으로, 이에 관한 행정기관의 전문성을 살릴 필요가 있고, 특수한 전심절차를 둔 것은 합리적인 것으로 위헌이 아니다.

(3) 헌법소원 심판절차

① 사전심사 및 결과

헌법소원심판의 청구가 있으면 지정재판부가 사전심사를 한다. 사전심사를 통해 다음과 같이 판단될 경우 '각하' 결정을 내린다. 지정재판부가 전원일치의 결정으로 심판청구를 각하하지 아니하는 경우에는 그 사건을 재판부에 회부하는 결정을 하여야 한다.

- 다른 법률에 의한 구제절차가 있음에도 불구하고 그 절차를 모두 거치지 아니하였거나, 법원의 재판에 대하여 청구된 경우(헌법재판소가 위헌으로 결정한 법령을 적용한 재판은 제외)
- 청구기간이 경과된 후 청구된 경우
- 변호사를 대리인으로 선임하지 아니하거나 국선대리인의 선임결정을 받지 아니한 경우
- 기타 청구가 부적법하고 그 흠결을 보정할 수 없다고 인정되는 경우

② 의견서의 제출

헌법소원심판에 대하여 이해관계가 있는 국가기관 또는 공공단체와 법무부 장관은 헌법재판소에 그 심판에 관한 의견서를 제출할 수 있다.

③ 헌법소원의 종국결정

심판청구가 이유 없는 경우 기각결정(합헌), 심판청구가 이유 있는 경우에는 인용결정, 즉 위헌임을 확인하는 결정을 선고한다. 헌법소원심판에 있어서 심판청구가 이유 있는 때(위헌)에는 헌법재판소는 침해된 기본권과 침해의 원인이 된 공권

력의 행사 또는 불행사를 특정하고, 그 공권력의 행사를 취소하거나 그 불행사가 위헌임을 확인하는 결정을 선고한다. 이 경우에 헌법재판소는 그 공권력의 행사 또는 불행사가 위헌인 법률 또는 법률조항에 기인한 것이라고 인정될 때에는 당해 법률 또는 법률조항이 위헌임을 선언할 수 있다.

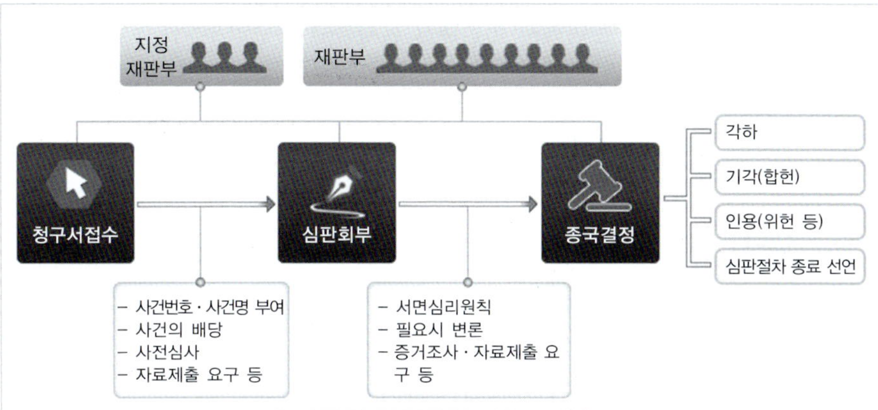

|그림 5-2| 헌법소원 심판절차 흐름도

출처 : 헌법재판소 홈페이지(www.ccourt.go.kr).

4. 사회복지 관련 헌법판례

1) 헌법판례 연구의 의의

(1) 사회복지 관련 헌재 판결의 의의

사회복지법제의 발달에 의한 사회적 기본권의 규범 내용이 보다 구체화되고 있다 해도 헌법상에 규정된 사회적 기본권의 추상성으로 인하여 그 보장의 정도를 어디까지로 하여야 하는가의 문제는 결국 사법적 판단에 의하여 정해질 수밖에 없다(정극원, 2012 : 115).

사회복지와 관련된 헌법 판례 연구는 사회복지제도와 관련된 국민의 실생활을 엿볼 수 있을 뿐 아니라 헌법의 적용과 해석이 사회복지법규와 제도운영 및 사회복지실천에 어떠한 의미를 주는지를 확인할 수 있다. 1987년 헌법재판소 출범 이후 2004년까지 있었던 62건의 헌법재판소 판결을 분석한 정진경(2006)은 연구결과를 통해 다음과 같은 시사점을 제시하였다.

① 다양한 사회복지법 분야에서 헌법재판 심사청구 건수의 증가

사회복지 관련 헌법재판 심사청구의 양적인 규모가 증가하고 있을 뿐 아니라 일부 사회보험법 중심의 심판청구 대상에서 공공부조 및 다양한 사회복지법 분야로 확대되고 있다는 것이다. 이는 국민의 기본권 인식의 증가와 적극적인 권리구제 요청 행위로의 연결이 활발해지고 있으며, 사회복지현장에서의 이해당사자 간 관계가 복잡하게 나타나고 있음을 의미한다.

② 사회복지정책의 전 구성 영역에서 헌법소원 제기

기본권 구제와 관련한 헌법소원이 제기된 영역은 사회복지제도의 기본적 운영원리(사회보험제도 강제가입 등)에서부터 적용대상, 급여 및 보장의 수준, 전달체계, 권리구제절차 등에 이르는 사회복지의 전 구성 영역에서 나타나고 있다.

③ 사회국가의 원리 등 헌법원리를 통해 국가의 사회복지제도 정당화

헌법재판소의 판결은 우리나라 사회복지제도의 특성 및 사회복지수급권의 성격을 몇 가지 헌법의 기본 원리를 토대로 일관되게 해석하고 있다. 특히 사회국가의 원리 및 사회적 시장경제질서에 의한 국가의 사회보장제도 운영 방향을 헌법적으로 보장하고 있다. 또한 사회복지수급권을 공법상의 권리로서 사회적 기본권과 재산권적 성격을 인정하며 이에 대한 제약을 함부로 할 수 없음을 확인해 주고 있다.

④ 광범위한 사회복지 입법 및 행정의 재량 인정

헌법재판소의 판결은 사회복지제도의 시행에 있어서 사회복지 입법 및 행정의 광범위한 재량을 인정하고 있다. 사회보장제도에 있어 적용대상의 규정, 급여의 제한조건, 급여 지급기준 등 급부행정에 관련한 대부분의 사항을 정부가 국민경제 수준, 국가재정 수준, 타 사회정책과의 관계 등을 고려하여 조정할 수 있는 재량권을 인정하는 것이다. 결국 Lens(2001)의 지적대로 헌법재판의 판결이 기존의 입법 및 행정체계를 더 강화하는 경향이 나타나고 있음을 의미한다.

(2) 정책결정과정을 위한 환류

헌법재판을 통한 법률 또는 행정행위의 기본권 침해 여부 판단 결과에 따라 관계 법률의 개정과 정책의 변동이 영향을 받게 된다. 따라서 헌법재판으로 청구되는 사례의 축적은 사회보장에 관한 입법과 정책이 형성되는 계기가 될 수 있다(이호용, 2008).

복지국가로 발전하는 과정에서 우리나라의 공적 사회복지서비스 영역이 확대됨에 따라 국민 개개인을 직접 만나게 되는 일선 관료들이 증가하고 있다. 이에 사회복지현장에서 일선 행정가나 실무자 역시 헌법의 기본권에 대한 지식이 필요하다는 점이 강조되고 있다(Rosenbloom, Kravchuk, & Clerkin, 2009).

그 이유는 ① 사회복지제도와 사업의 정당성 및 그 가치는 헌법 가치에 의해 인정받으며, ② 국민 개인이나 집단의 헌법적 권리가 침해되었을 경우 정부 및 공공행정가가 손해배상이나 처벌을 받을 수 있는 당사자가 될 수도 있고, ③ 국민 스스로가 사회복지 급여 및 서비스 제공과 관련된 헌법적 해석에 대한 관심이 증가하기 때문이다.

정부 및 공·사의 사회복지기관이 사회복지제도를 운영하고 사회복지사업을 실시함에 있어 동등보호 및 적법절차와 같은 헌법가치의 준수는 매우 중요하다. 그러나 실제적인 기본권 침해 여부와 관련하여서는 특정 개별 사례에 대한 사법적 판결이 이루어진 이후에나 확인된다. 이 때문에 헌법의 기본권 보장 내지 침해의 범위 역시 헌법판례 이후에 점증적으로 구성되는 특징이 있다.

따라서 입법과정 또는 정책결정과정에서 헌법의 기본권 침해 소지를 사전에 점검할 수 있는 틀이 있다면 이를 기반으로 정책형성 과정에서 위헌의 소지를 줄일 수 있는 방법이 될 것이다(고효진 · 정진경, 2012).

Rosenbloom 등(2009)은 기본권 침해 또는 제한이 위헌인가에 대한 사전적 점검을 위해, '만약 해당 정책이 ~하다면(if-then)'의 진술문 방식을 고안하였다.

① 기본권 제한의 공익관련성(합목적성),

② 최소한의 제한적 수단(최소필요성),

③ 손해와 이익의 비례 정도(과잉제한금지, 비례의 원칙) 측면에서 해당 정책이 그러할지 혹은 그렇지 않을지를 판단함으로써 사전에 위헌성 여부를 가려내어 해당 정책수단의 폐지, 정책수단 변경 혹은 추가 보상수단을 마련하는 등의 조치를 취할 수 있는 모형이다.

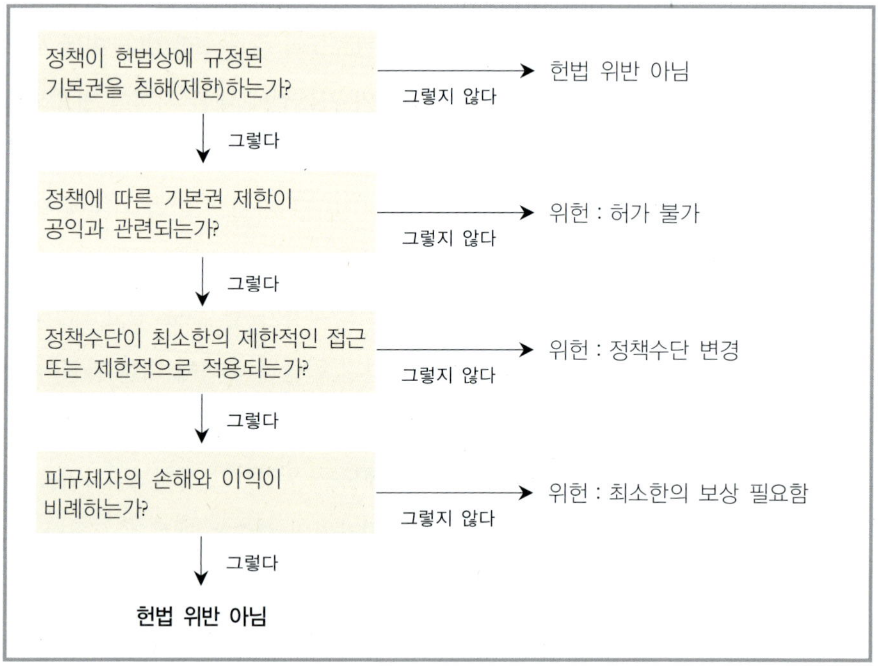

|그림 5-3| 정책결정 과정에서 기본권 침해 여부 판단 구조

출처 : Rosenbloom, D., Kravchuk, S., & Clerkin, R.(2009), pp. 484, 486 재구성.

2) 주요 판례

2002년도 국민기초생활보장 최저생계비 위헌 확인
(2004. 10. 28. 2002헌마328 전원재판부)

사건번호 2002헌마328 2002년도 국민기초생활보장 최저생계비 위헌확인
청구인 이*열 외 2인
대리인 법무법인 ○○○
담당변호사 장*식
결정일 2004년 10월 28일

주 문

청구인들의 심판청구를 기각한다.

이 유

1. 사건의 개요 및 심판의 대상

가. 사건의 개요

청구인 박*자, 이*연은 각 정신지체 1급 장애인이고, 청구인 이*열은 박*자의 남편이자 이*연의 아버지로서 비장애인이며 2000. 10. 5. 국민기초생활보장법에 따른 생계급여 수급자로 선정되어 생계급여를 지급받고 있다.

보건복지부 장관이 2002년도 최저생계비를 고시함에 있어, 장애로 인한 추가지출비용을 반영한 별도의 최저생계비를 결정하지 않은 채 가구별 인원수만을 기준으로 최저생계비를 결정한 것이 생활능력 없는 장애인가구 구성원의 인간의 존엄과 가치 및 행복추구권, 인간다운 생활을 할 권리, 평등권을 침해하였는지 여부

나. 심판의 대상

보건복지부 장관이 2001. 12. 1.에 한 2002년도 최저생계비 고시가 헌법에 위반되는지 여부

2. 헌법소원의 적법요건에 관한 판단

가. 직접성 : 이 사건 '고시'는 국민기초생활보장법 제6조 제1항의 직접적인 위임에 따라 보건복지부 장관이 최저생계비를 정한 것으로, 보장법상 생계급여 수급자인 청구인들에게 직접적인 효력이 있다.

나. 자기관련성 : 청구인 이*열은 비록 장애인은 아니지만 장애가구원과 1가구를 형성하는 가구원의 자격으로 수급자로 선정되어 생계급여를 받고 있으므로 자기관련성이 있다.

다. 보충성 : 보건복지부 장관의 고시에 대하여 행정소송 등 다른 권리구제절차를 허용할 수 있는지 여부가 객관적으로 불확실하므로 헌법소원의 보충성의 예외에 해당하여 헌법소원의 대상성이 인정된다.

라. 권리보호이익 : 고시가 헌법이 요구하는 바를 충족하고 있는지 여부는 헌법적으로 매우 중요한 의미이며, 최저생계비가 질적·양적으로 획기적인 변화가 예상되지 않기 때문에 침해반복의 위험이 있어 권리보호이익이 인정된다.

※ 보건복지부 장관의 의견 : 이 사건 '고시'는 그 자체로 국민에게 직접적인 효력을 미치는 것이 아니라 현금급여 기준결정 및 수급자 선정 등 집행행위를 매개로 하여 국민에게 효력을 미치는 것으로 헌법소원심판청구에 부적합하다는 의견을 제시하였다.

3. 본안에 관한 판단

- 우리 헌법은 사회국가원리를 명문으로 규정하지 않고 있으나, 헌법전문, 인간다운 생활을 할 권리를 비롯한 사회적 기본권 보장, 경제 영역에서 적극적으로 계획·유도·재분배하여야 할 국가의 의무 규정 등을 통해 간접적으로 사회국가원리를 수용하고 있다.
- 헌법 제34조 제1항, 제2항, 제5항 규정들은 국가에게 생활능력 없는 장애인을 보호할 헌법적 의무가 있음을 명시하고 있다. 헌법 제34조 제1항이 보장하는 인간다운 생활을 할 권리는 사회권적 기본권의 일종으로 최소한의 물질적인 생활의 유지에 필요한 급부를 요구할 수 있는 권리를 의미하며, 이러한 권리는 국가가 재정형편 등 여러 가지 상황들을 종합적으로 감안하여 법률을 통하여 구체화할 때 비로소 인정되는 법률적 권리이다.
- 나아가 이러한 헌법 규정은 입법부나 행정부에 대해 국민소득, 국가의 재정능력과 정책 등을 고려하여 가능한 범위 안에서 최대한 보장할 수 있도록 하여야 한다는 '행위의 지침'이다.
- 국가가 인간다운 생활을 보장하기 위한 헌법적 의무를 다하였는지의 여부가 사법적 심사의 대상이 된 경우에는 국가가 생계보호에 관한 입법을 전혀 하지 아니하였거나 그 내용이 현저히 불합리하여 헌법상 용인될 수 있는 재량의 범위를 명백히 일탈한 경우에 한한다. 즉, 객관적으로 필요한 최소한의 조치를 취할 의무를 다하였는지를 기준으로 국가기관의 행위의 합헌성을 심사하여야 하는 것이다.
- 장애인 가구를 고려하지 않고 고시된 최저생계비라 해도 실질적인 생계급여 액수가 동일하게 결정되는 것이 아니며(최저생계비에서 개별가구의 소득평가액 공제), 장애인복지법에 의한 장애수당, 장애아동부양수당 및 보호수당, 의료급여법에 의한 만성질환 등 치료, 요양 등 의료비 공제, 교통·통신비, 교육비, 각종 요금 감면, 각종 세금 감면 등 추가적으로 보전하고 있다.
- 국가가 생활능력 없는 장애인의 인간다운 생활을 보장하기 위한 조치를 취함에 있어서 국가가 실현해야 할 객관적 내용의 최소한도의 보장에도 이르지 못하였다거나 헌법상 용인될 수 있는 재량의 범위를 명백히 일탈하였다고 보기 어렵고, 장애인 가구와 비장애인 가구에게 일률적으로 동일한 최저생계비를 적용한 것을 자의적인 것으로 볼 수는 없다.

4. 결론

장애로 인한 추가지출비용을 반영하지 않은 최저생계비를 결정한 것이 생활능력 없는 장애인 가구 구성원의 인간의 존엄과 가치 및 행복추구권, 인간다운 생활을 할 권리, 평등권을 침해하였다고 할 수 없으며, 이 사건 헌법소원심판청구는 이유 없어 이를 기각하기로 하여 관여 재판관 전원의 일치된 의견으로 주문과 같이 결정한다.

요 약

- 헌법은 국가 최고의 근본법으로서 사회복지법의 존재 근거이자 효력의 근거이다. 사회복지법의 헌법적 원리는 특히 기본권 존중주의와 법치주의 및 사회국가원리에 기반한다.
- 1948년 제헌헌법 이후 1987년 제9차 헌법개정에 이르는 동안 사회복지법 관련 헌법조항이 증가하고 구체화되어 왔다.
- 실정헌법에 보장된 권리로서 기본권은 무제한적으로 보장되지 않으며 국가안전보장 및 질서유지, 공공복리 적합성, 과잉제한 금지의 원칙하에 제한될 수 있다. 이러한 원칙에 기반하여 정책결정 시 해당 정책수단이 기본권 침해 소지가 있는지 여부를 판단하여, 정책수단의 폐지나 변경 또는 추가 보상수단 등을 마련함으로써 사전에 기본권 침해 소지를 예방할 수 있다.
- 우리나라 헌법재판소는 사회적 기본권으로서 인간다운 생활을 할 권리 및 사회보장수급권의 법적 효력에 대해 법률을 통해 구체화되는 법률적 권리로 인정하고 있다.
- 법률이나 공권력에 의한 기본권의 침해 시 최후의 권리구제 장치로서 헌법재판이 있으며, 특히 사회복지 권리구제와 관련하여 위헌법률심판과 헌법소원이 대표적이다.
- 사회복지 관련 헌법재판 청구는 사회보험, 공공부조, 사회서비스 분야에 걸쳐 각 제도의 운영원리나 구체적인 급여자격, 급여수준, 전달체계 등의 영역에서 다양하게 나타난다. 헌법재판소의 판결을 통해 헌법재판 청구의 양적 증가, 사회국가원리에 기반한 사회보험제도 운영원리의 확인, 광범위한 사회복지입법 및 행정의 재량권 인정을 발견할 수 있다.

참고문헌

고효진 · 정진경(2012). 전월세 상한정책의 헌법상 권리침해 여부에 관한 연구 : Rosenbloom 등의 헌법상 권리구조 모형 적용. **정부학연구**, 18(1), 117-142.

권영성(2011). **헌법학원론**(개정판). 경기 : 법문사.

김 훈(2012). **사회복지법제론**(제4판). 서울 : 학지사.

김철수(2013). **헌법개설**(제13판). 서울 : 박영사.

김학성(2014). **헌법개론**. 경기 : 피앤씨미디어.

명재진(2002). 헌법의 한계에 관한 연구. **법학연구**, 13(1), 1-13. 충남 : 충남대학교 법학연구소.

윤찬영(2010). **사회복지법제론**. 경기 : 나남.

이부하(2014). 헌법재판소의 신뢰보호원칙 심사기준에 대한 평가. **법학논고**, 48, 145-165. 대구 : 경북대학교 법학연구원.

이태영 · 고영훈(2004). **사회복지법제론**. 서울 : 동인.

이호용(2008). 사회보장에 관한 헌법재판소 판례의 분석과 평가. **법과 정책연구**, 8(2), 557-581.

전광석(1999). 헌법 50년과 사회보장법의 발전. **한림법학**, 8(1), 137-175. 강원 : 한림대학교 법학연구소.

_____(2002). 사회변화와 헌법과제로서의 복지국가의 실천. **공법연구**, 31(1), 59-94.

정극원(2012). 사회복지법제에 대한 헌법재판소의 사법적 심사. **헌법학연구**, 18(3), 115-143.

정종섭(2014). **헌법학원론**(제9판). 서울 : 박영사.

정진경(2006). 사회복지법 관련 헌법재판소 판례분석 : 1987~2004 헌법판례 현황과 내용을 중심으로. **한국사회복지학**, 58(1), 395-423.

표명환(2013). 사회복지국가실현과 헌법-사회국가의 헌법적 의무와 그 실현을 중심으로. **법학연구**, 50, 1-27.

홍성찬(2009). **법학원론**. 서울 : 박영사.

Lens, V.(2001). The Supreme Court, Federalism, and Social Policy : the New Judicial Activism. *Social Service Review, 75*(2), 1-14.

Rosenbloom, D. H., Kravchuk, R. S., & Clerkin, R. M.(2009). *Public Administration : Understanding Management, Politics and Law in the Public Sector*. McGraw-Hill.

헌법재판소 홈페이지. www.ccourt.go.kr

Chapter

6

국제법과 사회복지법

본 장의 목표

국제법이 국내 사회복지법 체계에 미치는 영향은 상당하다. 그럼에도 불구하고 그간 사회복지법제 분야에서 국제법이 차지하는 비중이나 중요성은 상대적으로 간과되어 온 듯하다. 본 장을 학습하고 난 뒤:

- 국내 사회복지법과 관련된 주요 국제법의 종류와 내용을 이해한다.
- UN 아동권리협약의 주요 내용과 국내 이행 현황을 알 수 있다.
- UN 장애인권리협약의 주요 내용과 국내 이행 현황을 알 수 있다.

주요 용어

- 국제법
- 사회보장 최저기준에 관한 협약
- 아동권리협약
- 이원론과 일원론
- 장애인권리협약
- 국제인권규약 A, B
- 사회보장에 관한 협정

본 장의 핵심

국제법은 국가와 국가 사이 또는 국가와 국제기구 사이의 문서에 의한 합의로 협약, 협정, 약정, 의정서 등의 조약과 유엔헌장 등 국제사회에서 일반적으로 그 규범성이 승인된 국제법규를 의미한다. 오늘날 UN, WHO 등 국제기구의 영향력이 증대되고 세계적으로 국가 간 연대가 가속화됨에 따라 국제적 질서를 규율하는 국제법이 국내에 미치는 영향이 커지고 있다. 특히 UN의 세계인권헌장과 각종 인권규약, ILO의 사회보장 최저기준에 관한 협약(1952) 등은 세계 각국의 사회보장 입법에 상당한 영향을 미쳤다(전광석, 2014).

1998년 EU의 인권법 제정 등 유럽연합의 입법 역시 국제적 영향을 미치고 있으며, 특히 영국 등 관습법 전통의 국가에서는 성문법 형태의 인권법이 제정되면서 영국의 아동복지법이나 사회서비스 입법에 상당한 영향을 미치고 있다(Brammer, 2010; Williams, 2001). UN 아동권리협약이나 장애인권리협약 등 국제 인권협약은 우리나라의 관련 개별 법률들의 제・개정에 변화를 가져오기도 하며 사회복지실천에도 영향을 미친다(김미옥 외, 2008; 정진경, 2010).

그뿐만 아니라 국민생활이 국제화됨에 따라 국제법의 관심은 일반 국민의 권리・의무에 직접 관계되는 사항에까지 영향을 미치고 있다(김용훈, 2011). 예를 들어, 우리나라와 외국 국가 간 당사국의 사회보장협정의 경우 국제법의 형태로서 국민의 사회복지권리에 영향을 미치게 된다.

본 장에서는 국제법과 국내법의 효력에 대한 논의를 시작으로 국내 사회복지법제에 영향을 미치는 국제법들에 대해 소개한다. 그리고 국내 아동복지법과 장애인복지법 체계에 상당한 정도의 영향을 미치고 있는 UN 아동권리협약과 장애인권리협약의 주요 내용과 이행 현황을 소개한다.

Chapter 6

국제법과 사회복지법

1. 사회복지법 관련 주요 국제법

1) 국제법의 국내법적 효력

국제법과 국내법의 관계는 법적 타당 근거와 관련하여 다음의 세 가지 학설이 존재한다(김대순, 2012).

첫째, 국제법과 국내법은 각각 그 법적 타당 근거를 달리하는 별개의 독립된 법질서라고 주장하는 이원론적 입장이다.

둘째, 국제법과 국내법은 전체로서 통일법질서를 이루고 있으나 양자의 관계에 있어 국제법이 우위에 있다고 보는 국제법 상위론의 견해이다.

셋째, 반면 국내법 상위론의 입장에서는 국제법과 국내법은 별개의 타당 근거를 두고 있으나 전혀 독립된 법은 아니며, 국제법이 개별국가의 의사 혹은 헌법에 기초하여 타당하여야만 한다고 주장한다.

국제법과 국내법 간의 관계에 있어 어떠한 법이론이 더 결정적인 우위를 차지하고 있는지에 대해서는 단정할 수 없으며 결국 각국의 법체제 특성 및 각국 정부의 국제법 준수 의지와 조치, 그리고 국제법에 대한 국내 법원의 사법적(司法的) 적용에 달려 있다고 보는 것이 법현실에 맞는 해석이라 할 수 있다(김용훈, 2011).

우리나라는 헌법 제6조 제1항에서 '헌법에 의해 체결 공포된 조약과 일반적으로 승인된 국제법규는 국내법과 같은 효력을 가진다'고 규정하고 있어, 조약이 헌법상 적법하게 체결되면 별도의 이행입법이라는 변형절차 없이도 국내법으로 편입된다는 일원주의에 입각하고 있다(권건보, 2012). 여기서 일반적으로 승인된 국제법규로 국내법과 같은 효력을 갖는 국제법은 유엔헌장, 포로에 관한 제네바 협약이 해당된다(홍성찬, 2009).

국제법의 국내적 도입에 관해서 한국을 비롯한 일본, 미국 등은 국제법으로서의 법적 성질을 유지한 채 그 자체로서 국내법 질서에 편입된다는 '수용이론'의 입장을 취하고 있다. 이와 달리 영국, 스웨덴 등에서는 국제법은 국내법 질서에 그대로 적용될 수 없고, 국내법으로 변형하여 적용하여야 한다는 '변형이론'적 입장을 취한다. 즉, 조약체결 후 국내법에서 사후적으로 변경할 수 있다.

2) 사회복지법 관련 주요 국제법 종류

(1) 인권 관련 주요 국제법

① 1948년 국제연합(United Nations)에서 채택된 「세계인권선언」(Universal Declaration of Human Rights, 1948. 12. 10)은 비록 강제성을 띠지는 않았지만 인권 보장을 위한 국제적 노력의 큰 계기였다. 30개 조항에서 인간의 존엄성, 평등권, 생명권, 신체의 자유, 안전권, 고문과 잔혹형의 금지, 재판을 받을 권리, 사생활의 자유와 비밀의 보호, 재산권, 표현의 자유, 집회 및 결사의 자유, 근로의 권리, 교육을 받을 권리, 직업의 자유, 공동체에 대한 의무 등 인간의 자유와 권리 및 의무들을 매우 광범위하게 규정하였다.

② 1966년 12월 제31차 UN 총회에서 국제인권규약 A, B가 채택되었다. A규약은 「경제적 · 사회적 및 문화적 권리에 관한 국제규약」(International Convention on Economic, Social and Cultural Rights, 1976. 1. 3. 발효)으로, 노동기본권, 사회보장권, 생활향상 및 교육권 등을 각 체결국이 입법조치로써 실현 달성할 것을

내용으로 하였다. B규약은 「시민적 및 정치적 권리에 관한 국제규약」(International Convention on Civil and Political Rights, 1976. 3. 23. 발효)으로 자유권적 기본권을 전제로 하며 인권심사위원회를 설치할 것을 규정하였다. 우리나라에서는 1990년 7월 10일부터 발효되었다. 세계인권선언이 법적 구속력이 없었던 것에 반해 국제인권규약은 체약국에 대한 법적 구속력을 갖는다.

③ 1989년 채택된 UN 「아동권리협약」은 단기간 최대인 191개국을 당사자로 확보한 국제조약이다. 「아동권리협약」은 아동의 생존과 발달 및 보호에 관한 기본 권리를 명시한 것으로, 아동의 정의를 비롯한 일반적 원칙, 시민적 권리와 자유, 가정환경과 대안양육, 기초보건과 복지, 교육·여가·문화적 활동, 특별보호조치에 이르기까지 당사국의 아동권리 보장의 이행을 규정하고 있다. 우리나라는 1991년에 비준하였다.

④ 2006년 UN총회에서 192개 회원국 만장일치로 「장애인권리협약」이 채택되었으며 2008년 5월 3일부터 발효되었다. 우리나라는 초기부터 적극적으로 본 협약의 성안과정에 참여하였으며 2008년 12월 국회에서 비준 동의안이 처리되었다. UN 「장애인권리협약」은 본문 50개 조항으로 구성되어 있으며 평등과 비차별의 원칙하에 장애의 정의, 일반원칙 및 교육, 건강, 근로, 문화생활 등 장애인 전 생활영역에서의 권익보장에 관한 사항과 당사국의 의무이행 사항을 규정하고 있다.

사 례 사회복지 관련 주요 국제적 선언

선언문	내 용
인권선언문	• 1793년 인권선언문에서는 공적부조가 국가의 신성한 책무이고 그 범위와 적용범위는 법률로 정한다고 선언
대서양헌장	• 1941년 미국의 루스벨트 대통령과 영국의 처칠 수상이 '대서양헌장'을 선언하고 '공포와 결핍으로부터의 자유'(freedom from fear and want)라는 슬로건을 제시, 서방국가들로 하여금 사회보장에 관한 권리를 국민의 기본권으로 인정

선언문	내 용
필라델피아 선언	• 1944년 필라델피아선언은 국제노동기구(ILO) 필라델피아 총회에서 채택된 ILO의 목적에 관한 선언 • 필라델피아선언은 사회보장원칙 및 전쟁에서 생기는 문제를 심의하여 결과적으로 소득보장에 관한 권고, 의료보호에 관한 권고, 군대 및 전시 고용으로부터 풀려난 자에 대한 소득보장 및 의료에 관한 권고를 채택
세계인권선언	• 세계인권선언은 1948년 12월 제3차 국제연합총회에서 채택되었으며, 보편적으로 사회보장을 받을 권리를 선언하였고, 보충급여로서의 사회보장방법을 제시. 또한 자신 및 그 가족의 건강과 안녕을 유지함에 충분한 생활수준을 보유할 권리와 생활이 곤궁할 때 생활보장을 받을 권리, 모성과 유아 등 약자는 특별한 보호와 원조를 받을 권리가 있다고 천명
사회보장헌장	• 1961년 세계노동조합연맹(World Federation of Trade Union)이 채택한 '사회보장헌장'은 전문에서 "사회보장은 모든 노동자의 기본적 권리를 구성하고 있다"고 천명. 또한 사회적 보호는 법률에 의해 보장되는 정치적 · 경제적 차원의 인권의 표현이라고 함 • 사회보장에 관해 근로자 무기여 원칙, 의료의 사회화 원칙, 완결성의 원칙, 포괄성의 원칙, 무차별 보장의 원칙 등 사회보장에 관한 기본 원칙을 선언

(2) 사회보장 관련 주요 국제법

① **사회보장 최저기준에 관한 조약**(ILO, Convention Concerning Minimum Standards of Social Security, 1952)

세계노동기구(ILO)는 사회보장에 대한 국제조약으로 1952년 제35차 총회에서 '사회보장 최저기준에 관한 조약'을 채택하였다. 이 조약은 사회보장 적용대상의 보편주의 원칙, 사회보장 비용부담의 공동부담 등 공평성 원칙, 최저 생활수준에 상응하는 급여수준의 적절성 원칙을 강조하고 있다.

본 조약에서 사회보장급여는 의료급여, 질병급여, 실업급여, 노령급여, 업무상재해급여, 가족급여, 출산급여, 폐질급여, 유족급여 9개로 제시하였는데, 사회보장 자체를 하나의 전체로서 생각하면서도 각 부문별로 비준을 허용하였다.

이어 1962년 업무재해조약과 1967년 질병·노령·유족급여 조약, 1969년 의료 및 질병급여 조약 등을 채택하였다. 또한 1969년에는 사회보장 내 외국인 균등 대우 조약을 채택함으로써 이 조약의 비준국은 사회보장의 적용범위 및 수급권에 있어 자국의 영토 내에 있는 다른 비준국 국민에 대하여 자국의 사회보장법규에 의해 동등한 대우를 해줄 것을 규정하였다. 이 조약은 사회보장에 관한 당사국 간의 협정의 기반이 되고 있다.

이러한 방식으로 국제노동기구 ILO의 사회보장에 관련된 조약은 지속적으로 증가해 현재 비준대상 조약은 100여 개에 달하고 있다. 우리나라의 경우 1991년 12월 9일에 비로소 ILO에 가입하였으며, ILO 조약 중 노동통계에 관한 협약(제160호) 등 24개[1])를 비준하였으나, 2018년 기준 ILO 핵심협약[2])인 결사의 자유에 관한 협약 등 8개 협약은 비준하지 않은 상태이다.

② 사회보장협정

사회보장협정은 사회보장에 관해 상호주의에 입각하여 정부가 입법부의 동의 없이 단독으로 외국정부와 맺은 약정 또는 정부 간의 협정을 말한다. 이는 국제법상 실질적 의의를 갖는 조약의 하나이다. 사회보장협정은 양국 국민들이 상대국에서 파견 또는 근로하는 기간 동안 협정 당사국이 보장하는 동등한 권리를 누리도록 하기 위함이다. 이는 사회보장제도가 혜택을 주는 제도이므로 각국의 사회보장제도에서 외국인도 자국민과 동등하게 사회보장제도에 가입하도록 규정한 ILO의 제118호 동등대우협약에 근거한다.

양국 간의 사회보장협정 주요 유형 중 하나는 보험료 면제협정이며, 이는 자국

---

1) 제122호 고용정책에 관한 협약(1992. 12. 9), 제111호 고용 및 직업에 있어서 차별대우에 관한 협약(1998. 12. 4), 제131호 최저임금제도 수립에 관한 협약(2001. 12. 27), 제155호 산업안전 · 보건 및 작업환경에 관한 협약(2008. 2. 2) 등 24개 협약을 비준하였다.

2) 2018년 이후 한국은 ILO 핵심협약인 △결사의 자유에 관한 협약 제87호 · 제98호 △강제노동 금지에 관한 협약 제29호 · 제105호 △차별 금지에 관한 협약 제100호 · 제111호 △아동노동 금지에 관한 협약 제138호 · 제182호 등 총 8개 협약에 대한 비준을 국정과제로 추진하고 있다(고용노동부 보도자료 www.moel.go.kr/news/enews/explain/enewsView.do?news_seq=9074).

과 상대국에서의 보험료 이중부담을 면제하는 것으로 우리나라는 이란, 영국, 네덜란드, 이탈리아, 중국, 일본 등과 체결하였다. 가입기간 합산 협정은 협정 상대국에 파견된 근로자의 상대국 연금보험료 면제 및 양국 연금 가입기간을 합산하여 급여를 지급하는 내용이 포함된 포괄적 협정으로 캐나다, 미국, 독일, 프랑스 등과 체결하였다.

1977년 5월 한국과 이란 정부 간의 사회보장에 관한 협정체결을 최초로 하여, 캐나다(1999. 5), 영국(2000. 8), 미국(2001. 4), 독일(2003. 1), 일본(2005. 4), 몽골(2007. 3), 호주(2008. 10), 중국(2013. 1), 스웨덴(2013. 9), 핀란드(2015. 9), 슬로베니아(2018. 2), 아르헨티나(2018. 11) 등을 비롯해 2019년 2월 기준 총 38개국과 사회보장협정을 체결하였다(외교부, 2019).

사 례 **대한민국과 미합중국 간의 사회보장에 관한 협정**

대한민국과 미합중국 간의 사회보장에 관한 협정
(2000년 3월 13일 워싱턴에서 서명, 2001년 4월 1일 발효)

본 협정은 한국의 보건복지부 장관 또는 노동부 장관과 미국의 사회보장청장을 권한 있는 당국으로 하여, 대한민국 국민과 미국 이민 및 국적법에 의한 미국 국민들을 대상으로 한다. 본 협정에 의해 적용되는 법은 한국의 국민연금법과 산업재해보상보험법 및 각 시행령/시행규칙, 미국의 노령·유족·장애보험제도를 규율하는 법과 내국세법 제2장 및 제1장에 관련된 규칙이다. 이 협정에 따라 상대방 국가에 거주하는 국민과 동등한 대우를 받으며, 급여에 관한 규정 역시 한국과 미국 각각에 적용된 내용을 따른다.
본 협정은 총 20조로 구성되어 있다.

출처 : 국가기록원 홈페이지(www.archives.go.kr/next/viewMain.do).

2. UN 아동권리협약

1) 협약 체결 및 이행 경과

UN 아동권리협약(UNCRC : United Nations Convention on the Rights of the Child)은 국제법적 차원에서의 법적 구속력을 가지는 국제조약으로 1989년 11월 20일 UN 총

회에서 만장일치로 채택되었으며, 1990년 9월 2일 국제법으로 공포되면서 발효되었다. 2015년에 소말리아가 비준함으로써 세계 196개국이 전부 비준에 참여하였다.

우리나라는 1990년 9월 25일 본 협약에 서명하고 1991년 11월 20일 국회의 비준을 통해 조약 당사국이 되었으며, 1991년 12월 20일 조약 제1072호로 효력이 발생하였다. 이로써 정부는 이 협약에서 인정된 아동의 권리를 실현하기 위한 모든 적절한 입법적, 행정적 및 여타의 조치를 취할 의무를 갖게 되었다(박진완, 2010). 그리고 본 협약 당사국의 협약 이행과 감독을 위한 실천 의무 규정에 따라 가입 후 2년 이내, 그 이후에는 매 5년마다 정기적으로 국가 의무이행 현황을 유엔 아동권리위원회에 보고하도록 되어 있다.

이에 한국 정부는 1994년 제1차 보고서, 1999년 제2차 보고서를 유엔 아동권리위원회에 제출하였다. 이에 대해 2003년 2월에 1, 2차 보고서에 대한 유엔 아동권리위원회의 선택의정서 권고사항을 통보받았다. 위 비준 당시 유보조항에 대한 철회 권고를 포함하여 2003년 유엔 아동권리위원회에서 한국에 권고한 주요 사항에 대한 국내의 이행 현황은 다음과 같다.

첫째, 유엔 아동권리위원회는 한국의 최저혼인연령에 있어 남아는 18세, 여아는 16세로 규정한 남녀차별을 폐지하고 여아의 최저혼인연령을 상향 조정할 것을 권고하였다. 이에 대해 우리나라는 2007년 민법 개정 시 여자의 최저혼인연령을 18세로 상향 조정한 바 있다.

둘째, 초중학생회에서 표현과 결사의 자유 보장 및 아동의 정치활동 참여를 위한 법률과 교육부지침, 학교교칙 개정을 권고하였고 아울러 모든 형태의 학교 체벌을 금지하도록 권고하였다. 이에 대해 교육부는 학생회와 학교운영위원회 및 학교생활규정을 개정하고 원칙적으로 체벌을 금지하되 교육상 필요한 경우로만 제한하였다.

셋째, 국제입양 관련 헤이그협약[3]에 비준할 것을 지속적으로 권고받고 있으나

3) 헤이그협약은 1993년 5월 29일 국제사법에 관한 헤이그회의 제17차 회기에서 서명되었으며, 국제입

전면적 입양허가제를 비롯해 헤이그협약에 대한 비준은 여전히 유보되고 있다.

넷째, 국내거주 외국인 노동자 자녀 및 탈북아동 등 난민아동을 위한 특별보호, 원조교제 방지 등을 위한 법과 제도 및 필요한 프로그램 마련을 권고받은 바 있다. 이에 한국은 2005년부터 새터민아동종합지원사업 실시, 2007년 지역사회 다문화아동 종합지원사업, 성매매방지 종합대책 및 청소년 성문화센터 설치 등을 이행하고 있음을 보고하였다. 그러나 불법 외국인 노동자 자녀에 대한 국내법 적용은 여전히 이행되지 않고 있는 상태이다.

이후 한국 정부는 제3차·제4차 통합이행보고서를 2008년도에 유엔 아동권리위원회에 제출하였으며, 2017년 12월 27일에는 제5·6차 국가보고서를 유엔아동권리위원회에 제출하였다.

1991년 비준 당시 유보조항[4]에 대해 2017년 제5·6차 보고서를 제출할 때까지의 이행현황은 다음과 같다. 먼저, 아동의 부모면접교섭권(협약 제9조 제3항)은 우리나라가 권리협약 비준 이후 17년 만인 2007년 민법개정을 통해 아동에게 부모면접교섭권을 인정함으로써 유보를 철회하게 되었다.

둘째, 공식 입양허가제 도입(제21조 제a항)에 대해서는 2008년 제3·4차 통합이행보고서 이전인 2005년 민법개정을 통해 가정법원의 허가를 받도록 하는 친양자제도를 도입하였으나, 전면적인 입양허가제에 대해서는 여전히 유보하고 있었다. 이후 정부는 협약 제21조 a항을 이행하기 위하여 2011년 8월 입양특례법을 전부 개정하여 국내외 입양 모두 법원의 허가를 받도록 하였다. 또한 2012년 2월 민법에 '미성년자의 입양에 관한 가정법원의 허가' 조항을 신설하였고, 2013년 7월 가사소

양 시 아동의 기본권 및 최선의 이익을 보호하고 입양을 통한 유괴 및 인신매매를 방지하며 체약국 간의 중앙당국에 의한 입양승인을 통해 해외입양아동의 복지증진과 보호를 추구하는 것을 목적으로 한다. 2016년 기준 96개국이 당사국이며 우리나라는 아직 비준하지 않았다(재단법인 중앙입양원 홈페이지 참조).

4) 비준 당시 한국 정부는 이 협약의 제9조 제3항(부모로부터 분리된 아동의 면접교섭권 보장), 제21조 제a항(공인된 기관에 의한 아동입양 허가 절차), 제40조 제2-b-v항(아동의 항고권 보장)의 규정을 유보하였다.

송법에 '입양허가의 절차'를 도입하여 가정법원이 입양의 허가 심판을 할 때 양자가 될 사람이 13세 이상인 경우에는 당사자의 의견을 듣도록 하였다. 입양제도를 보완함에 따라 정부는 2017년 8월에 협약 가입 당시 유보하였던 제21조 a항을 비준하고 유보철회 절차를 완료하였다(대한민국정부, 2017. 제5차 · 6차 통합이행보고서).

마지막으로 아동의 항고권 보장(협약 제40조 제2-b-v항)과 관련하여서는 2007년까지 분단상황의 특수성에 대한 고려와 헌법 개정이 필요한 사항이라는 문제를 고려하여 본 조항에 대한 유보를 철회하기 어려움을 밝히고 있다. 다만, 현재의 안보상황이나 군 입대 연령 등을 감안할 때 협약 제40조 제2-b-v항 유보는 철회해도 무방하다는 국내 의견이 제기되고 있어 정부에서는 동 조항에 대한 유보철회 검토를 진행할 예정임을 보고하고 있다(대한민국정부, 2017. 제5차 · 6차 통합이행보고서).

〈표 6-1〉 아동권리협약 유보조항 이행 현황

유보조항	이행 현황	비 고
부모로부터 분리된 아동의 부모면접교섭권(협약 제9조 제3항)	• 2005년 민법개정 : 가정법원이 직권으로 자녀 면접교섭권에 개입할 수 있도록 함 • 2007년 민법개정 : 아동에게 부모면접교섭권 인정	이행완료
공인된 기관에 의한 아동입양 허가 절차(협약 제21조 제a항)	• 2005년 민법개정 : 입양성립을 위해 가정법원의 허가를 반드시 요하는 친양자제도 도입 • 2011년 입양특례법 개정 : 국내외 입양모두 법원의 허가 • 2012년 민법 및 2013년 가사소송법 개정	유보철회
아동의 항고권 보장 (협약 제40조 제2-b-v)	• 헌법 제110조 제3항(비상계엄하의 군사재판) 및 군사법원법 제534조에 따라 제한하고 있음 • 유보철회해도 무방하다는 의견 제기	유보철회 검토

출처 : 대한민국 정부(2008). 제3 · 4차 유엔아동권리협약 통합 국가보고서 및 대한민국 정부(2017). 제5 · 6차 유엔아동권리협약 통합 국가보고서 재구성.

2) UN 아동권리협약의 주요 내용

아동권리협약은 전문과 54개의 조로 규정되어 있으며 본문 54개조는 제1부(1~41조), 제2부(42~45조), 제3부(46~54조)로 구성되었다.

유엔 아동권리위원회에서는 각국의 아동권리협약 이행결과를 보다 용이하게 심사하기 위해 가장 기본적인 8가지 준거틀을 제시하였다. 즉, ① 아동의 정의, ② 일반원칙, ③ 시민적 권리와 자유, ④ 가정환경과 대안양육, ⑤ 기초보건과 복지, ⑥ 교육·여가·문화적 활동, ⑦ 특별보호조치, ⑧ 협약의 이행방법이다.

여기서는 협약의 이행방법을 제외한 일곱 가지 영역에 해당하는 아동권리협약의 주요 내용을 소개하고자 한다.

(1) 아동의 정의

18세 미만의 모든 사람(제1조)

(2) 일반원칙

① 어떠한 종류의 차별 없이 아동의 권리 보장(제2조)

② 아동 최선의 이익(제3조)

③ 아동의 생존과 발달의 권리(제6조)

④ 아동의 의견 존중 및 자유로운 견해와 진술 표현(제12조)

(3) 시민적 권리와 자유

① 출생 후 등록, 성명권, 국적취득권, 가족관계권, 신분유지와 회복(제7조 1, 제8조 2)

② 표현의 자유(제13조 1)

③ 사상·양심 및 종교의 자유(제14조 1)

④ 아동의 결사의 자유와 평화적 집회(제15조 1)

⑤ 사생활, 가족, 통신에 대한 보호(제16조 1) 및 간섭과 비난으로부터 법의 보호

(제16조 2)

⑥ 정보와 자료 접근권(제17조)

⑦ 모든 형태의 신체적 · 정신적 폭력, 상해나 학대, 유기, 성적 학대를 포함한 혹사나 착취로부터 아동을 보호하기 위한 입법적, 행정적, 사회적, 교육적 조치(제19조 1)

⑧ 모든 형태의 성적 착취와 성적 학대로부터 보호(제34조)

⑨ 고문, 잔혹, 비인간적 굴욕적 대우나 처벌 금지, 사형 · 종신형 금지(제37조 a)

(4) 가정환경과 대안양육

① 부모, 확대가족, 후견인 등 아동의 법적 책임자들이 아동능력 발달의 방법으로 적절한 감독과 지도를 행할 책임과 권리 존중(제5조)

② 부모로부터 분리 금지, 아동의 부모면접권, 부모에 대한 정보요구 보장(제9조)

③ 아동양육책임 부모나 후견인에게 적절한 지원 및 아동보호기관, 시설 보장(제18조)

④ 양육지정 조치된 아동의 신체적 정신적 건강관리 및 치료, 보호 등 관련 심사를 받을 권리 보장(제25조)

(5) 기초보건과 복지

① 공공, 민간기관, 편의시설이 안전과 위생, 직원 수 및 적격성 등 관련 기준에 따를 것(제3조)

② 최상의 건강수준 향유 및 건강관리 지원(제24조 1)

③ 충분한 영양식, 깨끗한 음료수 제공, 위생 및 환경정화, 사고예방 교육(제24조 2)

④ 사회보험을 포함한 사회보장제도 혜택 권리(제26조 1)

⑤ 정부의 아동양육 책임자에 대한 영양, 의복, 주거에 대한 물질적 보조 및 지원계획 제공(제27조 3)

⑥ 약, 향정신성 물질 사용으로부터 보호(제33조)

(6) 교육 · 여가 · 문화적 활동

① 아동교육권 인정 및 기회균등 등 의무교육, 여러 형태의 중등교육 발전 장려, 무료 교육에 대한 재정지원, 고등교육기회 개방, 학교 정기적 출석과 탈락률 감소(제28조 1)

② 아동의 인격, 재능, 정신적 · 신체적 능력 최대 계발(제29조)

③ 휴식과 여가, 연령에 적합한 놀이와 오락활동 참여, 문화적 · 예술적 생활에 완전히 참여할 권리(제31조)

(7) 특별보호조치

① 신체 · 지적 · 정신적 · 도덕적 · 사회적으로 유해한 노동으로부터 보호받을 권리(제32조 1)

② 모든 형태의 유기, 착취, 학대 또는 고문이나 기타 잔혹, 굴욕적 처벌, 무력분쟁으로 인하여 희생된 아동의 신체적, 심리적 회복 및 사회복귀를 촉진하기 위한 조치(제39조)

③ 무죄추정 및 변론, 공평한 사법기관의 판단, 증언이나 유죄 자백을 강요당하지 않을 권리(제40조)

3. UN 장애인권리협약

1) 협약 체결 및 이행 경과

「장애인권리협약(Convention on the Rights of Person with Disabilities)」은 신체장애, 정신장애, 지적장애를 포함한 모든 장애가 있는 이들의 존엄성과 권리를 보장하기 위한 유엔인권협약이다. 이 협약은 2006년 12월 13일 제61차 유엔총회에서 채택되었다. 채택 당시 장애인권리협약에 20개국이 가입 비준하였으며 2008년 5월 3일에

공식적으로 발효되었다(국가인권위원회, 2007). 2017년 1월 기준 175개국이 비준·승인하였다(www.un.org).

우리나라는 2007년 3월 30일 장애인권리협약에 서명하였고, 2008년 12월 2일 국회 본회의 비준 이후 2009년 1월 10일부터 국내에 발효하게 되면서 국내법과 동일한 효력의 국제법이 되었다. 다만, 비준 당시 장애인권리협약 제25조 중 생명보험 조항 가입은 유보하였으며 18개 조항의 선택의정서에는 가입하지 않았다(김명순, 2012).

협약 제35조 제1항에 의거, 협약의 국내 발효 후 2년 이내에 협약 이행을 위해 취한 조치 및 이행상황 등을 유엔 장애인권리위원회에 보고하게 되어 있다. 이에 한국 정부는 가입 직후 2011년에 제1차 국가보고서를 UN 장애인권리위원회에 제출하였으며, 2019년 3월 8일 유엔장애인권리협약 2·3차 병합 국가보고서를 제출했다(보건복지부 홈페이지).

유엔 장애인권리위원회는 2014년 9월 17~18일 개최된 147차, 148차 회의에서 대한민국의 유엔 장애인권리협약 제1차 국가보고서를 심의하고, 2014년 9월 30일에 개최된 제165차 회의에서 최종견해를 채택하였다.

2007년 UN 장애인권리협약 서명 이후 우리나라는 장애인복지법 전면 개정과 특수교육진흥법을 대체한 「장애인 등에 대한 특수교육법」을 제정(2007년 5월)하였고, 「장애인차별금지 및 권리구제 등에 관한 법률」을 제정(2007년 4월 10일 제정, 2008년 4월 11일부터 시행)하는 등 협약 이행을 위한 진전이 있었다. 이어 「중증장애인 생산품 우선구매 특별법」 제정(2008년), 장애인연금법 시행(2010년) 등을 통해 경제활동이 어려운 중증장애인의 기초소득을 보장하고 장애로 인해 발생하는 추가비용을 지원할 수 있게 되었다.

나아가 장애아동복지지원법이 제정(2011년 8월 5일)되어 2012년 8월부터 시행되고 있으며, '장애인정책종합계획'을 수립하여 이행하고 있다.

장애인권리협약 이행을 위한 우리나라의 빠른 조치들은 장애인의 인권과 관련된 다양한 영역에서 국내 법제도를 정비하고 실제적인 정책을 실행했다는 점에서 긍정적으로 평가할 수 있다(권건보, 2012).

그러나 2011년 6월 제출한 제1차 국가보고서에 대한 유엔 장애인권리위원회의 최종 심의 견해에서는 총 66개 항으로 구성된 우려 사항과 권고 사항을 담고 있다(보건복지부, 2015). 주요 우려 및 권고 사항은 다음과 같다(유엔 장애인권리협약 제1차 국가보고서에 대한 장애인권리위원회의 최종견해, 2015. 1. 5).

첫째, 장애인복지법상 장애등급판정제도 등 서비스 제공에 있어서 의료적 장애모델에만 의존하여 모든 유형의 장애인의 다양한 욕구를 고려하지 못할 우려

둘째, 장애인차별금지법의 효과적 이행 부족 우려 및 국가인권위원회의 독립적 역할수행 권고, 장애여성의 보호와 교육 강화 권고

셋째, 교통시설 및 공공건물, 웹 등에 대한 장애인의 접근성 향상 노력, 자연재해를 비롯한 위급상황에서 장애인 특성을 고려한 보호조치 강화

넷째, 성년후견제도 시행에서 장애인을 대체할 의사결정자로 허용한 것에 대한 우려 및 사법에 대한 접근성 향상 권고

다섯째, 정신보건법상 신체 및 자유의 박탈 우려, 정신병원에서의 독방 감금 및 과도한 약물치료 등을 포함한 비인도적 굴욕적인 대우에 대한 우려, 정신장애인의 높은 시설수용비율 우려

여섯째, 장애아동 가족에 대한 존중, 장애인통합교육 정책, 장애인의 보험가입을 막는 상법 제거 권고[5] 최저임금법상 장애인 제외 문제[6] 등에 대한 우려

일곱째, 장애에 대한 인권적 모델을 바탕으로 효과적인 탈시설화 전략 개발 및 활동보조 서비스 대폭 확대 촉구, 수화・자막 등 의사표현의 자유와 정보접근권

---

5) 상법(법률 제15755호, 2018. 12. 19. 시행) 제732조(개정 2014. 3. 11)에서는 15세 미만자, 심신상실자 또는 심신박약자의 사망을 보험사고로 한 보험계약은 무효로 한다. 다만, 심신박약자가 의사능력이 있는 경우에는 그러하지 아니한다. 그러나 보험업법(법률 제15022호, 2018. 1. 11. 시행) 제97조 제1항 제10호(개정 2015. 12. 22)는 '보험계약의 체결 또는 모집에 종사하는 자는 정당한 이유 없이 장애인의 보험가입을 거부하는 행위'를 금지하고 있다.

6) 최저임금법(법률 제15666호, 2019. 1. 1. 시행) 제7조(개정 2010. 6. 4)는 1. 정신장애나 신체장애로 근로능력이 현저히 낮은 자, 2. 그 밖에 최저임금 적용이 적당하지 아니하다고 인정되는 자로서 사용자가 고용노동부 장관의 인가를 받은 경우 최저임금 적용에서 제외한다고 되어 있다.

강화, 장애인의 투표참여 접근성 보장, '시각장애인 저작물 접근권 개선을 위한 마라케시 조약'에 비준할 것을 권고하고 있다.

2) UN 장애인권리협약의 주요 내용

장애인권리협약은 전문(25개 사항), 본문(50개 조항), 선택의정서(18개 조항)로 구성되어 있으며, 교육, 건강, 근로 등 장애인의 전 생활 영역에서의 권익보장 사항을 규정하고 있다.

(1) 목적(제1조)

① 협약의 목적 : 장애인이 모든 인권과 기본적 자유를 완전하고 동등하게 향유하도록 증진, 보호 및 보장하고, 장애인의 천부적 존엄성에 대한 존중을 증진

② 장애인의 정의 : 다양한 장벽과의 상호작용으로 인하여 다른 사람과 동등한 완전하고 효과적인 사회참여를 저해하는 장기간의 신체적, 정신적, 지적 또는 감각적인 손상을 가진 사람

(2) 일반원칙(제3조)

① 천부적인 존엄성, 선택의 자유를 포함한 개인의 자율성 및 자립 존중

② 비차별

③ 완전하고 효과적인 사회참여 및 통합

④ 장애가 갖는 차이 존중과 인간의 다양성 및 인류의 한 부분으로서의 장애인 인정

⑤ 기회의 균등

⑥ 접근성

⑦ 남녀의 평등

⑧ 장애아동의 점진적 발달능력 및 정체성 유지 권리 존중

(3) 시민적 권리와 자유

① 생명권(제10조)

② 신체의 자유 및 안전(제14조)

③ 고문, 잔혹, 비인도적 굴욕적 대우나 처벌 금지(제15조)

④ 착취, 폭력 및 학대로부터의 자유(제16조)

⑤ 개인의 존엄성 보호(제17조)

⑥ 이주 및 국적의 자유(제18조)

⑦ 의사 및 표현의 자유와 정보접근권(제21조)

⑧ 사생활 존중(제22조), 가정과 가족 존중(제23조)

(4) 평등과 비차별

① 장애를 이유로 한 모든 차별 금지(제5조 2)

② 장애여성의 인권과 기본적 자유 완전하고 동등하게 향유 조치(제6조 1)

③ 장애아동의 최대 이익 최우선 고려(제7조 2)

④ 사회 전반에서 장애인에 관한 인식 제고(제8조)

⑤ 법 앞의 동등한 인정(제12조)

⑥ 사법에 대한 접근 보장(제13조)

(5) 기초보건과 복지, 재활 및 고용

① 최고 수준의 건강 향유할 권리 인정 및 모든 적절한 조치(제25조)

② 보건, 고용, 교육 및 사회서비스 분야에서 종합적인 재활서비스 강화(제26조)

③ 장애인의 노동권 인정, 적극적 고용개선 조치, 장애인 노동조합권 행사 보장(제27조)

④ 적절한 생활수준과 사회적 보호(제28조)

⑤ 자립적 생활 및 지역사회에의 동참(제19조)

(6) 교육 · 문화생활 · 정치 및 공적 생활에 대한 참여

① 장애인의 동등한 교육권과 통합적 교육 및 평생교육 보장, 다양한 의사소통 방식 조치와 장애인 집단의 언어정체성 증진(제24조)

② 장애인 투표권과 참정권 동등 보장 및 차별 없이 공적 · 정치적 활동 수행에 참여할 수 있는 환경 조성(제29조)

③ 접근 가능한 문화자료, 장애인의 예술적 잠재력 개발, 레크리에이션, 여가활동 및 체육활동 참여를 위한 적절한 조치(제30조)

요 약

- 국제법은 국가와 국가 또는 국가와 국제기구 사이의 문서에 의한 합의이다. 국가 간 연대의 가속화 및 국민생활이 국제화됨에 따라 국제법이 국내에 미치는 영향과 국민적 관심이 증가하고 있다.
- 국내 사회복지법과 관련된 주요 국제법으로는 UN의 세계인권선언, 국제인권규약 A · B, 아동권리협약, 장애인권리협약, ILO의 사회보장 최저기준에 관한 조약, 국가 간 맺는 사회보장협정 등이 있다.
- 국가 간 사회보장협정은 보험료 이중부담면제 및 가입기간 합산 등의 내용을 주로 하며, 2019년 현재 우리나라는 이란, 캐나다, 영국, 미국, 독일, 일본, 중국 등 38개국과 사회보장협정을 체결하였다.
- 1989년 UN 총회에서 채택되고 우리나라에서는 1991년에 발효된 아동권리협약은 아동의 생존과 발달 및 보호에 관한 기본 권리를 명시한 것으로 국내 아동복지법과 민법 개정 등에 영향을 미쳤다. 그간 한국 정부는 1, 2차 및 3 · 4차(2008), 5 · 6차(2017) 통합이행보고서를 유엔 아동권리위원회에 제출하였으며, 비준 당시 유보조항을 철회 또는 철회 검토를 하는 등 높은 이행노력을 보이고 있다.
- 2006년 UN 총회에서 채택되고 우리나라에서는 2009년에 발효된 장애인권리협약은 평등과 비차별의 원칙하에 장애인의 교육과 건강, 재활과 근로, 문화 · 정치생활 등 전 영역에서의 권익보장에 대한 사항을 규정한 것으로, 국내 장애인복지법 개정 및 장애인차별금지법과 장애아동복지법 제정에 크게 영향을 미쳤다. 가입 직후 2011년 한국 정부는 제1차 국가보고서를 UN 장애인권리위원회에 제출하였으며, 2019년 3월 8일 유엔장애인권리협약 2 · 3차 병합보고서를 제출하였다.

참고문헌

국가인권위원회(2007). **장애인권리협약 해설집.** 서울 : 국가인권위원회.

국민연금관리공단(2014). 사회보장협정 안내.

권건보(2012). 장애인권리협약의 국내적 이행 상황 검토. **법학논고, 39,** 517-542. 대구 : 경북대학교 법학연구원.

김대순(2012). 국제법과 국내법의 관계 : 국내법의 태도에 변화가 보이나?. **국제법평론, 35,** 1-28.

김명수(2012). 장애인권리협약과 장애인 기본권 보장 : 조약의 유보와 부대의견의 효력을 중심으로. **제도와 경제, 6**(1), 169-209.

김미옥 · 정진경 · 김희성(2008). 장애인 거주시설의 인권 연구-장애인당사자와 종사자의 인식을 중심으로. **사회복지정책, 33,** 389-422.

김용훈(2011). 헌법재판에 있어서의 조약-국제(통상 · 인권)법의 국내 실행과 관련한 판례를 중심으로. **헌법학연구, 17**(4), 135-198.

대한민국 정부(2008). 유엔 아동권리협약 제3 · 4차 통합 국가보고서. 서울 : 보건복지부.

대한민국 정부(2017). 유엔 아동권리협약 제5 · 6차 통합 국가보고서. 서울 : 보건복지부.

박진완(2010). 아동권리협약의 국내적 이행과정에 대한 분석. **세계헌법연구, 16**(1), 181-208.

변용찬 · 임성은 · 이익섭 · 조형석(2006). UN 장애인권리협약 연구. 세종 : 한국보건사회연구원.

보건복지부(2014). 유엔장애인권리협약 국가보고서. 17-18일 심사. 보도참고자료. www.mw.go.kr/front_new/sch/index.jsp

________(2015). 유엔 장애인권리협약 제1차 국가보고서에 대한 장애인권리위원회의 최종 견해. www.mw.go.kr/front_new/sch/index.jsp.

전광석(2014). **한국사회보장법론**(제10판). 서울 : 집현재.

정진경(2010). UN 아동권리협약의 국내법적 및 실천적 수용성 : 아동복지법과 아동복지시설을 중심으로. **아동과 권리, 14**(2), 219-244.

홍성찬(2009). **법학원론.** 서울 : 박영사.

Brammer, A.(2010). *Social Work Law*(3rd ed.). Pearson.

Williams, J.(2001). 1998 Human Rights Act : Social Work's New Benchmark. *The British Journal of Social Work, 31*(6), 881-844.

UN 국제인권규약 A. International Convention on Economic, Social and Cultural Rights.

UN 국제인권규약 B. International Convention on Civil and Political Rights.

UN 아동권리협약 Convention on the Rights of Child.

UN 장애인권리협약 Convention on the Rights of Person with Disabilities.

UN Universal Declaration of Human Rights

국가기록원 홈페이지. www.archives.go.kr

재단법인 중앙입양원 홈페이지. www.kadoption.or.kr

외교부 홈페이지. www.mofa.go.kr

Chapter

7

입법, 사법과 사회복지정책

본 장의 목표

사회복지입법과 사회복지정책 그리고 사법적 판단에 대한 지식을 습득하고, 이들 간의 기능적 상호작용의 논리와 실제를 이해한다. 본 장을 학습하고 난 뒤 :

- 의회입법, 행정입법 및 사법부의 법형성에 대해 이해하고 국회 및 행정부의 입법절차를 알 수 있다.
- 입법과 사회복지정책 간의 공통점 및 차이점을 이해한다.
- 사법기관의 구조와 종류에 따른 기능을 알 수 있다.
- 사회보장수급권의 성격과 사회복지 권리구제 유형을 알 수 있다.
- 사법적극주의의 개념과 사법적 판단의 정책형성 기능 및 특성에 대해 이해한다.

주요 용어

- 의회입법
- 행정입법
- 사법적극주의
- 사법기관(대법원, 고등법원, 지방법원, 가정법원, 행정법원)
- 사회복지정책
- 사회보장수급권
- 행정상의 손해배상
- 행정심판(취소심판, 무효등확인심판, 의무이행심판)
- 행정청
- 재결청
- 이의신청
- 행정소송(취소소송, 무효등확인소송, 의무이행소송)
- 청구인, 피청구인
- 원고, 피고
- 항소, 상고
- 구체적 규범통제
- 행정심판위원회

본 장의 핵심

입법은 정책을 법률이라는 형태로 제시하는 행위로서 국가가 사회문제 해결을 위한 목적과 정책수단을 내용적으로 포함하고 있다는 점에서 공통된다. 사회복지정책의 형성 과정에서 정책문제 및 정책대안의 분석을 통해 객관적인 언어로써 구체화하고 규범화하는 과정을 입법이라 할 수 있으며, 정책집행 및 정책평가를 통해 입법 목적 달성 여부를 확인할 수 있다.

흔히 사회복지현장으로부터 정책이나 제도가 잘못되었다는 지적을 많이 듣게 된다. 그러나 여기서 그치는 것이 아니라 이러한 문제를 해결하기 위해서 새로운 입법이 필요한 것인지, 혹은 기존 법규 개정을 통해서만 가능한 것인지 여부를 따져야 한다. 이것이 확인되면 법 제정 또는 개정의 노력이 뒤따라야 하며 이에 입법 절차에 대한 지식이 필요하다.

한편 입법된 법규 혹은 그 법규범을 근거로 한 사회복지 행정작용이 작동되는 과정에서 사회보장수급권의 보장이라는 당초의 법 목적과 달리 권리의 침해가 발생할 수 있으며 이는 다양한 권리구제절차를 통해 회복될 수 있다. 사회복지사업을 실시하는 민간사회복지기관과 사회복지 수급권자가 국가 또는 행정기관으로부터 마땅한 권리를 보장받지 못하거나 권리가 침해될 시 이를 구제받기 위해서는 반드시 권리구제의 유형과 그 절차에 대해 알아야만 한다.

헌법재판소를 통한 기본권 구제 이전 단계에서 사회복지수급권의 구제는 행정소송이나 행정심판 등에 대한 사법적 판단을 통해 이루어진다. 특히 지방법원, 행정법원, 고등법원, 대법원과 같은 사법기관의 사법적 판단은 그 결과에 따라 직접적으로 사회복지정책의 변화나 사회복지법 개정에 영향을 미칠 수 있다. 이는 사법적극주의라는 개념에 의해 설명된다.

최근 정책지향형 소송이 증가하고 사법부의 판결을 통해 장래의 행동지침이 설정되는 등 사법판결에 대한 정책적 관점에서의 접근 필요성이 제기되고 있다.

본 장에서는 사회복지입법 및 사회복지정책, 그리고 사법적 판단 간의 유기적 상호작용을 이해하면서 관련된 다양한 사례와 판례들을 통해 현실감 있는 내용을 담고자 했다.

Chapter 7

입법, 사법과 사회복지정책

1. 사회복지입법과 사회복지정책

입법이란 좁게는 법률을 국회에서 통과시키는 형식으로써 법을 제정함을 뜻하지만, 실질적으로 본다면 '널리 법령을 제정하는 활동'을 의미한다(박금철, 2001). 따라서 입법은 국회가 중심적 역할을 담당하는 의회입법뿐 아니라, 행정부가 제정하는 행정입법과 자치입법인 조례, 규칙은 물론 헌법상 독립기관인 국회, 대법원, 헌법재판소, 감사원, 행정부처 등의 운영규칙 제정까지도 포함하는 넓은 의미의 입법을 포함한다(홍성찬, 2009).

나아가 법의 형성에는 의회에 의한 법 제정과 행정기관에 의한 법규 제정 및 사법적 판단에 의한 법 형성이 존재하며 이를 입법기관에 따른 입법의 종류로 설명할 수 있다(Vago, 2006).

1) 입법기관에 따른 입법의 종류

(1) 의회입법(Legislation)

의회의 최고의 임무는 입법기관으로서 '법률' 제정을 담당하는 것이다. 우리나라 헌법 제40조에서도 입법권은 국회에 속한다고 규정하여 국회의 입법권을 선언하였다. 국회의 입법권은 국민의 대표기관으로서 국회가 제정하는 '법률'만이 대국민적 구속력을 가지는 법규창조력을 지니며, 행정과 사법에 우선하는 법률우위를 지닌다.

의원 한 명 한 명이 입법가로 참여하며, 상임위원회, 본회의 등이 의회입법에 참여하는 주요 조직단위라 할 수 있다.

의회입법은 ① 법률의 제정과 개정 혹은 법률의 폐지, ② 헌법 개정 제안 및 의결, ③ 국제조약 체결의 비준동의 등을 거쳐 정립된다.

(2) 행정입법(Administrative Lawmaking)

사회의 복잡화, 다양화, 전문화 등의 추세에 따른 입법수요가 확대되면서 입법 분야도 전문화, 기술화, 구체화 등을 요구하고 있다. 이러한 환경변화에서 전문적 입법조치를 신속히 처리하기 위해 전문적 관료조직을 가진 행정부에 입법권을 위임함으로써 행정입법은 더욱 증가하고 있다.

행정입법은 의회의 의결을 거칠 필요가 없이 행정기관이 제정한 법규범을 의미한다. 이는 법률에서 위임된 사항에 대한 규정을 제정하거나(시행령, 시행규칙), 정책 집행을 위한 행정기관 내부의 일관성 있는 운영규칙을 공식화한 행정명령(고시, 훈령, 지침 등)을 제정하는 방식으로 정립된다. 또한 행정조직을 비롯해 입법기관, 사법기관 등 국가조직과 인력 운영에 대한 행정사항을 규율하는 것도 이에 포함된다(국회사무처법, 법원조직법 등).

(3) 사법부의 법 형성(Judicial Lawmaking)

사법부의 새로운 법해석 판단을 통한 법 형성 또한 존재하며, 이는 특히 관습법 국가에서 두드러진 경향으로 발견된다. 법원은 보충적인 법 창설 권한, 즉 재량을 행사하며 법에 대한 구성적 해석을 통해 법을 실현시킨다(박은정, 2014).

구체적으로 사법부에 의한 법 형성은 다음의 세 가지 방식에 의해 이루어진다.

첫째, 판례에 의한 법 형성으로, 특히 관습법 국가의 경우 과거의 판결에 의해 확립된 선례를 기반으로 하여 점증적으로 법이 형성된다. 만약 선례가 없는 사건에 직면할 경우 이전 유사판례로부터의 유추, 확대, 수정, 축소 등으로 새로운 판결을 내려야 하며 이때 새로운 법 제정이 이루어진다.

둘째, 법률 해석을 통한 법 형성이다. 입법부에 의해 제정된 법률이 실제 상황에서 적용되고 강제되는 상황에서 법률해석의 모호성, 입법의도의 불명확성 등의 문제가 발생하며, 그것이 사건화되어 판단을 해야 할 경우 사법기관으로 하여금 법 제정에 개입하도록 한다.

셋째, 헌법해석을 통한 법 형성이다. 법률을 포함한 모든 법규범과 이를 기반으로 이루어지는 행정작용은 헌법에 합치하여야 한다. 이 경우 헌법조항에 대한 해석을 필요로 하며 그 결과에 따라 해당 법률의 위헌 여부를 판단할 수 있다. 헌법해석을 통해 위헌 등의 판결이 나올 경우 법률의 개정 등을 이끌어 내면서 법 제정에 관여할 수 있다.

2) 입법의 절차

(1) 국회의 입법절차

법률의 제정 및 개정을 위한 법안은 10인 이상의 국회의원(의원입법) 또는 정부에서(정부입법) 국회에 제출된다. 국회의장은 법률안이 제출되면 이를 본회의에 보고 후 소관 상임위원회에 회부한다. 상임위원회에서는 법률안 제안자의 취지 설명, 국회 전문위원의 검토보고 및 대체토론을 진행한다. 해당 상임위원회 내 소위원회를 구성하여 법률안을 심사하며 필요한 경우 공청회를 개최하여 이해관계인의 의견을 듣는다. 소관 상임위원회 전체회의의 의결을 거친 후 법률안은 다시 법제사법위원회에 회부되며 여기서 법률안의 자구와 체계 심사가 이루어진다. 법사위에서 정리된 법률안은 국회 본회의에 회부된 후 의결된다. 국회에서 통과된 법률안은 정부로 이송되며 대통령의 거부권 행사가 없는 한 법률공포안이 국무회의에 상정되고 국무회의 심의를 마치면 대통령이 서명하고 국무총리 및 관계 국무위원이 부서를 한다. 법률안은 관보에 게재되어 공포됨으로써 법률로서 성립된다.

제안(제출)	• 국회의원 10인 이상 • 정부(국무회의 심의, 대통령서명 후 정부에서 제출)
↓ 위원회 회부 입법예고	국회의장은 법률안이 발의 또는 제출되면 이를 의원에 배부, 본회의 보고 후, 소관위원회에 회부하여 심사하게 함
↓ 위원회 심사	상임위원회 : 제안자설명, 전문위원 검토보고, 대체토론, 소위원회 심사, 축조심사, 찬반토론, 의결
↓ 법제사법위원회 체계·자구심사	법제사법위원회 : 상임위원회 심사를 마친 법률안은 법제사법위원회 회부 후 체계·자구심사를 거침
↓ 본회의 심사의결	본회의에 상정되어 심사보고, 질의토론을 거쳐 재적의원 과반수 출석과 출석의원 과반수 찬성으로 의결
↓ 정부이송	국회에서 의결된 법률안 정부 이송
↓ **대통령거부권행사**	법률안에 이의가 있을 때 대통령은 15일 이내 이의서를 붙여 국회에 환부하고 그 재의를 요구
↓ 공 포	대통령은 법률안이 정부에 이송된 지 15일 이내에 공포함

|그림 7-1| 국회입법절차

출처 : 국회 홈페이지(www.assembly.go.kr/views/cms/assm/assembly/asswork/asswork0101.jsp) 재구성.

(2) 행정입법절차

대통령령, 총리령·부령 등 행정입법은 상위법률에서 위임받은 사항이나 어떤 정책의 시행과 관련하여 입법이 필요하다고 판단될 경우 제정 또는 개정된다. 일반적으로 정책 주무부처인 중앙행정기관이 법령안을 입안하며, 법령안에 대하여 발생할 수 있는 이견을 사전에 조정하기 위하여 관계 중앙부처 또는 관계기관과의 협의과정을 거치고 의견을 수렴한다. 정부는 국가의 중요정책사항이나 국민생활에 중대한 영향을 미치는 법령을 입안하는 때에는 여당과 당정협의를 거치기도 한다. 법령안은 관보, 신문, 방송, 인터넷 등의 방법으로 통상 20일 이상의 입법예고 기간에 걸쳐 국민에게 알리고 의견을 수렴한다.

법령안 주관기관의 장은 규제를 신설 또는 강화하는 내용의 법령을 제정하거나 개정하는 경우에 규제영향분석서, 자체 심사의견 등을 첨부하여 규제개혁위원회에 규제심사를 받는다. 이후 법제처에 법령안 심사를 의뢰하며, 법제처는 법령안의 자구·체계 등의 형식적 사항과 헌법이념 및 상위법 위반 여부, 다른 법령과의 중복·충돌 여부, 입법내용의 적법성 등 실질적인 사항에 대하여 심사를 하여 원안을 수정·보완하게 한다.

법제처 심사가 완료되면 차관회의와 국무회의의 심의를 거치며, 국무회의 심의를 마친 법령안은 대통령이 서명하고 국무총리 및 관계 국무위원이 부서한다. 총리령과 부령의 경우는 차관회의와 국무회의 심의를 거치지 않는다. 이 과정이 완료된 후 법제처는 공포번호를 부여하고 행정안전부에 관보 게재의뢰를 하여 공포하게 된다.

법령안 입안	정책 주무부처인 중앙행정기관이 소관 사항에 대하여 법령안 입안
↓ 관계기관 협의	법령안과 관련하여 발생할 수 있는 이견을 사전에 조정하기 위해 관계기관과의 협의
↓ 입법예고	통상 20일 이상 입법예고, 법령안 주요 내용, 의견제출기관 등 명시. 관보, 방송, 인터넷 등의 방법 활용
↓ 규제심사	법령안 주관기관의 장은 규제 신설 또는 강화 내용에 대해 규제개혁위원회에 규제심사를 받아야 함
↓ 법제처 심사	법령안의 자구·체계 등 검토, 헌법이념 및 상위법과의 관계, 다른 법령과의 중복·충돌 여부, 입법내용의 적법성 등 심사
↓ 차관회의·국무회의	중앙행정부서 차관회의 및 국무회의 심의
↓ 대통령 재가	대통령 서명, 국무총리 및 관계 국무위원이 부서
↓ 공 포	관보에 게재되어 공포

|그림 7-2| 행정입법절차

출처 : 법제처 홈페이지(www.moleg.go.kr/lawinfo/governmentLegislation/plan) 재구성.

3) 사회복지입법과 사회복지정책의 관계

최근 법과 정책의 연계성을 강화하면서 법목적의 실현을 위한 가장 유효하고 효율적인 법기술 체계를 과학적으로 탐구하기 위해 사회과학적 접근과 정책모형을 접목한 법정책학에 대한 논의가 활발하다(강동욱, 2014; 한국법정책학회, 2015).

입법은 하나의 정책형성 과정이라 할 수 있다. 즉, 정책이 법률이라는 형태를 취하여 제시되는 행위가 입법인 것이다. 따라서 정책의 목적과 내용이 없는 사회복지입법은 존재할 수 없다. 그러나 입법과 정책이 동일한 의미는 아니며 다음과 같은 공통점과 차이점으로 설명될 수 있다.

(1) 공통점

① 사회문제 해결을 위한 정부의 제도적인 집합적 대응이다.

② 법안의 마련과 국회 상정은 정부에 의해 조치가 취해지고자 하는 안건으로서 정책의제에 해당한다(이동규, 2013).

③ 입법과정 및 정책결정에서 정책 대상 집단 등 이해관계자의 영향력과 갈등의 발생 등 정치적 요인이 작용한다.

④ 정책문제, 정책대안에 관한 조사, 연구 등 일련의 정책학습과 정책분석이 이루어지며 입법은 이러한 정책결정 과정에서 검토 정리한 결과를 객관적인 언어로 구체화·규범화하는 과정이다.

(2) 차이점

① 법률의 제정은 입법부의 고유권한이며, 법률의 집행은 행정부와 지방자치단체 및 사회복지기관과 법이 정한 관계기관들에 의해 수행된다.

② 법의 시행과정에서 수많은 관계기관과 업무종사자들이 일관성 있는 판단과 업무수행을 위해 다양한 형태의 행정지침을 만드는 등 행정입법이 증가하고 있다. 그러나 행정입법의 범람으로 인한 문제의 예방을 위해 의회 상임위 검토제도 및 국정감사·국정조사 등 의회의 통제가 있다(고헌환, 2013). 또한 행

정소송이나 헌법소원 등을 통해 행정입법에 대한 간접적이고 사후적인 사법적 통제도 작용한다(최계영, 2008).

③ 입법목적의 달성 정도는 정책의 집행과 운용 및 정책평가를 통해 가능하다. 법률의 형태로만 존재한다고 정책이 운영되는 것은 아니며, 예산, 조직 및 인력, 전달체계, 사업 등이 실제 작동해야 한다. 또한 법률에 제시된 이념과 목적 규정만으로 해당 정책을 통해 입법목적 달성 여부를 알 수 없으며 정책평가 기능이 수반되어야 한다.

④ 정책 집행과 사회복지실천 개입 시 법의 한계 내에서 전문가의 판단이 중요하며 이러한 전문적 권한에 대한 재량권이 허용되기도 한다.

사 례 사회문제 대응 입법사례

울산 여아 학대 사망사건과 '아동학대범죄의 처벌 등에 관한 특례법' 제정

2013년 10월 말 계모의 학대로 숨진 울산 '서현이' 사건이 사회적으로 큰 충격을 주었다. 계모 박*복은 2011년 5월부터 2013년 10월 24일까지 상습적으로 학대하였으며, 아이가 2천 원을 가져가고도 가져간 적이 없다고 거짓말을 했다는 이유로 폭행, 범행 직후 딸이 목욕탕 욕조에 빠져 숨진 채 발견됐다고 경찰에 신고했다. 이 양의 부검 결과 옆구리 부위 폭행으로 양쪽 갈비뼈 16개가 골절됐고 호흡곤란과 피하출혈로 의식을 잃고 숨진 것으로 밝혀졌다. 이 사건으로 2013년 11월 울산지방검찰청은 살인죄를 적용, 이 양의 친부 이*성도 불구속 입건하였다. 울산지방법원에서 공판이 열렸으며 2014년 4월 11일 1심 재판부는 계모 박 씨에게 징역 15년형을 선고했다. 계모 박 씨는 형이 너무 무겁다며 항소하였으나 부산고등법원은 2심판결에서 오히려 징역 18년을 선고하였다. 친부 역시 1심에서 징역 3년을 선고받았다.
이 사건 이후 아동학대 사망 땐 최대 무기징역으로 처벌하는 '아동학대범죄의 처벌 등에 관한 특례법'이 제정(2014. 1. 28)되어 2014년 9월 29일부터 시행된다. 본 법에 의해 친권제한 및 가중처벌, 신고의무자 강화 및 접근금지 등이 시행되고 처벌이 대폭 강화된다.

출처 : 울산매일 신문(2013. 12. 31) 「아동학대범죄의 처벌 등에 관한 특례법」.

본 사례는 아동학대라는 사회문제가 아동의 사망사건으로 이슈가 촉발되면서 문제의 심각성이 인식되고 이에 대응하기 위한 입법이 조속히 이루어진 사례에 해당한다.

2. 사법기관과 사회복지 권리구제

1) 사법기관의 종류와 기능

사법기관이란 사법권의 행사를 담당하는 독립된 국가 기관으로 좁은 의미로는 법관으로 구성된 법원을 의미한다. 우리나라 헌법은 제101조 제2항에서 "법원은 최고법원인 대법원과 각급 법원으로 조직된다"고 규정하는 한편, 제102조 제3항에서 "대법원과 각급 법원의 조직은 법률로 정한다"고 규정함으로써 대법원과 각급 법원의 조직에 관한 상세한 사항은 법률에 위임하고 있다. 이에 따라 제정된 법원조직법은 대법원 외에 각급 법원을 고등법원, 특허법원, 지방법원, 가정법원, 행정법원의 5종으로 나누고 지방법원과 가정법원 사무의 일부를 처리하기 위하여 그 관할구역 내에 지원(支院)과 시/군 법원 및 등기소를 둘 수 있게 하였다(대법원 홈페이지 www.scourt.go.kr).

대법원–고등법원–지방법원 3단계의 구조를 형성하며, 고등법원급의 특허법원과 지방법원급의 가정법원 및 행정법원이 특수법원 형태로 존재한다. 사회복지법과 관련된 행정소송은 지방법원 또는 행정법원에서 1심을 담당하고, 그 판결에 불복할 경우 고등법원에 항소하며, 고등법원의 판결에도 불복할 경우 대법원에 상고하는 3심의 재판절차를 통해 이루어진다.

(1) 대법원

대법원은 우리나라에 하나만 있는 최고법원으로 대법원장을 포함한 대법관 14인으로 구성된다. 대법원은 민사 · 형사 · 행정 · 특허 및 가사사건의 판결에 대한 상고사건 등을 재판한다. 심판권은 14인의 대법관 전원의 3분의 2 이상으로 구성되고 대법원장이 재판장이 되는 합의체나 대법관 3인 이상으로 구성되는 부에서 관할한다.

(2) 고등법원

고등법원은 서울, 대전, 대구, 부산, 광주 다섯 군데에 설치되어 있으며, 고등법원장과 대법원규칙이 정한 수의 판사로 구성된다. 고등법원은 1심 판결에 대한 항소사건 등을 심판하며 그 심판권은 판사 3인으로 구성된 합의부에서 행해진다.

(3) 지방법원

전국의 지방법원 수는 18개이며, 지방법원장과 대법원규칙으로 정한 수의 판사로 구성된다. 지방법원은 민사 및 형사사건의 1심 재판을 담당하며, 심판권은 단독판사의 관할이 원칙이나 중요하다고 법률이 정하고 있는 사건은 합의부의 관할로 한다. 지방법원의 관할 구역 내에 100개의 시・군법원이 있으며 소액사건, 즉결사건, 화해・독촉 및 조정 사건 등의 심판을 담당한다.

(4) 특허법원

특허법원은 1998년에 고등법원급으로 창설되었으며 특허권의 발생, 소멸, 정정 등을 둘러싼 분쟁을 심판한다. 특허법원이 1심으로 관할하며 그 판결에 불복이 있는 경우 대법원에 상고할 수 있다.

(5) 가정법원

가정법원은 1963년에 설치된 지방법원과 동격의 법원으로 현재 서울을 비롯하여 5개 지방에 설치되어 있다. 가사 및 소년보호 사건, 가정폭력 등에 관한 사건을 전문적으로 처리한다. 사회복지법에서 특히 아동복지법, 입양특례법, 노인복지법, 「가정폭력방지 및 피해자보호 등에 관한 법률」, 「아동・청소년의 성보호에 관한 법률」 등은 가정법원과 매우 밀접하여 이 분야에 종사하는 사회복지사는 해당 법규정 및 가정법원을 비롯한 사법기관의 체계에 대해 충분한 지식과 경험을 갖추는 것이 매우 중요하다.

입양특례법 제11조(가정법원의 허가) ① 제9조에서 정한 아동을 입양하려는 경우에는 다음 각 호의 서류를 갖추어 가정법원의 허가를 받아야 한다 …중략… ② 가정법원은 양자가 될 사람의 복리를 위하여 양친이 될 사람의 입양의 동기와 양육능력, 그 밖의 사정을 고려하여 제1항의 허가를 하지 아니할 수 있다.

가정폭력범죄의 처벌 등에 관한 특례법 제10조(관할) ① 가정보호사건의 관할은 가정폭력행위자의 행위지, 거주지 또는 현재지를 관할하는 가정법원으로 한다. 다만, 가정법원이 설치되지 아니한 지역에서는 해당 지역의 지방법원(지원을 포함한다. 이하 같다)으로 한다.

(6) 행정법원

행정법원은 1998년 행정소송법에서 정한 행정사건을 심판하기 위하여 지방법원급으로 서울에 설치 운영되고 있다. 서울행정법원은 서울특별시를 관할하며, 조세, 토지수용, 근로, 일반행정 등의 사건을 심판한다. 행정법원이 설치되지 않은 지역에서는 지방법원이 관할한다.

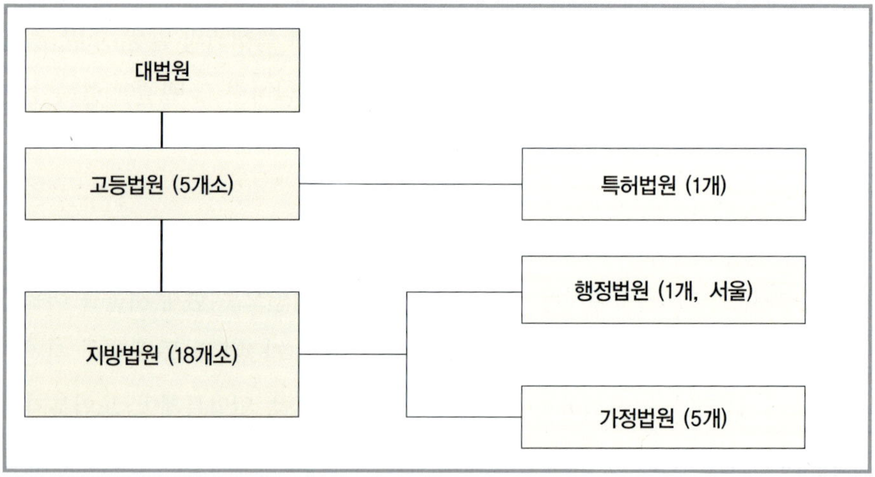

|그림 7-3| 법원의 종류와 체계

2) 사회보장수급권

(1) 사회보장수급권의 개념

사회보장수급권이란 헌법 제34조를 비롯하여 사회권적 기본권을 실현하기 위하여 제정된 개별 사회복지법에 근거하여 갖는 구체적인 법률적 권리를 의미한다. 사회보장기본법은 제9조 사회보장을 받을 권리에 대해 '모든 국민은 사회보장 관계 법령에서 정하는 바에 따라 사회보장급여를 받을 권리('사회보장수급권')를 가진다'고 명시하고 있다.

(2) 사회보장수급권의 내용

사회보장수급권은 관계법령에 의한 급여 및 서비스를 청구할 수 있는 실제적 사회복지급여 청구권인 '실체적 권리'를 핵심적 내용으로 한다. 이에는 급여 청구 이전이나 청구 과정, 심사과정 등과 관련하여 제도의 홍보, 정보제공, 상담 및 조언을 포함하여 적절한 진행을 요구할 수 있는 '수속적 권리'도 포함한다. 또한 사회보장수급권을 보장받지 못하였을 경우 심사결과에 대해 이의신청이나 행정심판, 행정소송 등 사회보장급여쟁송권과 같은 '법적 구제 권리'를 포함한다.

그런데 사회복지사업법 제2조에 명시된 법률 중 23개의 법률에 나타난 실체적 권리를 분석한 김광병 · 김수정(2012)은 실체적 권리가 급여청구권 · 복지조치청구권 · 보호조치청구권으로 구성되어 있었지만, 아예 실체적 권리가 없는 법률도 발견되는 등 권리규정에 대한 법적 정비가 필요함을 주장하였다.

위법 또는 부당한 처분을 받거나 필요한 처분을 받지 못함으로써 권리 또는 이익의 침해를 받은 국민은 행정심판법에 따른 행정심판을 청구하거나 행정소송법에 따른 행정소송을 제기하여 그 처분의 취소 또는 변경 등을 청구할 수 있다(사회보장기본법 제39조).

(3) 사회보장수급권의 보호

사회보장수급권은 다른 사람에게 양도하거나 담보로 제공할 수 없으며 압류할 수 없다. 또한 수급자에 대한 급여를 정당한 사유 없이 불리하게 변경하지 못하도록 보호하고 있다.

국민기초생활보장법에 의한 현금급여(생계급여 등)는 최소한의 삶을 영위하는 급여로서 이에 대해 조세나 공과금 부과를 금지하고 있다. 국민연금법에 의한 노령연금급여에 대해서는 소득세를 과세하는 대신, 보험료 납부 기간 동안 연금보험료 공제제도의 적용을 받아 연말소득공제를 받을 수 있다.

(4) 사회보장수급권의 제한

사회보장기본법 제13조는 사회보장수급권이 제한되거나 정지될 수 없다고 규정하고 있으나, 다만 관계법령이 정하고 있는 경우에는 제한될 수 있음을 명시하고 있다. 아울러 사회보장수급권이 제한 또는 정지되는 경우 필요한 최소한에 그쳐야 한다고 규정하고 있다.

이에 따라 과잉 중복된 사회복지급여의 제한 및 조정이 이루어진다. 한편 고의적 사고나 중대한 과실로 사회보장수급권이 악용되거나, 수급조건에 따른 의무 불이행 시 제한이 가해진다. 또한 사회보장수급권은 수급권자가 사망하거나 포기할 경우, 시효 만료 등 보장의 필요가 사라질 경우에는 정지될 수 있다.

3) 권리구제의 유형

(1) 행정상의 손해배상

행정상의 손해배상이란 국가 등 행정주체의 활동으로 발생한 손해에 대하여 행정주체가 배상해 주는 제도로, 공무원의 과실, 위법한 직무행위 또는 부작위, 공공시설 설치 관리의 하자 등으로 인해 개인의 권리가 침해 혹은 보장받지 못할 경우, 금전적 또는 필요한 배상을 요구하는 것이다.

사 례 **부작위 등 소극행정 사례와 관련 법령 개정 예**

요양병원을 지으려 했지만 주변에 요양병원이 너무 많다면서 자치단체가 허가하지 않았다. 행정소송에 이겼지만 9개월의 시간을 낭비, 이러한 공무원의 소극행정에 대해서 인사상의 불이익을 줄 수 있는 내용의 공무원징계령 시행규칙 개정안을 준비하고 있다(출처 : KBS뉴스, 2016. 3. 6).

이러한 뉴스가 나가고 바로 다음 날인 2016. 3. 7. 인사혁신처는 소극행정을 국가공무원법상 성실의 의무 위반으로 명시하고, 소극행정이 징계대상임을 명확히 하는 '공무원징계령 시행규칙' 제2조의 제2항을 개정하여, 부작위 또는 직무태만 등 소극행정으로 안전사고 야기 및 국민 불편을 초래한 경우에는 지휘감독자에 대하여 엄중 문책 대상임을 명확히 규정한다고 발표하였다(출처 : 인사혁신처 보도자료, 2016. 3. 7).

헌법 제29조는 '공무원의 직무상 불법행위로 손해를 받은 국민은 국가 또는 공공단체에 배상을 청구할 수 있다'고 규정하였다. 이 규정에 따라 국가배상법은 공무원의 직무상 불법행위로 인한 손해배상과 공적 조영물의 설치・관리의 하자(瑕疵)로 인한 손해배상에 대하여 구체적인 요건을 규정하고 있다.

사회복지법 분야에서 공무원의 법적 의무 소홀이나 직무상 위법행위로 인해 사회복지수급인에게 손해를 야기한 경우는 그 공무원이 속한 국가 또는 지방자치단체에 손해배상을 청구할 수 있다.

사 례 **국가를 상대로 한 손해배상 청구소송 판례(서울지법 민사37단독. 2001. 3. 31)**

2층 투표소에 리프트가 없어 장애인의 선거권 침해로 인한 국가배상

[사건개요] 1급 장애인 서 씨 등을 포함한 장애인 8명은 2000. 4. 13. 총선 시 선거관리위원회가 경기도 광주군 도척면 복지회관 2층에 리프트가 없는 곳임에도 불구하고 투표소를 설치하였으며, 선거관리위원회의 직원들도 도와주지 않아 투표하지 못하여 선거권을 침해당했다며 국가를 상대로 2,000만 원의 손해배상 청구소송을 제기

[판결요지] "국가가 장애인의 선거권 행사를 위해 제반 용구와 편의시설 등을 설치할 의무를 소홀히 하여 결과적으로 서 씨 등이 투표를 하지 못하게 된 사실이 인정되는 만큼 이로 인한 정신적 피해를 배상할 책임이 있다. 국가는 서 씨 등 5명에게 10만~50만 원씩 지급하라. 나머지 3명은 주위의 도움을 받았을 경우 충분히 투표가 가능했다고 보인다."

사 례 국가배상신청서 양식

[별지 제8호 서식] 〈개정 2010. 5. 20〉 (앞면)

<table>
<tr><td colspan="5">배상신청서</td></tr>
<tr><td>신청인</td><td colspan="4">성 명 : (인) 주민등록번호 :
주 소 : (전화번호 :)
직 업 : 피해자와의 관계 :
다음 에게 국가배상신청에 관한 일체의 권한을 위임함
위임인 성 명 : (인)
대리인 성 명 : (인) 주민등록번호 :
주 소 : (전화번호 :)</td></tr>
<tr><td>피해자</td><td colspan="4">성 명 : 주민등록번호 :
주 소 :
직 업 : 기왕의 신체상해</td></tr>
<tr><td>사고개요
(상세한 것은 별지에 적음)</td><td colspan="4">발생일시 :
발생장소 :
가해자 소속 : 성 명 :
사고내용 :</td></tr>
<tr><td>신청액</td><td colspan="4">요 양 비 원 장 례 비 원
휴업배상 원 위 자 료 원
장해배상 원 재산손해 원
유족배상 원 기 타 원
합 계 원</td></tr>
<tr><td rowspan="2">위 사고와 관련하여 이미 지급받은 금액</td><td>내역</td><td>금액</td><td>지급일자</td><td>지급자</td></tr>
<tr><td></td><td></td><td></td><td></td></tr>
<tr><td rowspan="2">사전지급 신청액</td><td>내역</td><td>금액</td><td colspan="2">사유</td></tr>
<tr><td></td><td></td><td colspan="2"></td></tr>
<tr><td colspan="5">「국가배상법」 제12조에 따라 위와 같이 배상신청을 합니다.
년 월 일
○○지구배상심의회 위원장 귀하</td></tr>
<tr><td>구비서류</td><td colspan="3">뒷면 참조</td><td>수수료
없음</td></tr>
</table>

210mm×297mm(보존용지(2종)70g/m²)

사 례 지방자치단체를 상대로 한 손해보상 청구소송 판례(수원지방법원 2013. 11. 21)

볼라드(차량진입억제용 말뚝)에 걸려 넘어져 중상 입은 시각장애인 지방자치단체 상대 손해보상청구

[사건개요] 안산시에 사는 시각장애인 1급 김** 씨는 설치기준을 준수하지 않은 볼라드에 걸려 넘어져 오른쪽 팔목 골절, 무릎에 타박상 등 전치 10주 부상을 입었다. 이후 김 씨는 안마사 일을 못하여 입은 손해 및 치료비 등의 배상을 안산시에 요구했으나 거부당했다. 이에 수원지방법원 안산지원에 안산시의 시설의 관리책임을 물어 손해배상청구소송을 제기했으나 패소하였고, 이후 수원지방법원에 항소하여 2심 재판에서 안산시의 책임 40%를 인정한다는 판결을 받았다.

[판결요지] "인도에 볼라드를 설치하려면 시각장애인의 안전하고 편리한 통행을 방해하지 않는 범위 내에서 시각장애인과의 충돌의 위험성이나 충격의 정도를 최소화하는 등 사고방지를 위한 안전성을 구비하여야 한다. 그러나 볼라드의 높이와 지름이 시설기준에서 정한 규격에 부합하지 않고 재료도 석재로 되어 있어 안전성을 결여한 설치 · 관리상의 하자가 있다."

(2) 행정심판

광의의 행정심판은 행정상의 분쟁을 행정기관이 심리·재결하는 쟁송절차를 말한다. 권리당사자로서 행정심판을 제기하는 사람을 청구인이라 하며, 피청구인은 권리보장 실시 주체이자 행정처분을 내린 사회복지 행정청이 된다. 행정심판의 재결기관은 당해 행정기관의 직급 상급행정기관이 재결청이 되며, 재결청 소속하에 독립 심의의결 기관으로 행정심판위원회가 있다.

① 심사청구 및 이의신청

심사청구는 급여신청 등에 대해 사회보장실시 기관이 결정한 복지조치에 이의를 제기하여 당해 결정을 내린 실시기관에게 다시 심사해 줄 것을 청구하는 재심사청구를 의미한다. 예를 들어, 산업재해보상보험법에 의한 요양급여를 근로복지공단에 청구하였으나 이것이 인정되지 않을 경우 그 처분을 내린 당해 근로복지공단에 재심사를 요청하는 것이다.

한편 사회복지법 분야에서 대부분의 개별법률에서는 사회복지행정청(사회보장실시기관, 행정기관)이 행한 급여결정에 대해 이의가 있는 경우 당해 결정기관을 거쳐 상급행정관청에 다시 결정해 줄 것을 신청하는 이의신청 규정을 두고 있다. 만약 국민기초생활보장법상 생계급여를 관할 구청에 신청하였으나 수급자격이 없음을 통보받았을 경우 이에 이의가 있다면 상급관청인 특별시 광역시·도 및 보건복지부에 이의신청을 할 수 있는 것이다.

사 례 **산업재해보상보험 재심사청구서 양식**

산업재해보상보험 재 심 사 청 구 서						처리기한 50일
청구인	① 성 명		② 주민등록번호		③ 근로자와의 관계	
	④ 주 소	(전화번호)				
대리인	⑤ 성 명		⑥ 주민등록번호		⑦ 근로자와의 관계	
	⑧ 주 소	(전화번호)				
재해를 입 은 근로자	⑨ 성 명			⑩ 주민등록번호		
	⑪ 주 소					
	⑫ 사업장명		⑬ 사업장소재지			
⑭ 원처분기관 (결정기관)	근로복지공단 지역본부(지사)장			⑮ 원처분일자 (결정일자)	20 . . .	
⑯ 심사결정 기 관 명	근로복지공단	⑰ 심사결정서를 받은 날	20 . . .	⑱ 심사결정이 있음을 안 날	20 . . .	
⑲ 심사결정기관의 고지 유무 및 그 내용						
⑳ 재심사청구 취지 및 이유	(별지 기재와 같음)					

산업재해보상보험법 제90조 및 같은 법 시행령 제99조의 규정에 의하여 위와 같이 재심사를 청구합니다.

년 월 일

청구인(대리인) (서명 또는 날인)

산업재해보상보험심사위원회위원장 귀하

수수료
없 음

첨부서류
1. 청구의 취지 및 이유 1부.
2. 위임장(대리인인 경우에 한합니다) 1통

※ 이 용지는 무료로 배부하여 드립니다.

사 례 이의신청서 양식

<table>
<tr><td colspan="6">이 의 신 청 서</td><td>처리기간
별도안내</td></tr>
<tr><td rowspan="2">신청인</td><td>성 명</td><td></td><td>주민등록번호
(외국인등록번호)</td><td colspan="3"></td></tr>
<tr><td>주 소</td><td colspan="5">(전화번호 :)</td></tr>
<tr><td rowspan="2">대 리
신청인</td><td>성 명</td><td></td><td>주민등록번호
(외국인등록번호)</td><td></td><td>신청인과
의 관계</td><td></td></tr>
<tr><td>주 소</td><td colspan="5">(전화번호 :)</td></tr>
<tr><td colspan="2">이의신청 구분</td><td colspan="5">☐ 선정 ☐ 보장변경/중지/정지/상실 ☐ 환수 ☐ 기타</td></tr>
<tr><td colspan="2">처분이 있음을 안 연월일</td><td colspan="5">년 월 일</td></tr>
<tr><td colspan="2">처분통지를 받은 경우 통지를 받은 연월일</td><td colspan="5">년 월 일</td></tr>
<tr><td colspan="2">처분의 내용 또는 통지된 사항</td><td colspan="5"></td></tr>
<tr><td colspan="2">이의신청 취지 및 사유</td><td colspan="5"></td></tr>
<tr><td colspan="7">「국민기초생활보장법」 제38조, 「한부모가족지원법」 제28조, 「긴급복지지원법」 제16조, 「기초노령연금법」 제15조, 「장애인복지법」 제84조, 「의료급여법」 제30조 제1항 및 「민원사무처리에 관한 법률」 제18조에 의하여 위와 같이 이의신청을 합니다.

년 월 일

신청인 (서명 또는 인)

특별자치도지사 · 시장 · 군수 · 구청장 귀하</td></tr>
</table>

② **행정심판**

심사청구 및 이의신청에도 불구하고 자신의 권리가 침해되었다고 주장하는 자는 행정심판법에 따라 행정심판을 제기할 수 있다. 행정심판에는 행정처분의 취소 또는 변경을 구하는 '취소심판', 처분의 효력유무 확인을 구하는 '무효등확인심판', 행정청의 위법 또는 부당한 거부 처분이나 부작위에 대하여 일정한 처분을 할 것을 구하는 '의무이행심판'이 있다(행정심판법 제5조).

사회복지법 분야에서 시설이나 복지사업의 정지 혹은 폐지명령을 받은 사회복지기관 역시 당해 행정처분의 취소나 변경을 구하는 '취소심판'을 행정법원에 제기할 수 있다.

사 례 **행정심판 재결 예 – 급여변경결정처분 취소 청구**

서행심2011-376(2011. 7. 15) 급여변경결정처분 취소 : 인용

[재결요지] 청구인은 자활사업에 참가할 것을 조건으로 생계급여를 지급받는 사람으로 결정하였으나 청구인이 자활사업에 참여하지 않겠다는 의사를 밝히자, 관할 구청이 추정소득을 부과하여 개별가구의 생계급여액을 하향 조정하며 청구인의 생계급여는 지급을 중지한다는 '조건부수급자 생계급여 중지 통보'를 하였다.
이에 대해 청구인은 서울특별시행정심판위원회에 이 사건 선행 처분의 취소를 구하는 행정심판을 제기하였고, 서울특별시행정심판위원회는 "피고(관할구청)는 급여액 하향조정 범위 내에서 이 사건 선행 처분을 하면서 사전통지를 하지 않았고, 이의신청 안내는 의견제출의 기회를 준 것이라고 볼 수 없는 점 등에 비추어 볼 때, 이 사건 선행 처분은 행정절차법에 반하여 위법하다"는 이유로 이 사건 선행 처분을 취소하는 재결을 내렸다.

사 례 **행정심판 재결 예 – 장애등급결정처분 취소 청구**

서행심2013-463(2013. 8. 26) 장애등급결정처분 취소 청구 : 기각

[재결요지] 청구인은 1995년부터 간질병으로 인하여 치료를 받아왔고 서울의료원 및 한양대병원에서 검사를 받았으며, 검사결과 모두 난치성 간질병으로 진단을 받았다. 그러나 경제적인 이유로 지속적인 치료를 하지 못하였다.
청구인은 2013. 3. 21. 피청구인(구청장)에게 장애등급 심사를 요청, 피청구인은 위탁심사기관인 국민연금공단에 이를 요청하였고 공단은 청구인이 제출한 자료 등을 심사하여 적법한 절차로 보건복지부 고시인 장애등급판정기준에 따라 장애등급을 심사한 후 2013. 5. 7. 간질장애 판정 보류를 하였다. 이에 대하여 청구인은 '장애등급결정처분 취소'에 대한 행정심판을 청구하였으나 '기각'되었다.
재결사유는 청구인이 제출한 장애진단서 및 진료기록지를 볼 때 2년 이상 지속적이고 적극적인 치료가 이루어졌다고 보기 어려운 상태로 국민연금공단의 장애등급판정 보류 결정은 적법하게 판정되어 청구인의 장애등급판정 보류 결정 처분 취소청구를 기각한 것이다.

(3) 행정소송

행정소송은 위법한 행정작용으로 인해 권리나 이익이 침해된 자가 소송을 제기하고 사법기관인 법원이 이에 대하여 심리·판단하는 정식의 쟁송을 의미한다. 행정소송을 제기한 자는 소송을 통해 회복할 법률상의 이익이 있는 자, 즉 원고이며, 소송을 제기당한 자가 피고가 된다. 행정심판과 유사하게 '취소소송', '무효등확인소송', '부작위위법확인소송'이 있다. 행정소송의 1심은 관할 지방법원이 되며, 2심은 고등법원, 3심은 대법원에서 진행한다.

사 례 **행정소송 판례**

대법원 2014. 7. 10. 선고2012두20991 판결 : 원고승소

요양불승인처분 취소 소송(의족 파손에 따른 요양급여 청구 사건)

[판례요지] 의족을 착용하고 아파트 경비원으로 근무하던 갑이 제설작업 중 넘어져 의족이 파손되는 등의 재해를 입고 요양급여를 신청하였으나, 근로복지공단이 '의족 파손'은 요양급여 기준에 해당하지 않는다는 이유로 요양불승인처분을 한 사안에서, 산업재해보상보험법과 장애인차별금지 및 권리구제 등에 관한 법률의 입법 취지와 목적, 요양급여 및 장애인보조기구에 관한 규정의 체계, 형식과 내용, 장애인에 대한 차별행위의 개념 등에 의하면, 산업재해보상보험법의 해석에서 업무상 재해로 인한 부상의 대상인 신체를 반드시 생래적 신체에 한정할 필요는 없는 점 등을 종합적으로 고려하면, 의족은 단순히 신체를 보조하는 기구가 아니라 신체의 일부인 다리를 기능적·물리적·실질적으로 대체하는 장치로서, 업무상의 사유로 근로자가 장착한 의족이 파손된 경우는 산업재해보상보험법상 요양급여의 대상인 근로자의 부상에 포함된다고 한 판례

3. 사법적 판단과 사회복지정책

1) 사법적극주의

사법적극주의(judicial activism)란 법 해석과 판결에 있어서 문어적(文語的) 의미에 얽매이지 않고 사법부가 창조적인 헌법·법률 해석을 통해 정책형성에 개입하는 사법부의 태도를 의미한다(임지봉, 2004). 사법적극주의는 이전 판례를 뒤엎거나 오래된 법률에 대한 법원의 새로운 해석에 그 정의를 내렸다.

사법적극주의는 권력분립의 원리가 기초하고 있는 '견제와 균형'을 실현하기 위해 행정부나 입법부의 의사·결정에 반대를 제기하여 두 부에 의한 권력의 남용을

견제하는 사법부의 태도나 철학을 전제한다.

이에 비해 사법소극주의는 헌법이나 법 규정의 문어적 의미에 따라 좁게 해석함으로써 입법부와 행정부의 의사 결정에 개입하고 반대하는 경향을 최소화하여 판결에 의한 정책결정을 자제하는 사법부의 태도를 의미한다.

사법적극주의는 법정이 공공정책의 변화를 분명히 이끌어 내며, 사법부의 판결을 통해 비합법성을 찾아 정책의 정당성과 합법성을 제시한다는 점에서 사회복지정책과 사법적 판단의 관련성을 논리적으로 뒷받침해 줄 수 있는 중요한 시각이다(정진경, 2007).

한편 사법적 판단이 공공정책에 개입한 정도, 즉 사법적극주의 정도를 판단할 수 있는 Canon(1984)의 분석틀은 잘 갖추어진 구조화된 분석틀로 유용하다(차동욱, 2006; Chambers, 2002). Canon은 다수결주의, 해석적 안정성, 해석의 충실성, 내용 및 절차, 정책의 구체성, 대안적 정책 결정자로서의 가능성이라는 6개 영역에서 사법적극주의의 정도를 '매우 적극적(high activism)', '다소 적극적(somewhat activism)', '전혀 적극적이지 않음(non-activism)'으로 그 정도를 구분하고 있다.

Canon이 제시한 6개 영역의 분석틀은 다음과 같다(Canon, 1984 : 391-404).

① **다수결주의**(majoritarianism) : 사법부가 국민에 의해 선출된 국회의원이 제정한 법률이나 자치법규에 의한 공공정책을 어느 정도로 변경하느냐 하는 것이다. 만약 그 법률이 민주주의 이론과 시각으로부터 비합법적이라 판단된다면, 의회 법률이 헌법위반이라고 판결하여 법률을 무력화하게 된다. 가장 높은 사법적극주의는 다수결주의를 침범한 것으로 국회제정 법률을 무력화하는 것이다. 또 행정규칙이나 지방의회 법률을 무력화시켰다면 다소 적극주의의 범주에 속한다고 판단할 수 있다.

② **해석적 안정성**(interpretive stability) : 이전 판결이나 지침, 해석이 달라진 정도를 의미한다. 법원 결정이 이전 혹은 현재의 사법결정을 유지하는가 혹은 포기하는가의 정도를 측정한다. 이전의 판례를 뒤엎었다면 해석의 안정성 측면에서 매우 높은 적극주의에 해당하는 것이다. 그러나 이전 판례를 고수하는 판

결을 한다면 이는 소극주의(non-activist)의 범주에 속한다.

③ 해석의 충실성(interpretive fidelity) : 법 조항을 있는 그대로 용어의 일방적 의미로서 해석하는지 혹은 법 제정자들의 합의적 의도나 목적으로 알려진 바대로 해석하는지의 여부를 판단하는 것이다. 법 조항을 문자 그대로 해석하지 않을 때 적극주의의 정도가 높다고 한다. 즉, 사법부에 의해 법률 조항이 법 제정자의 의도와 사용된 용어의 의미에 상반되어 해석된 정도이다. 특히 헌법해석과 관련하여서는 어느 정도로 헌법문구의 문리적 의미나 헌법안 작성자들의 명백한 의도로부터 벗어난 해석을 하고 있는가가 사법적극주의의 정도를 판단하는 기준의 요소가 된다.

④ 내용과 절차의 구분(substance-democratic process distinction) : 사법적 판단이 절차의 유지에 영향을 미치기보다는 정책의 내용에 영향을 미친 정도를 의미한다. 사법부의 판결이 단순히 민주적 절차가 원활히 이루어지는 것을 외부로부터 보조하는 기능을 수행하는 것인지 혹은 실질적인 정책결정 내용에 참여하고 있는지를 주목한 것이다. 또 이 입장은 사법부의 역할이 정책결정, 특히 정의(justice)에 중요한 영향을 미친다는 입장이다. 이에는 소수자, 사회적 약자에 대한 고려, 표현의 자유, 선거참여 등과 관련되며, 시민들로 하여금 정책결정 체계에 참여할 수 있는 기회와 관련된다.

⑤ 정책의 구체성(specificity policy) : 사법적 판단을 다른 기관이나 개인들의 재량적 판단에 맡기지 않고 스스로 구체적인 정책을 수립하는 정도를 의미한다. 정통적으로 사법부의 공공정책에 대한 침투는 부정적인 성격으로 여겨졌으나 최근 사법부는 점차 긍정적인 정책결정자로서의 역할이 증가하고 있다. 그리고 때에 따라서는 특정 정책의 수행이나 아주 구체적인 내용을 정부기관에 명령하기 시작했다. 사법결정을 통해 구체적 법률 조항을 재기술하는 등 구체적 정책내용에 대한 정부기관의 행위를 명령하는 것이다.

⑥ 대안적 정책 결정자로서의 가능성(availability of an alternative policymaker) : 사법적 결정이 다른 정부기관이 같은 문제에 대해 고민하는 것을 대신하는 정도를

의미한다. 법정이 해당 정책에 대해 전문가로서 가능할 정도로 참여한다면 다소 적극적(somewhat activism)이 된다.

〈표 7-1〉 Canon의 사법적극주의 분석틀

적극주의 정도	다수결주의	해석의 안정성	해석의 충실성	내용-절차 구분	정책 구체성	대안적 기능
가장 적극적 (High Activism)	• 의회결정 무효화 • 합법성, 합헌성 지키기 위한 법률적 무력화	• 이전 판례의 번복 또는 취소	• 법률조항의 의미나 논리적 함의에 명확히 반하는 결정 • 새로운 법조항의 창조 • 법조항 제정자의 합의적 의도와 명분에 반하는 결정	• 정책의 내용을 결정하는 판결	• 사법부 스스로 정책 수립 • 긍정적 판결	• 법정이 대안적 기관으로서 정책이나 그 전문가, 자료에 더 적합한 정책적 성향과 권위를 가짐
다소 적극적 (Somewhat Activism)	• 주·지방법률의 무효화 • 행정규칙의 무효화	• 이전 판례의 급진적 약화 • 헌법에 대한 지속적 해석 취소	• 법제정자들에게 알려진 상황에 대해 법 조항의 드라마틱한 새로운 적용	• 정책이 정치적 과정에 영향을 주는 판결	• 부정적 판결	• 법정이 전문가로서 가능할 정도로 정책에 참여
전혀 적극주의 아님 (Non Activism)	• 법률이나 규칙의 합법성 인정 및 지지	• 이전 판례 및 이전의 해석 범위 내에서 최소한의 대안 고수	• 법률용어, 제정자의 의도나 의미에 일치하는 해석	• 정책결정을 하지 않는 판결	• 허용적 판결	• 정책결정을 하지 않는 판결

출처 : Canon(1984), p. 405.

2) 사법적 판단의 정책형성 기능

법의 영역에서 사법권의 부상 내지 확대는 가장 눈에 띄는 변화이며, 정치적 사회적으로 중요한 이슈 내지 갈등 현안들의 사법화는 이제 거의 일상화되고 있다(박은정, 2014). 사법의 확대는 한편으로 법률을 해석하고 적용하는 사법의 법형성력과 창의성을 높이는 방향으로 다른 한편으로는 사법의 정치적 독립을 높이는 방향으로 나아갔다.

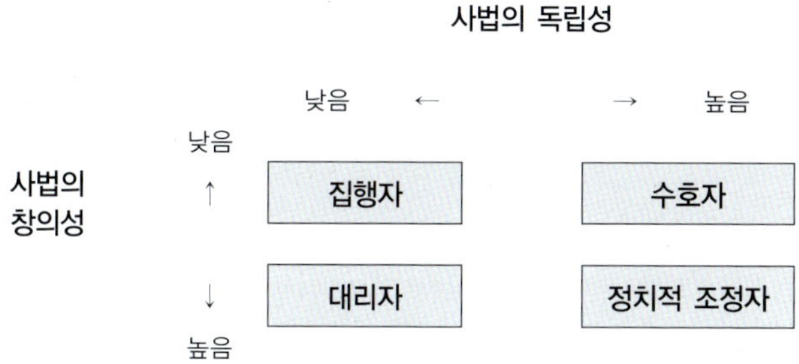

|그림 7-4| 사법의 역할

출처 : Guarnieri & Pederzoli(2002), p. 70.

사법적 판단이 정부정책에 미치는 영향에 대한 관심은 다음과 같은 인식에 기반하여 증가하고 있다. 첫째, 최근 법의 기능이 현저하게 확대되고 다양화됨에 따라 정책지향형 소송이 증가하고 있으며 이에 법적 사고와 정책적 사고를 연계할 필요성이 제기된다(이경달, 2006). 둘째, 사법부에 의한 최종 결정 혹은 판결은 이와 유사한 상황에 처한 사회구성원에게 장래의 행동지침을 설정하게 하는 일종의 정책으로서의 역할을 수행하기 때문에 사법판결은 정책학의 관점에서 접근되어야 할 필요가 있다(김덕준, 2000).

법률뿐 아니라 행정부에서 제정한 시행령이나 시행규칙을 비롯하여 정책집행 과정에서 행해지는 행정작용 역시 모두 헌법소원심판의 대상이 될 수 있다. 만약 헌법재판을 통해 위헌이 확인될 경우 관련 법규 및 행정작용은 모두 효력을 잃게 되어 법령 개정을 비롯한 정책변화가 불가피해지는 것이다.

그러나 법적 쟁송은 어떠한 법률에 근거한 구체적 행정작용(혹은 부작위)으로 인해 직접적인 권리에 피해가 갔을 때만 제기할 수 있는 '구체적 규범통제' 원칙이 적용된다. 따라서 사법부의 판단은 이미 법률이 제정된 이후에 구체적 소송이 제기되었을 때만 작동하므로 사후적이며 사건과 관련된 해당 법률 조항에 한정될 수밖에 없다. 이에 사법적 판단이 사회복지정책 변화에 미치는 영향은 사후적이며 미시적 수준에서 점증적이며 귀납적이라는 특징을 갖는다(정진경, 2007).

사 례 사법적 판단이 정책변화에 영향을 미친 사례

대법95누7727(1996. 4. 12) "노령수당 지급대상자 선정제외처분 취소" : 인용

[사건개요]

- 1991년부터 생활보호대상자로 지원받아 온 노인이 1994년에 노령수당지급 신청을 하였으나 1994년도 노인복지사업지침(보건복지부 장관)상 '70세 이상'의 생활보호대상 노인에게 노령수당을 지급하도록 되어 있어, 아직 만 70세가 되지 않았다는 이유로 노령수당 지급대상자 선정에서 제외되었다.
- 이 당시 노인복지법 제13조 제1항에 '국가 또는 지방자치단체는 65세 이상의 자에 대하여 노령수당을 지급할 수 있고, 지급시기 및 대상자 선정기준 등에 관한 필요한 사항을 대통령령으로 위임하였다. 이에 근거하여 동법 시행령과 시행규칙에서도 65세 이상의 자 규정을 유지하며 세부 기준은 보건사회부 장관의 고시에 위임하였다. 그런데 '1994년도 노인복지사업지침'에서는 노령수당 지급대상자를 70세 이상의 생활보호대상 노인으로 규정하였는데, 노령수당 지급대상을 70세 이상으로 정한 1994년도 노인복지사업지침이 상위법령의 위임한계를 위반한 것인지 여부가 다툼의 소지가 된 것이다.

[판결요지]

- 2심에서 서울고등법원은 본 행정규칙이 위법하지 않다고 판결하였으나, 대법원은 상고심을 통해 노령수당 지급대상자를 70세 이상으로 규정한 부분은 당초 법령이 예정한 노령수당 지급대상자(65세 이상)를 부당하게 축소·조정한 것으로 법령의 위임한계를 벗어나 효력이 없다고 판단하였다.
- 본 판결(1996. 4) 이후 1997년 8월 노인복지법 개정을 통해 경로연금제도로 정책이 변경되었으며, 지급대상자 규정도 법률상으로 '65세 이상의 국민 중 생활보호법 제3조의 규정에 의한 보호 대상자'로 명확히 하였다.

요 약

- 입법이란 넓게는 법령을 제정하는 활동이며 사회복지입법은 사회복지정책이 법규명령의 형태로 제시된 것으로 사회문제 해결을 위한 목적과 정책수단을 내용적으로 포함하고 있다. 사회복지정책은 사회복지법을 기반으로 하지만 정책집행과 운영 및 정책평가라는 보다 광범위한 활동을 포함한다.
- 입법기관의 종류에 따라 의회입법, 행정입법 및 사법부의 법형성이 있으며, 사법기관에는 대법원과 고등법원, 지방법원, 가정법원, 행정법원이 존재한다.
- 사회복지법을 통해 사회보장수급권이 보장되며, 사회보장수급권은 양도, 담보, 압류를 금지하고 정당한 사유 없이 급여를 제한하거나 불리하게 변경하지 못하도록 함으로써 보호된다. 그러나 고의적 악용, 수급조건 의무 불이행, 수급권자의 사망이나 시효만료 등의 경우 사회보장수급권은 법률이 정한 바에 의해 제한 또는 정지될 수 있다.
- 사회보장수급권을 보장받지 못하거나 침해받았을 경우 이를 구제하기 위한 절차로 행정상의 손해배상청구, 재심사청구 및 이의신청, 행정심판, 행정소송, 헌법소원이 있다.
- 사법적 판단은 그 결과에 따라 기존 정책의 정당성과 합법성을 강화하는 한편 정책의 변화에도 분명한 영향을 미친다. 창조적인 헌법, 법률 해석을 통해 정책형성에 개입하는 사법부의 태도를 사법적극주의라고 한다.
- 법적 쟁송은 구체적 규범통제 원칙에 의해 제기되며 사법적 판단 결과는 사회구성원들의 장래 행위를 제한하게 된다. 또한 공공정책에 대한 사법적 판단 결과는 정책과 입법의 변화에도 영향을 미치는데, 이는 사후적이며 미시적 수준에서 점증적 귀납적인 특징을 갖는다.

참고문헌

강동욱(2014). 법정책학의 의의와 과제. **법과 정책연구**, 14(2), 259-280. 서울 : 한국법정책학회.

고헌환(2013). 행정입법에 대한 의회의 직접통제에 관한 비교연구. **법학논집**, 20(3), 223-255.

김광병 · 김수정(2012). 사회복지법의 실체적 권리 분석에 관한 연구. **한국사회복지행정학**, 36, 53-77.

김덕준(2000). 정책결정으로서의 사법판결 : 분석모형의 논리 및 현실설명력에 관한 검증을 중심으로. **한국정치학회보**, 34(4).

박금철(2001). **법학개론**. 서울 : 청목출판사.

박은정(2014). **왜 법의 지배인가**. 경기 : 돌베개.

울산매일신문. 보도자료(2013. 12. 31).

이경달(2006). 법과 정책의 연관구조에 관한 방법론적 연구. **법과정책**, 2, 141-160. 충북 : 청주대학교 법과정책연구소.

이동규(2013). 초점사건 이후 정책과정 모형 연구 - 정책실패 이후 정부 입법변화 과정 연구 가능성을 중심으로 -. **한국위기관리논집**, 9(10), 1-23.

임지봉(2004). **사법적극주의와 사법권 독립**. 서울 : 철학과 현실사.

정진경(2007). 사법적 판단과 사회복지정책 변화에 관한 연구. **사회복지정책**, 30, 163-185.

차동욱(2006). 사법적 적극주의의 경험적 분석을 위한 이론적 고찰 : 미국에서의 논의를 중심으로 비교제도적 확장을 위하여. **세계헌법연구**, 12(1).

최계영(2008). 헌법소원에 의한 행정작용의 통제 - 기능과 한계 -. **공법연구**, 37(2), 201-234.

한국법정책학회(2015). **법정책학이란 무엇인가 - 이론과 실제 -**. 서울 : 도서출판 삼영사.

홍성찬(2009). **법학원론**. 서울 : 박영사.

Canon, B. C.(1984). A Framwork for the Analysis of Judicial Activism. In Stephen C. H., & Lamb. C. M.(eds.), *Supreme Court Activism and Restraint*. Heart and Company(pp. 385-419).

Chambers, D. E.(2002). *Social Policy and Social Programs*(3rd ed.). Allyn and Bacon.

Guarnieri, C., & Pederzoli, P.(2002). *The Powers of Judges - A Comparative Study of Courts and Democracy*. English Editor Cheryl Thomas, Oxford Socio-Legal Studies.

Vago, S.(2006). *Law and Society*(8th ed.). Pearson Prentice Hall.

국회홈페이지. www.assembly.go.kr

대법원 홈페이지. www.scourt.go.kr

법제처 홈페이지. www.moleg.go.kr

국민기초생활보장법

사회보장기본법

행정소송법

행정심판법

Chapter

8

사회복지법과 사회복지실천

본 장의 목표

사회복지법 체계에 대한 통합적 지식은 사회복지실천과정과 법체계 종사자와의 협업과정에서 사회복지사의 유능감을 증진시키며, 사회복지 입법 및 사법체계에서 사회복지실천가의 역할을 확장시켜 준다. 본 장을 학습하고 난 뒤 :

- 사회복지실천의 가치가 우리나라 사회복지법에 어떠한 방식으로 표현되었는지 알 수 있다.
- 법 기반 사회복지실천모델을 이해하고 법 기반 사회복지실천을 위해 필요한 지식과 기술에 대해 알 수 있다.
- 입법체계에서 필요한 사회복지사의 역할과 기술에 대해 알 수 있다.
- 사법체계에서 필요한 사회복지사의 역할과 기술에 대해 알 수 있다.

주요 용어

- 사회복지실천 가치
- 인간의 존엄성
- 입법청원자
- 정보제공자
- 치료적 사법
- 사회복지사 윤리강령
- 클라이언트 권익 최우선
- 증인
- 피해자 진술 인터뷰
- 법 기반 사회복지실천
- 비밀보장
- 기록
- 장애인 사법지원

본 장의 핵심

사회복지실천가는 매일매일을 이용자와 관련된 수많은 어려운 결정에 직면하게 되며, 법은 좋은 사회복지실천을 위한 균형 있는 의사결정에 도달하도록 이끄는 여러 요인 중 하나가 된다. 또한 사회복지실천가는 윤리적 전문적 가치에 기반하여 실천하며 이러한 가치들은 사회복지법 규정을 통해 구체적으로 나타나기도 한다.

사회복지실천이 법과 갖는 직접적인 관계는 두 가지 측면에서 살펴볼 수 있다.

첫 번째는 본 서에서 다루는 통합적 사회복지법 체계 중 입법체계와 사법체계에서 사회복지사가 담당하는 사회복지실천가의 역할이다. 클라이언트에게 직접적인 서비스를 제공하는 역할은 아니지만 사회복지실천현장에서 제기되는 문제의 해결을 위해 입법 또는 법 개정을 위한 역할, 소송이나 법정에서 사회복지사에게 요구되는 보고, 증언, 클라이언트 보호 및 옹호 등과 같은 역할이다.

두 번째는 사회복지실천 과정 자체에서 이루어지는 경찰관 또는 법 전문가와의 협업이나 법체계와의 연계를 통한 사회복지실천이다. 또한 사회복지사가 변호사에게 자문하거나, 사회복지사와 변호사가 서로 서비스를 의뢰하는 경우, 사회복지사가 법률팀에 고용되어 일하는 형태 등 다양한 실천모델이 있다.

본 장에서는 법 규정을 우선적으로 참조하는 사회복지사의 의사결정 방식을 비롯하여 입법·사법체계에서의 사회복지실천 기술 활용 및 법 전문가와의 상호작용 속에서 이루어지는 사회복지실천의 과정을 법 기반 사회복지실천이라 정의한다.

Chapter

8 사회복지법과 사회복지실천

1. 사회복지실천의 가치와 사회복지법

1) 법과 사회복지실천 가치의 조화

사회복지법에서 사회복지실천의 가치는 기본 이념과 같은 법률 조항을 통해 표현된다. 인간의 존엄성, 자유, 정의, 인권과 같은 추상적이며 일반화된 가치개념에 근거하여 법령으로서 제시되는 것이다.

그러나 특정한 가치의 언어를 통해 그 가치의 실체적 내용을 명확히 드러내는 데는 많은 어려움이 존재한다. 또한 사회복지실천의 가치는 법 규정의 변화에 따라 실제 행해지는 실천의 방식에 반영하기 어려운 취약성도 있다. 예를 들어, 실천의 가치로 존중, 자기결정, 협력의 원칙이 더 강화되는 반면, 법 규정은 처벌적이거나 급여 또는 자격기준의 제한이 더 심해질 수도 있다. 즉, 법과 사회복지실천의 가치에 긴장관계가 존재할 수 있다는 것이다(Broadbent & White, 2003).

한편 사회복지실천 윤리나 실천지침들은 사회복지법을 보완하면서, 사회복지실천 내에서 가장 중심이 되는 가치 기반을 명확히 한다. 이러한 가치들은 클라이언트 집단이 누구이든지 서비스 제공기관이 어디이든지 상관없이 공통적으로 적용된다(Preston-Shoot, Roberts, & Vernon, 2001).

사회복지사는 매일매일을 이용자의 생활과 관련된 수많은 어려운 결정을 내리게 된다. 법은 좋은 사회복지실천을 위한 의사결정에 도달하기 위해 균형을 이루어야 하는 수많은 요인들 중 하나이다. 사회복지실천의 가치체계 역시 그러한 의사결정을 내리기 위한 필수적 전제조건이 될 수 있다. 사회복지실천에서 법적으로 선택 가능한 범위가 넓다면 '가치'가 최종적인 선택을 찾아가는 하나의 경로가 될 수 있다. 즉, 가치의 틀에 의해 법의 적절한 사용이 가능해짐을 의미한다.

우리나라 사회복지사 윤리강령은 전문을 통하여 사회복지실천은 '인간의 존엄성과 가치', '사회정의와 평등', '자유와 민주주의'라는 가치를 기반으로 이루어져야 함을 밝히고 있다. 또한 전문가로서의 자세, 클라이언트와의 관계, 사회에 대한 윤리기준 등을 통해 구체적인 실천의 가치를 제시하고 있다.

- 클라이언트에 대한 인간으로서의 존엄성 존중
- 클라이언트의 권익옹호 최우선의 가치
- 클라이언트에 대한 차별대우 금지
- 클라이언트의 자기결정권 최대 향상
- 클라이언트의 사생활보호 및 비밀유지
- 업무에 대한 책임, 성실·공정한 업무수행

우리나라 이외에 미국이나 영국, 캐나다 사회복지사협회의 윤리강령(code of ethic) 역시 사회복지실천의 핵심 가치를 명확히 제시하고 있다. 인간의 존엄과 가치존중, 사회정의 등 일반적 가치를 포함하여, 자기결정권, 신의성실, 비밀보장, 전문직 역량 등 구체적인 실천의 가치들이 공통적으로 발견된다.

사례 영국, 미국, 캐나다 사회복지사 윤리강령에 제시된 사회복지실천의 핵심 가치

1. 영국(General Social Care Council, 2002)
   - 서비스 이용자와 보호제공자의 권리보호 및 이익증진
   - 서비스 이용자와 보호제공자의 신뢰와 확신을 구축·유지하기 위한 노력
   - 서비스 이용자의 행동이 그들 자신이나 타인에게 위해가 되지 않도록 하는 동시에 서비스 이용자의 권리 존중
   - 사회서비스에 대한 국민의 신뢰와 신의를 지킴
   - 사회복지사 업무의 질에 대한 책무성과 지식·기술을 유지·향상시키기 위해 책임

2. 미국(National Association of Social Workers, 2008)
- 서비스 : 욕구충족, 사회문제 해결을 위한 도움 제공
- 사회정의 : 사회적 약자를 위한 대변과 사회변화 추구
- 인간의 존엄과 가치 : 다양성 존중, 자기결정권 존중
- 인간관계의 중요성 : 도움의 과정에서 파트너십 중요
- 신의성실 : 전문가로서 신뢰받는 행동
- 역량 : 전문직 경험, 지식, 기술 증진

3. 캐나다(Canadian Association of Social Workers, 2005)
Value 1 : 인간의 존엄과 가치존중(Dignity and Worth of Persons)
Value 2 : 사회정의 추구(Social Justice)
Value 3 : 인도주의적 서비스(Service to Humanity)
Value 4 : 전문직 실천에서의 신의성실(Integrity)
Value 5 : 전문직 실천에서의 비밀보장(Confidentiality)
Value 6 : 전문직 실천에서의 유능한 역량(Competence)

2) 사회복지법률에 표현된 사회복지실천의 가치

사회복지사는 윤리적 전문적 가치에 기반하여 실천하며, 이러한 가치들은 법 규정에 통합되어 있다(Preston-Shoot, Roberts, & Vernon, 1998). 사회복지실천의 가치가 우리나라의 주요 사회복지법률에 어떠한 방식으로 표현되어 있는지 살펴보고자 한다.

(1) 인간의 존엄성

인간으로서의 존엄성과 가치는 인간이 태어나면서부터 갖는 천부적인 권리로 개인이 어떠한 상태와 상황에 있는지와 관계없이 존중되어야 함을 의미한다.

이러한 가치는 상위법 체계인 세계인권선언문과 우리나라 헌법 제34조 '모든 국민의 인간다운 생활을 할 권리' 규정을 통해 나타난다. 인간의 존엄성 가치는 사회복지의 실천원칙 중 하나인 '수용'의 원칙에도 포함되어 있다(박경일 외, 2010).

사회보장기본법 제2조에서는 모든 국민이 행복하고 인간다운 생활을 향유할 수 있도록 보장함을 기본 이념 중 하나로 제시하고 있다. 사회복지사업법 제1조 역시 사회복지를 필요로 하는 사람에 대한 인간의 존엄성과 인간다운 생활을 할 권리를 규정하고 있다.

사회복지사업법 제1조(목적) 이 법은 … 사회복지를 필요로 하는 사람에 대하여 인간의 존엄성과 인간다운 생활을 할 권리를 보장하고 … 이바지함을 목적으로 한다.

(2) 클라이언트 권익 최우선 가치

사회복지사는 클라이언트의 권익옹호를 최우선의 가치로 삼고 행동한다. 이는 누구를 가장 보호해야 할 클라이언트로 우선해야 하는지, 또 누구의 권익을 최우선으로 해야 하는지를 결정하는 데 있어서 지침이 될 수 있다.

클라이언트 권익 최우선 가치가 법률로써 표현된 예는 아동복지법 제15조 '아동의 최상의 이익을 위하여' 규정과 입양특례법 제4조 '입양은 아동의 이익이 최우선이 되도록 하여야 한다'는 규정을 통해 발견된다.

입양특례법 제4조(입양의 원칙) 이 법에 따른 입양은 아동의 이익이 최우선이 되도록 하여야 한다.

(3) 자기결정권

사회복지실천의 가치로서 사회복지이용자의 자기결정권은 기본적 인권존중 및 클라이언트 권익 최우선의 가치에 의거한다. 자기결정권이란 어떤 문제에 대해 어떤 서비스를 어떤 방법으로 받겠다는 것을 결정할 때 문제를 갖고 도움을 요청해 온 클라이언트의 의사를 존중해 주는 것을 의미한다(양옥경 외, 2011).

'사회복지를 필요로 하는 사람은 누구든지 자신의 의사에 따라 서비스를 신청하고 제공받을 수 있다'는 사회복지사업법 제1조의2 제1항의 기본 이념은 자기결정권의 가치가 전제된 것으로 볼 수 있다. 한편 클라이언트 자기결정권 보장의 가치는 다음 장애인복지법 제60조의4 규정을 통해서도 찾을 수 있다.

장애인복지법 제60조의4(장애인거주시설 운영자의 의무) ③ 시설운영자는 시설이용자의 사생활 및 자기결정권의 보장을 위하여 노력하여야 한다.

(4) 비밀유지 및 정보보호

클라이언트와 관련된 어떠한 내용과 정보라도 원칙적으로는 다른 사람에게 공개되어서는 안 된다는 비밀보장의 원칙은 중요한 사회복지실천의 가치 중 하나이다. 그러나 클라이언트의 위법행위 등과 관련하여서는 법적 절차와 범위에 따라 자료와 내용을 공개해야 하는 예외 또한 존재한다. 한편 사회복지이용자 자격조사의 방식과 대상자 관리방식이 정보화됨에 따라 사회복지 관련 공공기관에서의 정보공유가 불가피해지고 있다. 이와 관련된 개인정보 보호 및 동의에 기반한 정보제공 의무, 법률에 근거하지 않은 정보 이용 및 제공의 금지가 법적으로 강화되고 있다.

사회보장기본법 제38조, 개인정보 등의 보호 규정에 따라 사회보장업무에 종사하거나 종사하였던 자는 사회보장업무 수행과 관련하여 알게 된 개인・법인 또는 단체의 정보를 관계법령에서 정하는 바에 따라 보호하여야 한다. 또한 국가와 지방자치단체, 공공기관, 법인・단체, 개인이 조사하거나 제공받은 개인・법인 또는 단체의 정보는 이 법과 관련 법률에 근거하지 않고 보유, 이용, 제공되어서는 안 된다고 명시하고 있다. 비밀보장의 가치는 사회복지사업법 및 노인복지법 등을 통해 구체적인 비밀누설의 금지 조항으로 강제 의무규정으로 표현되고 있다.

사회보장기본법 제38조(개인정보 등의 보호) ① 사회보장 업무에 종사하거나 종사하였던 자는 사회보장 업무 수행과 관련하여 알게 된 개인・법인 또는 단체의 정보를 관계법령에서 정하는 바에 따라 보호하여야 한다.

사회복지사업법 제47조(비밀누설의 금지) 사회복지사업 또는 사회복지업무에 종사하였거나 종사하고 있는 사람은 그 업무 수행과정에서 알게 된 다른 사람의 비밀을 누설하여서는 아니 된다.

노인복지법 제39조의12(비밀누설의 금지) 이 법에 의한 학대노인의 보호와 관련된 업무에 종사하였거나 종사하는 자는 그 직무상 알게 된 비밀을 누설하지 못한다.

그런데 사회복지현장이 법체계와 만날 때 비밀유지 원칙이 더 이상 유효하지 않은 경우가 있으며, 다음의 상황이 대표적인 예이다.

사 례 법원 및 법 전문가와의 협업 과정에서 비밀유지 적용의 예외

- 법원으로부터 위임받아 획득한 정보일 때
- 법원이 특정 사회복지사에게 클라이언트에 대한 평가(심문)를 부탁했을 때
- 클라이언트가 이미 법정에서 비밀정보를 밝혔을 때
- 비밀을 노출함으로써 법정이 얻을 것으로 예상되는 이득이 관계상의 피해보다 더 클 때
- 특정 관련법에 명시된 경우(아동학대나 방임이 심각하게 의심될 때 반드시 신고 의무 등)

(5) 차별대우 금지

평등의 가치 및 인권의 보장은 차별대우 금지 규정을 통해 제시되기도 한다. 이는 성별, 인종, 국적, 종교, 장애, 정치 · 경제 · 사회적 지위 등 어떠한 이유 여하에 따라 차별해서는 아니 됨을 의미한다.

차별대우 금지는 사회복지사업법을 통해 인권의 존중과 차별없는 최대 봉사 의무로 제시되고 있다. 특히 장애인복지법 제8조 차별금지 조항은 누구든지 장애를 이유로 정치 · 사회 · 문화 생활 모든 영역에서 장애인을 차별하여서는 안 된다고 규정하고 있다.

사회복지사업법 제5조(인권존중 및 최대봉사의 원칙) 복지업무에 종사하는 사람은 그 업무를 수행할 때에 사회복지를 필요로 하는 사람을 위하여 인권을 존중하고 차별 없이 최대로 봉사하여야 한다.

장애인복지법 제8조(차별금지 등) ① 누구든지 장애를 이유로 정치 · 경제 · 사회 · 문화 생활의 모든 영역에서 차별을 받지 아니하고, 누구든지 장애를 이유로 정치 · 경제 · 사회 · 문화 생활의 모든 영역에서 장애인을 차별하여서는 아니 된다.

(6) 업무책임성 · 공정 · 성실성

사회복지전문직으로서의 역량을 강화하기 위해 지식 및 기술의 향상을 위해 노력하고 업무에 대한 성실성과 책임성을 통해 신뢰를 유지하는 것 역시 중요한 사회복지실천의 가치이다. 사회보장기본법을 통한 전문인력의 양성(제31조), 사회보장에 관한 설명과 상담 및 통지의 의무(제33~36조), 사회복지사업법 제5조 최대봉사

의 원칙 등은 사회복지의 기본적 책임성과 신의성실을 규정한 것으로 볼 수 있다. 또한 사회복지사업법상 사회복지시설 운영의 투명성(제34조) 및 최저기준 이상의 서비스 유지(제43조), 사회복지사의 결격사유(제11조의2) 및 종사자 자격기준 제한(제35조의2), 사회복지사의 채용 및 교육(제13조) 관련 규정들은 사회복지실천에서의 책임성과 관련된다.

사회복지사업법 제34조(사회복지시설의 설치) ④ 시설을 투명하게 운영하여야 한다.
제43조(시설의 서비스 최저기준) ② 시설운영자는 서비스 최저기준 이상으로 서비스 수준을 유지하여야 한다.

2. 법 기반 사회복지실천

1) 기본 개념과 실천모델

(1) 기본 개념

법과 사회복지실천은 아동복지, 교정복지, 노인복지, 가정폭력, 성폭력, 정신장애인 및 신체장애인과 관련된 이슈 등 다양한 사회복지 분야에서 만나게 된다. 많은 연구자들이 사회복지사가 이러한 다양한 영역에서 클라이언트를 옹호하며 효과적인 문제해결을 하기 위해서는 법체계와 법적 절차 등을 포함해 법에 대한 지식이 필요함을 강조하였다(Forgey & Colarossi, 2003; Stein, 2004).

실제 뉴질랜드 사회복지사협회(SWRB)는 '법적 · 윤리적 경계 안에서의 사회복지 전문직의 실천 역량'을 핵심 역량 기준(Core Competence Standards, 2014)의 하나로 명확하게 규정하는 등 사회복지실천에서의 법적 유능감은 매우 중요하다.

법은 사회복지실천이 개인과 사회문제를 처리하는 데 필요한 방향과 구조 및 적법성을 제공해 주며, 사회복지실천은 법에게 인간관계, 문제와 해결기법들에 대한 실질적인 내용적 지식을 제공함으로써 이 두 전문직 간의 협력은 분쟁을 해결하거나 사회조건들의 개선방법을 수립하는 데 상호 강화시키며 협력적 관계가 될 수 있다(김 훈, 2012 : 155).

구체적으로 사회복지법 지식의 사회복지실천에의 적용은 두 가지 측면에서 나타난다(Braye, Preston-Shoot, & Johns, 2006). 하나는 '사회복지법제 실천'을 위한 기술로서 법적 분쟁 사례에 대한 토론, 정책분석과 대변, 의사결정을 위한 법적 이슈의 조사를 포함한다. 다른 하나는 사회복지실천 안에서의 법 기반 실천으로 기록, 옹호, 보고서작성 및 문제해결과 같은 사회복지실천의 핵심 기술을 포함한다.

또한 법 기반 사회복지실천은 사회복지법의 내용적 측면에 대한 지식을 습득하는 것뿐 아니라, 사회복지실천현장에서 이루어지는 의사결정에 있어 법적 맥락과 요건을 적용하는 기술 및 문제해결과정에서 경찰이나 변호사, 검사 등 법체계 종사자와 법 전문가와의 협업을 포함한다.

이에 본 서에서 의미하는 법 기반 사회복지실천이란 입법 · 사법체계에서의 사회복지실천 기술의 활용과 일차적 사회복지실천현장에서의 법 기반 의사결정 및 법 전문가와의 상호작용을 기반으로 이루어지는 사회복지개입 활동을 의미한다. 이는 사회복지사의 법적 실천 역량과 연결되는 것이며 사회복지전문직의 역량 강화를 위해서도 중요한 기반이 된다.

(2) 실천모델

사회복지실천의 기본 접근 시각인 환경 속의 인간(person in environment)은 사례의 맥락과 배경에 대한 이해를 중시한다. 반면 법은 법적 분쟁이 되는 해당 사례에만 초점을 두어 반드시 객관적 증거에 기반한 하나의 결론을 도출한다는 점에서 접근방식에 차이가 있다. 이에 법 기반 사회복지실천현장에서 사회복지사들은 법 전문직에 비해 보다 넓은 시각을 유지하며 독특한 기술을 가지고 있다(Zajac, 2012). 즉, 사회복지전문직이 갖는 총체적인 시각(holistic perspective)은 취약한 클라이언트에게 자원을 연결하고 심리사회적 지지를 하며, 대상자들의 법적 욕구와 비법률적 욕구를 통합시키는 실천기술로 연결되면서 법 전문가들과의 협업체계를 보다 효율적으로 만드는 데 기여한다는 것이다.

미국 사회사업가협회(NASW, 2008)에서는 사회복지사가 법적 서비스 환경에 통합될 수 있는 6개 모델을 제시하였으며, 이는 각 모델에 따라 사회복지사와 변호사 각각의 의무를 분석하는 데 유용하게 활용된다. 한편 Block과 Soprych(2011)는 NASW에서 제시한 6개 모델을 다음과 같은 3개의 실천모델로 범주화하였다.

① **자문모델**(consultant model) : 이 모델에서 사회복지사는 재판 준비를 목적으로 하는 변호사를 위한 자문의 역할을 하며 클라이언트에게 직접적인 사회복지 서비스를 제공하지는 않는다.

② **다학제적 모델**(multidisciplinary model) : 이 모델에서 사회복지사와 변호사는 각자 독립적으로 일하며 한 서비스에서 다른 서비스로 클라이언트를 의뢰할 경우에만 상호작용을 한다. 사회복지사는 자신의 전문적 사회복지서비스를 직접 제공하는 역할(direct service provider model)을 수행한다.

③ **고용자 모델**(employee model) : 이 모델에서 사회복지사는 법률팀이나 개인변호사 혹은 법률사무소에 고용된 사람으로 법률가–클라이언트 관계를 고수하도록 요구받는다. 그러나 이 모델은 사회복지사의 윤리적 법적 갈등 문제를 해소하기 어려우며 다음의 모델 중 하나에 의해 충족될 필요가 있다.

- **비밀유지 장막**(confidentiality wall) : 이것은 사회복지사를 팀원으로 관여시키거나 협업을 하기 전에 법적 사건을 공개할 것인지 여부를 변호사가 먼저 검토하는 것이다. 이렇게 함으로써 사회복지사가 갈등을 겪을 만한 사례에서의 협업을 차단시킨다.
- **합의모델**(consent model) : 이것은 변호사가 클라이언트로 하여금 사회복지사에게 클라이언트 자신의 문제행위(학대나 방임 등)를 공개하는 데 동의하도록 요구하는 것이다.
- **안내모델**(notice model) : 이 역시 클라이언트에게 변호사와 사회복지사 두 사람의 역할을 알려주고 클라이언트로 하여금 자신의 문제를 공개하도록 격려하는 것이다.

2) 법 기반 사회복지실천을 위한 지식과 기술

(1) 관계법령 내용에 대한 지식

사회복지기관과 사회복지사는 자신의 주된 업무가 직접적으로 도출되는 사회복지법령에 대한 상세한 내용을 알아야 한다. 법령에서 규정하는 개입의 절차와 범위, 관계기관과의 협력, 조치의 판단기준 등 사회복지사의 실천 권한이 무엇이며 해야 할 의무의 내용이 어디까지인지에 대한 지식이다.

한편 주 업무의 직접적인 기반인 사회복지 개별법령뿐 아니라 업무와 관련된 관계법령에 대한 폭넓은 지식 역시 필요하다. 예를 들어, 2014년 시행된 「아동학대범죄의 처벌 등에 관한 특례법」에 의한 아동학대 보호 등의 사회복지실천을 위해서는 다음과 같은 적어도 12개의 관계법령이 관여되어 있으며 이에 대한 내용을 알아야 한다.

사 례 아동학대 관련 사회복지실천을 위해 필요한 법령 예시

- 아동복지법 및 시행령
- 아동학대범죄의 처벌 등에 관한 특례법 및 시행령
- 아동보호심판규칙
- 성폭력방지 및 피해자보호 등에 관한 법률
- 가정폭력범죄의 처벌 등에 관한 특례법
- 형법, 청소년보호법, 아동·청소년의 성보호에 관한 법률
- 교육기본법, 초·중등교육법, 정신보건법
- 경찰관 직무집행법

(2) 법조문 해석기술

특정한 사회복지실천 분야를 규율하는 사회복지법령뿐 아니라 관계법령들이 무엇이 있으며 그 내용을 이해한다는 것은 법조문 하나하나의 정확한 의미를 명확히 한다는 것이다. 예를 들어, 아동학대와 성폭력범죄, 가정폭력범죄를 '판정'하는 법률적 기준이 실제 상황에서 적용될 때 어떻게 해석되어 적용되는지, '응급성'에 대한 법률적 해석과 실제 판단기준은 무엇인지 등 사회복지사의 개입조치와 그 역할

에 영향을 미치는 법률 용어들에 대한 의미를 파악하는 기술이다. 만약에 이러한 해석의 모호성이 있다면 해당 법령 소관부처나 법제처에 법령해석에 대해 질의를 할 수 있다.

사 례 아동방임에 대한 사회복지사와 경찰관의 해석 차이

'아동학대범죄의 처벌 등에 관한 특례법' 제2조 제4호 타목. 자신의 보호, 감독을 받는 아동을 유기하거나 의식주를 포함한 기본적인 보호, 양육, 치료 및 교육을 소홀히 하는 방임행위

경북의 A 아동보호전문기관은 친모의 아동방임이 3번째 신고된 이후 본 기관에서 진행한 상담 등의 서비스 제공만으로 친모의 방임 행위가 개선되지 않아 경찰 수사를 통해 모에게 강력한 경고 메시지가 필요하다고 판단하여 경찰에 수사를 의뢰하였다. 그러나 사회복지사와 경찰관이 함께 아동 거주지를 방문하여 불결한 환경 등을 조사하였음에도 경찰의 수사는 진행되지 않았다. 이는 경찰의 경우 방임을 '보호자가 아동을 유기해서 사망에 이를 정도의 수준으로 만들어야 방임에 해당'한다는 인식과 다른 학대에 비해 방임에 대해 허용적인 태도를 갖는 데서 비롯된 것으로, 동일한 법조문을 해석하는 데 있어 관련 전문가의 판단이 달라 문제가 나타나는 현장의 사례에 해당한다.

(3) 법체계에 대한 지식

일반법과 특별법에서의 적용 우선순위와 효력의 우선순위, 법률에서 위임한 명령과 행정규칙 등의 제정, 사회복지실천 분야 기관과 종사자들의 일관성 있는 개입 실천을 가이드하기 위한 행정지침 등의 내용이 상위법에 근거하고 있는지 등을 살펴야 하며 이를 위해 법의 수직적 체계와 수평적 분류에 따른 성격을 알아야 한다.

만약 특정한 상위법령 조항이 추상적이고 포괄적인 경우 이 업무에 종사하는 사회복지기관과 타 전문직 종사자들의 재량적 판단과 행위를 최소화하기 위해 구체적인 행위의 가이드라인으로서 행정지침이 필요하며 이와 관련된 지침이나 행정규칙을 직접 조각(彫刻)할 수 있는 기술도 필요하다.

(4) 피해자 인터뷰 기술

사회복지사는 경찰과 변호사와는 다른 인터뷰 기술을 훈련받는다. 그런데 피해

자와 관련한 진술의 확보는 그것이 '증거'로서 채택될 수 있어야 하는 것이 중요하다. 아동 피해자 인터뷰 기술에 대해서는 미국 국립아동건강 및 인적개발원(NICHD : The National Institute of Child Health and Human Development, 2011)에서 제시한 인터뷰 가이드가 매우 유용하다. 우리나라에서도 성폭력 피해자 지원을 위한 해바라기센터의 NICHD 프로토콜이 마련되어 있으며(한국여성인권진흥원, 2014), 최근 아동보호전문기관 종사자를 대상으로 아동 피해자를 위한 NICHD 기반 인터뷰 기술을 훈련하고 있다. 기타 인신매매 피해자 식별 및 인터뷰 기술(국제이주기구, 2011), 성폭력 피해자 진술 전문상담 교육(한국성폭력상담소) 등의 프로그램도 운영되고 있다.

한편 대법원은 성폭력 피해아동의 진술의 신빙성 판단 기준을 다음과 같이 제시하고 있다(대법원2006도2520 판례).

> 증거로 제출된 성추행 피해아동이 검찰에서 한 진술의 신빙성을 판단함에 있어서는, 아동의 경우 질문자에 의한 피암시성이 강하고, 상상과 현실을 혼동하거나 기억내용의 출처를 제대로 인식하지 못할 가능성이 있는 점 등을 고려하여,
>
> ① 아동의 나이가 얼마나 어린지,
> ② 그 진술이 사건 발생 시로부터 얼마나 지난 후에 이루어진 것인지,
> ③ 사건 발생 후 그러한 진술이 이루어지기까지의 과정에서 최초로 아동의 피해사실을 청취한 보호자나 수사관들이 편파적인 예단을 가지고 아동에게 사실이 아닌 정보를 주거나 반복적인 신문 등을 통하여 특정한 답변을 유도하는 등으로 아동 기억에 변형을 가져올 여지는 없었는지,
> ④ 그 진술 당시 질문자에 의하여 오도될 수 있는 암시적인 질문이 반복된 것은 아닌지,
> ⑤ 같이 신문을 받은 또래 아동의 진술에 의하여 영향을 받은 것은 아닌지,
> ⑥ 법정에서는 피해사실에 대하여 어떠한 진술을 하고 있는지 등을 살펴보아야 하며,
> ⑦ 검찰에서의 진술내용에 있어서도 일관성이 있고 명확한지, 세부내용의 묘사가 풍부한지, 사건·사물·가해자에 대한 특징적인 부분에 관한 묘사가 있는지, 정형화된 사건 이상의 정보를 포함하고 있는지 등도 종합적으로 검토하여야 한다.

사 례 NICHD 인터뷰 가이드 개요

Ⅰ. **도입(Introduction)**
'안녕하세요, 제 이름은 ○○○이고 사회복지사입니다(방 안에 있는 사람들 모두 소개) 오늘은 *월 *일 *요일이고, 지금 *시입니다. 제가 지금부터 **를 인터뷰하겠습니다. 보시다시피, 이 방에는 비디오 카메라와 녹음기가 있고 우리의 대화는 녹음될 것이며 (진실을 말하는 것이 매우 중요하며, 무엇이 사실이고 무엇이 사실이 아닌지를 예를 들어 설명한다) 만약 내가 질문하는 것이 이해가 되지 않으면 '이해되지 않는다'고 말합니다.'

Ⅱ. **라포 형성(Rapport Building)**
'네가 좋아하는 일들에 대해 말해주겠니?' 등

Ⅲ. **일화 기억 훈련(Training in Episodic Memory)**
- 특정한 이벤트가 있을 당시
  '며칠 전 그때 일어났던 모든 일들을 내게 말해주겠니?'
- 어제 일어난 일
  '너에게 일어난 일들에 대해 정말 알고 싶구나. 어제 일어나서 잘 때까지 있었던 모든 일을 말해주기 바란다.'

Ⅳ. **실체적 내용적 이슈로 전환(Transition to Substantive Issues)**
'너에 대해 조금 더 알게 되었는데, 이제 네가 오늘 여기에 온 이유에 대해 이야기해 보자'.

Ⅴ. **사고에 대한 조사**
- '그들에 대해 모든 것을 설명해 주겠니?', '그 다음 어떤 일이 일어났지?'
- '내게 많은 이야기를 해준 것이 정말 도움이 되었지만 약간 혼란스러운 부분이 있는데, 처음에 말한 그것에 대해 다시 시작해 보자. 네가 가게에 있었다고 말했는데 그 가게는 정확히 어떤 곳이었는지 말해주기 바란다.'

Ⅵ. **휴식**

Ⅶ. **아동이 언급하지 않았던 정보의 유도**
'그런 일들이 다른 아이들에게도 발생했는지 아닌지 알고 있니?'

Ⅷ. **당신이 기대했던 정보를 아이가 말하는 데 실패한다면…**
'네가 그 장소에서 뭔가 말을 했다고 했는데, 무엇에 대해 말했다는 것인지 내게 말해주겠니?'

Ⅸ. **밝혀진 사실에 대한 정보**
'그 일(사건)이 알려진 후에 어떠한 일들이 일어났지?'

Ⅹ. **종결**
'오늘 정말 많은 것들에 대해 이야기해 주었고 도움을 줘서 고맙다.
내가 알아두어야 할 다른 것이 또 있을까?'

Ⅺ. **중립적 주제**
'여기를 떠난 후 오늘 무엇을 할 계획이니?'

출처 : Lamb, M. E., Rooy, D. J., Malloy, L. C., & Katz, C.(2011), Children's Testimony : A Handbook of Psychological Research and Forensic Practice(2nd Ed.). John Wiley & Sons. Ltd.

(5) 경찰 및 법 전문가와의 협업 기술

최근 아동학대와 성폭력 범죄 등의 처벌 특례법 제정에 따라 사회복지현장에서의 실천 과정이 경찰 또는 사법경찰관, 변호사, 검사, 법원 등과의 연계를 통해 진행되는 사례가 빈번해졌다. 다음 |그림 8-1|은 아동학대사례 업무의 전 과정이 진행되는 절차에 아동보호전문기관 및 경찰, 변호사, 검사, 가정법원이 관여되어 있음을 보여준다.

이러한 타 전문직과의 협업 또는 연계의 실행에 있어 타 전문직의 문화와 가치, 개입 여부 판단 및 개입의 우선순위, 법 규정의 해석과 적용방식, 조치의 방법과 판단의 기준 등이 상이함에서 비롯되는 여러 가지 갈등이 발생하게 된다. 무엇보다 사회복지실천현장에 관여하는 관련 전문직 종사자들이 상호 전문직업적 특성을 이해하고 업무에 있어 일관성 있는 개입조치와 판단이 이루어질 수 있도록 관계 전문가 동시 집합교육이나 사례적용 훈련 워크숍 등의 기회가 제도적으로 마련될 필요가 있다.

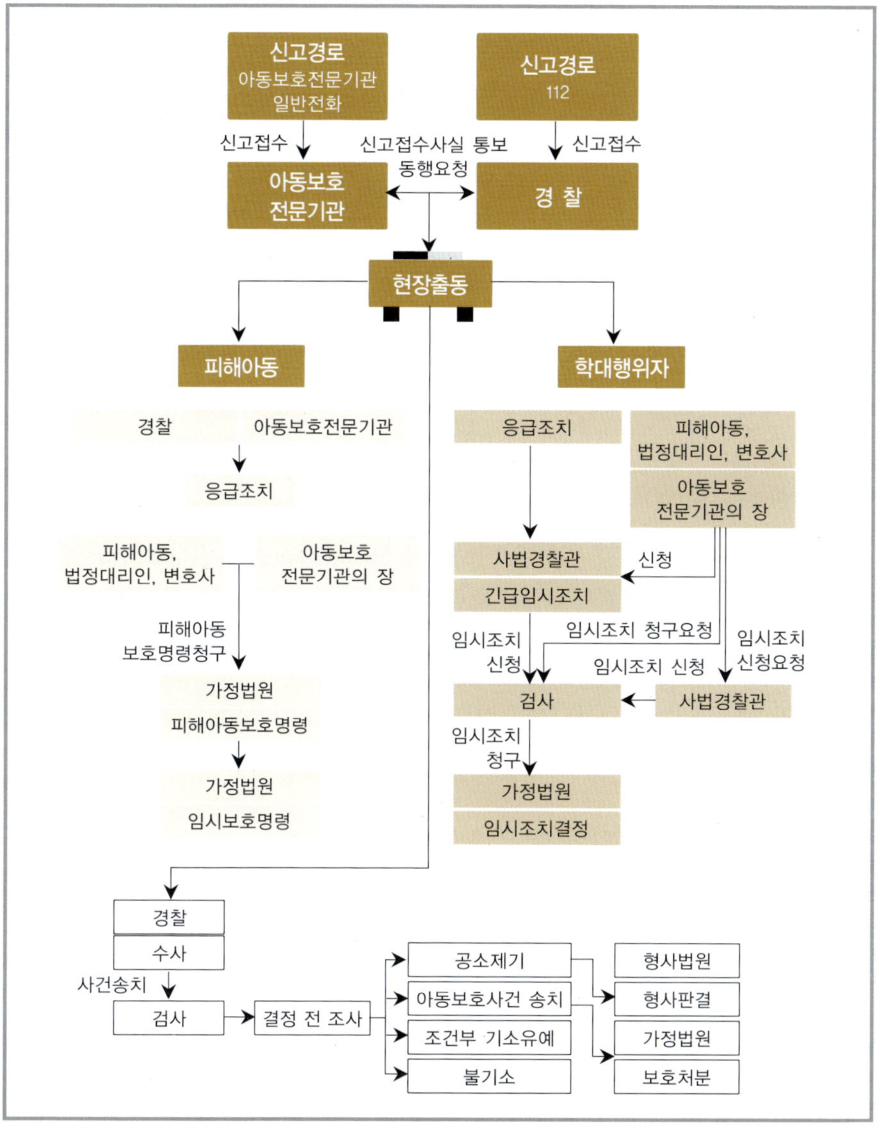

|그림 8-1| 아동학대사례 업무진행도

출처 : 중앙아동보호전문기관 홈페이지(www.korea1391.go.kr).

(6) 법률서비스 안내 및 제공

사회복지이용자가 권리구제에 대한 욕구가 있을 경우 이에 대한 절차와 도움을 받을 수 있는 기관을 소개할 수 있으며 사회복지기관과 사회복지사는 이에 대한 사전 지식이 있어야 한다. 또한 진술조력인[1] 및 법률조력인[2] 제도에 대한 안내, 변호사 선임에 관한 무료법률서비스 안내, 장애인을 위한 사법지원서비스 안내 등을 할 수 있다.

경우에 따라 소송절차를 밟게 되는 아동학대, 가정폭력, 성폭력 피해자를 위해 수사 및 재판의 절차와 단계 등에 대해 필요한 정보를 제공할 수 있다.

(7) 사례관리 및 필요한 서비스 제공

관계법령에 규정된 역할 의무를 비롯하여 사회복지기관의 전문적 판단에 따라 필요한 서비스를 제공하는 것이다. 아동학대 처벌법의 경우 지역아동보호전문기관은 피해아동 및 가족에 대한 지원으로 피해아동 보호시설 및 의료기관으로 인도하는 등의 응급조치, 행위자 접근금지 등 긴급임시조치 신청, 피해아동보호명령 청구, 진술조력인, 국선변호인 선정신청 지원 및 신뢰관계인 동석 등의 서비스를 제공하도록 되어 있다. 또한 아동복지법에 따라 필요한 서비스 제공 및 사후관리를 한다. 상담 및 심리적 지원서비스 등 일반적인 사회복지실천 과정에서 이루어지는 서비스를 제공하는 것이다.

---

1) 진술조력인 제도는 2012. 12. 개정 「성폭력범죄의 처벌 등에 관한 특례법」에 따라 의사소통이나 자기표현이 어려운 성폭력피해아동·장애인을 위해 숙련된 전문인력이 수사나 재판과정에 참여하여 의사소통을 중개·보조함으로써 피해자의 2차 피해를 방지하고 사건의 사실관계를 밝히는 데 기여하는 제도로 1년간의 준비를 거쳐 2013. 12. 19.부터 시행되었다(법무부 보도자료, 2013. 12. 18).

2) 법률조력인 제도는 2011. 9. 개정 「아동·청소년의 성보호에 관한 법률」에 의해 변호인이 없는 성범죄피해 19세 미만 아동·청소년에 대해서 검사가 국선변호인을 지정하여 형사절차에서 피해아동 청소년의 권익을 보호하는 제도로 2012. 3. 16.부터 시행되었다(법무부·대한변호사협회, 2012).

사 례 아동학대 관련 법 기반 사회복지실천의 사례

1. 지역아동보호전문기관 신고내용

- 아동(16세 여아)이 친부에게 신체적 학대를 받았으며, 육안으로 관찰되는 상흔이 있다는 내용으로 신고접수됨

2. 현장조사 및 사례판단 내용

- 조사내용 : 친부가 아동에게 설거지를 지시하자 아동은 내일 하겠다고 답함. 그러자 친부는 아동에게 '씨X년', 'X년', '도움 안 되는 년' 등의 욕설을 하며 위협하였고, 아동이 짜증스러운 반응으로 설거지를 하자 아동의 뺨을 손으로 2~3회 때린 후, 벨트로 아동의 엉덩이와 허벅지를 30~40회 정도 때림. 친부에 의한 학대는 7세 무렵부터 시작되었으며, 빈도는 월 1회로 주로 막대기로 평균 5~6회 정도 때렸었음
- 사례판단 : 신체 · 정서 학대

3. 가정환경 및 경제력

- 아동 가정은 네 식구가 아파트에 살고 있으며, 아동은 친부의 신체학대로 인하여 친구 집에서 생활하고 있었음. 친부는 회사에 다니고, 친모는 가게를 운영하며, 비수급가정임

4. 욕구

- 아동은 친부에 대한 처벌의사와 시설에서 안전히 보호받으며 학업을 지속하기를 희망함

5. 개입 과정

- 신고접수 이후 당일 아동보호전문기관 현장조사 실시 : 아동은 팔, 허벅지, 엉덩이 등에 상흔이 발견되었으며, 사건일 이전 친부에 의한 학대이력에 대해서 파악됨
- 아동분리조치 : 학대가 심각하여 아동을 원가정에서 분리조치함(아동의 분리욕구 반영)
- 수사의뢰 : 아동은 시설보호 및 행위자에 대한 처벌 욕구가 있었으므로 XX경찰서에 사건접수 요청함
- 진술녹화 : 사건 관련 아동은 해바라기센터에서 진술녹화를 하였고, 행위자에 대한 처벌의사를 표현함. 아동은 친부에 의한 신체·정서 학대로 인한 심리적인 불안함을 보였음. 아동학대에 장기간 노출되어 무기력하고, 불안, 남성에 대한 불편함 등 심리적인 불안정감을 보임. 시설보호 후 지속적인 심리치료가 필요하다고 판단됨

6. 법적 조치

1) 임의적 임시조치
- 아동보호전문기관 : 임의적 임시조치 신청(→ 경찰 → 검찰)
  ① 피해아동 또는 가정구성원의 주거, 학교 또는 보호시설 등에서 100미터 이내의 접근금지(제19조 제1항 제2호)
  ② 친권 또는 후견인 권한 행사의 제한 또는 정지(제19조 제1항 제4호)
- 검찰 : 임의적 임시조치 청구
- 법원 : 임의적 임시조치 결정

2) 행위자 보호처분
- 검찰 : 아동보호사건 송치
- 법원 : 보호처분 : 상담위탁(시간)
  형사처벌 : 아동학대범죄의 처벌 등에 관한 특례법 제19조 제4항

3) 법 기반 사회복지실천의 한계

사실상 사회복지법 지식이 일상적 사회복지실천에서 늘 활용되지는 않음에도 불구하고 사회복지사들은 법체계와의 경험을 매우 스트레스로 호소하며, 신임 사회복지사이건 경력이 많은 사회복지사이건 법 지식에 대한 자신감 부족으로 인해 높은 수준의 우려를 나타내고 있다(Preston-Shoot et al., 1997). 사회복지사는 법을 사회복지이용자를 임파워할 수 있는 자원으로 보고자 고군분투하지만, 여전히 법은 겁나고, 갈등적이며, 장애가 되는 것으로 인식된다(Preston-Shoot, 2000).

그러나 법은 진공상태에서 존재하는 것이 아니다. 즉, 법 규정 자체가 행사되는 것이 아니라 조직과 사람을 통해 행사되는 것이다. 따라서 법이 절대적으로 사회복지실천을 위한 명확한 경로(map)를 제공한다는 전제는 잘못된 믿음이라 할 수 있다(Braye & Preston-Shoot, 2006). 이는 사회복지실천현장에서 법이 활용되는 데 다음과 같은 한계가 존재하기 때문이다(Brammer, 2010).

- 법은 사회복지실천을 위한 '경계'를 설정하는 것이며, 항상 명확하고 정확한 행동의 방향과 해답을 제공하지는 않는다.
- 특정 조항들은 다양한 해석의 여지가 있으며 모호할 수 있다.
- 사회복지 법률 용어는 실천과정에서 사용되는 용어들을 제때에 반영하지 못할 수 있다. 예로 산재보험법의 '폐질'[3]이라는 용어는 50년 이상 사용되다가 2018. 6. 12. 일부개정에서야 '중증요양상태'라는 용어로 변경되었다.
- 법은 선제적이기보다는 상황이 발생하면 사후 대응적(reactive)이어서 사회복지실천의 발전과 항상 보조를 맞추지 못할 수 있다.
- 법에는 운영에 필요한 체계의 마련이나 예산, 인력 등 의무조항이 명시되었으나 실제는 갖추어지지 않는 등 법과 현실의 괴리가 있다.

3) '폐질'이란 업무상의 부상 또는 질병에 따른 정신적 또는 육체적 훼손으로 노동능력이 상실되거나 감소된 상태로서 그 부상 또는 질병이 치유되지 아니한 상태를 말한다[(舊)산업재해보상보험법 제5조 제6호].

- 나아가 서로 다른 관계 법에 기반하여 사회복지 분야에 관여하는 서로 다른 전문직이 갖는 특성으로 인해 실제 법의 운영에 많은 문제가 발생하기도 한다. 예를 들어, 사회복지기관과 경찰 및 검사 등 법 관련 기관 전문가들은 동일한 법률 조항을 놓고도 실제 상황에 적용할 때는 전문직에서 훈련된 기준과 관행 등에 의해 그 판단 기준에 차이가 나타나기도 하며 초기부터 종결까지 전 과정이 원활한 사회복지실천의 과정만으로 진행되기 어렵다.
- 법 자체가 차별적으로 보일 수 있다. 예를 들어, 기초연금법에 의한 연금수급요건을 소득인정액의 70% 이하(기초연금법 제3조 제2항)로 할 경우 상위 30%는 상대적으로 차별을 받는 격이 될 수 있다.
- 법체계는 정교한 형식과 절차를 따라야 하는 등 관료적 기계처럼 보일 수 있다.

3. 사회복지 입법 및 사법 체계에서 사회복지사의 역할

1) 입법체계에서 사회복지사의 역할과 기술

(1) 사회복지사의 역할

사회복지법의 입법 배경에는 사회복지사들의 직간접적인 법제정 요청 및 실질적인 법 제정과정에의 참여가 있다(현외성, 2007). 사회복지입법은 사회문제 해결을 위한 사회정책 수립의 핵심이기 때문에 사회복지사는 사회복지대상자의 요구와 사회문제들에 대한 전문가적 서비스 제공의 판단뿐 아니라 법적 검토를 우선하는 것이 필요하다. 입법의 고유 권한은 입법부인 의회에 있지만 행정기관의 정교한 행정규칙 및 사회복지실천 분야의 전문화가 발달됨에 따라 관련 사회복지 입법 기술은 현장의 전문적인 지식을 필요로 하게 된다.

사회복지실천현장에서 발견되는 사회복지법규의 문제를 해결 또는 개선하기 위한 노력이 이루어지지 않는다면 사회복지실천의 발전도 지체될 우려가 있다. 사회복지사는 실천경험에서 법을 통해 해결해야 할 문제가 무엇인지, 구체적으로 어떻게 법 규정을 개선할 것인지를 발견하는 노력이 중요하다.

사회복지사윤리강령(한국, 2001. 12)

Ⅳ. **사회복지사의 사회에 대한 윤리기준**
사회복지사는 필요한 사회서비스 개발, 사회환경 개선, 사회정의를 증진시키기 위한 사회정책의 수립 · 발전 · 입법 · 집행에 적극 참여, 요구, 옹호한다.

사회복지사는 입법절차에 대한 기본 지식을 바탕으로, 새로운 법률의 제정 혹은 개정이 이루어지는 입법체계에서 다음과 같은 역할을 할 수 있다.

① **입법 청원자** : 법률 제정 혹은 개정에 대해 정부 또는 국회에 입법 청원을 할 수 있다. 입법 혹은 개정이 필요한 이유에 대한 입법관계자들의 관심을 환기시키고 주목하게 하는 이슈화 과정이라 할 수 있다. 이때 사회복지 대상자들로부터 입법을 위한 탄원서를 첨부할 수 있다.

② **정보제공자** : 정부 또는 국회의 해당 법률 입법자에게 필요한 자료와 정보를 제공할 수 있다. 문제의 심각성, 사례 등을 정리하고 관련 해외 입법례 등과 같은 지식 정보를 제공하기도 한다.

③ **조직 · 행동가** : 입법을 위해 필요한 여론의 환기와 집합적 행동을 통해 입법에 대한 강력한 의지를 표출할 수 있다.

④ **로비스트** : 국회상임위 의원, 지역구 의원, 정당 전문위원 등 핵심적인 입법전문가에게 정당한 영향력을 행사할 수 있다. 직접적인 접촉, 단체 면담, 편지발송, 상임위원회 증언 등의 역할이다.

⑤ **입법감시자** : 입법 과정 및 입법자의 활동을 면밀히 살피고 감시하는 역할이며 제시된 입법안에 대한 보이콧이나 반대의사 전달 등의 역할을 한다.

(2) 기술

사회복지 입법체계에서 위와 같은 역할을 수행하기 위해서는 법적 지식을 우선 갖추어야 한다. 입법절차를 비롯한 법률제도 및 절차에 관한 일반적 지식, 조사와 인터뷰를 통한 자료의 확보, 법률문서 검색방법, 법률문서 작성 등에 대해 알아야 하며 실제 이를 수행할 수 있는 기술이 있어야 한다.

입법체계에서 사회복지사는 사회복지이용자보다는 정부나 국회 또는 정당, 관련 전문가를 대상으로 하는 실천기술이 더 필요하다. 입법체계에서 사회복지실천을 위해 필요한 기술로 다음의 예를 들 수 있다.

- **문제의 분석 기술**

특정 법 규정으로 인해 발생하는 문제가 무엇인지를 밝혀내고, 해당 문제의 해결을 위해서는 법규 개정이 필요하다는 근거를 객관적이고 타당하게 제시할 수 있는 문제의 분석기술이다.

- **법률을 조각할 수 있는 기술**

법률안, 혹은 법률 개정안의 예를 제시할 수 있는 기술이 필요하다. 현재의 법률 규정과 개정안을 비교해서 설명할 수 있어야 한다. 이를 위해서 사회복지법률의 내용구조, 사용하는 법률 용어, 법률 조항 서술에 친숙할 필요가 있다.

- **영향력을 행사할 수 있는 기술**

해당 사회복지법을 지지할 입법가들을 다수 섭외하거나 혹은 가장 큰 영향력을 행사할 수 있는 입법가를 확보해야 한다. 이들로 하여금 법안 검토 기간, 공청회 개최 등 입법이 추진될 수 있도록 지속적인 계획을 함께 수립한다.

- **여론형성을 위한 기술**

사회복지법 관련 토론회를 직접 개최하거나 언론매체를 통한 보도자료 배포, 피케팅 등 다양한 방식으로 여론을 형성할 수 있는 기술을 포함한다.

사 례 입법과정에서 사회복지실천가의 활동 기법

- 심의할 법안을 회기 중 일찍 또는 회의 시작 전에 미리 소개한다. 이는 의원이 법안에 대한 검토와 계획 마련에 시간적 여유를 주기 위함이다.
- 법안을 지지할 입법가를 한 명 이상 확보한다.
- 다수당의 지지를 얻도록 노력하고 가능하면 두 당의 지지를 얻도록 노력한다.
- 관련 행정기관 단체장의 지지를 확보한다.
- 법안을 지지할 영향력 있는 입법가를 위촉하고 그들이 영향을 행사하도록 한다.
- 공청회를 열도록 압력을 넣고, 거기서 발언이나 증언하도록 준비한다.

출처 : 김 훈(2012), p. 165.

2) 사법체계에서 사회복지사의 역할과 기술

사회복지실천과 관련된 사법제도 자체에 대한 논의는 본 서의 범위를 넘어서는 것임에도 불구하고 미국 등 일부 국가의 치료적 사법제도(therapeutic jurisprudence)는 전문사회복지 실천영역(특히 정신장애)과 사법제도의 밀접한 연관성을 보여준다.

미국의 경우 별도의 '치료법원'을 통해 법원이 치료계획과 프로그램을 제공하며, 일본은 판사와 정신과 의사가 합의체로 재판을 하여 정신장애 범죄인에 대한 치료 결정을 하는 형태이다. 반면 우리나라의 현행 정신장애 범죄인에 대한 사법적 대응 체계는 일반 법원의 형사재판절차로 일원화되어 있고 처우 또한 치료감호를 통한 수용중심으로 설계되어 있는 한계가 있다. 이에 대해 최근 사법과 의료 및 지역사회 재활 영역 간 조화와 협력을 통한 대응체계의 개선방안이 제안되고 있다(조서연, 2019).

본 장에서는 일반적인 사법체계 내에서 사회복지사가 수행하게 되는 역할과 필요한 기술을 제시하고자 한다.

(1) 사회복지사의 역할

국제사회복지사연맹(International Federation of Social Workers, 2004)은 사회복지사의 역할이 다음의 세 가지 핵심 활동 영역에서 이루어지고 있음을 제시하였다.

첫째, 도움을 필요로 하거나 요청하는 개인이나 집단의 욕구 및 그들이 당면한 문제의 원인을 찾아서 사회변화 촉진

둘째, 대인 간, 가족 간, 개인과 그들이 속한 기관 혹은 광범위한 지역사회 내에서의 인간관계 문제 해결

셋째, 지속적인 의존이나 취약함을 유지하는 것이 아닌 스스로의 복지를 증진시킬 수 있도록 임파워링

이러한 사회복지 개입의 영역에 기초하여 사회복지사는 다음과 같은 방식으로 사법체계에 직접적 혹은 간접적으로 영향을 미칠 수 있다(Unicef, 2013 참조).

- **사법체계와 나란히 독립적으로 일하기**

이것은 사회복지사의 예방적 역할과 관련된 것이다. 일차적으로는 개인이나 가족 등 어려움을 호소하며 스스로 찾아오는 이들에게 적절한 사회서비스 제공을 통해 대응하는 것이다. 이차적으로는 보다 적극적으로 위험에 처한 개인이나 가족 스스로 표현된 문제의 근본적인 문제를 규명하도록 대응하는 것이다.

- **사법체계와 연계하기**

사회복지사가 개입하는 사례가 경찰조사가 필요하거나 위법은 아니지만 위험성이 분명할 경우 등 사법체계와 연결되어야 할 때가 있다. 만약 학대 부모가 경찰에 연행될 경우 사회복지사는 그 아동 자녀의 상태를 체크하고 안녕을 보장해야 한다.

- **사법체계 내에서 일하기**

사법체계 내에서 보다 광범위한 임무들이 사회복지 전문가에게 부여되기도 한다. 의견의 청취, 기록의 보고, 법정 진술 등이 해당되는데 주요 역할은 다음과 같다.

① 원고(applicant) : 사회복지사는 아동학대나 가정폭력의 가해자, 장애인 인권유린 시설의 장 등을 상대로 법원에 직접 사건을 소송하는 원고(原告)가 될 수 있다.

② 증인(witness) : 판사나 변호사 등 법 전문가들은 사회복지사의 전문적 판단을

기대할 수 있다. 해당 사건과 관련된 사회복지사의 경험을 바탕으로 증인으로서 법정에서 사실을 증언하도록 요구받을 수 있다. 또한 사건과 관련된 정보와 자료의 제공을 요청받으면 이를 제출해야 한다. 이러한 역할은 증거 제공자의 역할이라 할 수 있다.

③ **보고자**(report writer) : 사회복지사는 재판절차에서 법정으로부터 일정한 양식에 따른 보고서를 제출할 것을 명령받을 수 있다.

④ **옹호자**(advocacy) : 아동이나 발달장애인 혹은 취약한 성인들은 자신들을 대변할 옹호자가 필수적이다. 여기서 옹호자는 법정에서의 법적 변호사와 구별되는 것으로, 법정 외부에서도 이들의 심리적 지지를 위한 역할을 수행한다.

⑤ **보호자**(guardian) : 법원의 심리과정에서 사회복지사는 아동이나 노인 등 약자들을 위한 보호자로서의 역할을 수행할 수 있다. 이들을 대신하여 법원에 대한 보고서 준비나 신문절차를 도우며 반드시 보호자의 동석하에 심리가 이루어지게 된다.

아동복지법 제21조(보조인의 선임 등) ① 법원의 심리과정에서 변호사, 법정대리인, 직계 친족, 형제자매, 아동보호전문기관의 상담원은 학대아동사건의 심리에 있어서 보조인이 될 수 있다. 다만, 변호사가 아닌 경우에는 법원의 허가를 받아야 한다. ② 법원은 피해아동을 증인으로 신문하는 경우 검사, 피해아동과 그 보호자 또는 아동보호전문기관의 신청이 있는 경우에는 피해아동과 신뢰관계에 있는 사람의 동석을 허가할 수 있다.

노인복지법 제39조의8(보조인의 선임 등) ① 학대받은 노인의 법정대리인, 직계친족, 형제자매, 노인보호전문기관의 상담원 또는 변호사는 노인학대사건의 심리에 있어서 보조인이 될 수 있다. 다만, 변호사가 아닌 경우에는 법원의 허가를 받아야 한다. ② 법원은 학대받은 노인을 증인으로 신문하는 경우 본인·검사 또는 노인보호전문기관의 신청이 있는 때에는 본인과 신뢰관계에 있는 자의 동석을 허가할 수 있다

사법체계에서 사회복지사는 변호사 등 법 전문가와의 좋은 협업 관계가 중요하다. Glynn(1994)은 변호사들도 사회복지와 같은 특정 영역에서의 효과적인 활동을 위해서는 해당 분야의 지식이 필요하며 다학제적 시각에서 훈련되어야 함을 주장하였다. 사회복지사는 함께 일하는 변호사로 하여금 클라이언트 및 그와 관련된 상황을 이해하고 클라이언트에게 법적 서비스가 전달될 수 있도록 도울 필요가 있다(Kozakiewicz, 2008).

(2) 전문직으로서 사회복지사와 변호사의 관계

전문직으로서 사회복지사와 변호사는 자치적 기구(사회복지사협회, 변호사협회)가 있고, 훈련과 경험에 의해 축적된 전문화된 지식영역이 있으며, 전문가가 되기 위한 별도의 자격시험이나 훈련기간을 거쳐야 하고, 윤리강령과 같은 자기규제 요소를 갖추고 있다.

변호사 등 법 전문가와의 협업에 있어 사회복지사의 기본적인 역할은 법 전문가를 지원할 수 있도록 클라이언트 인터뷰, 클라이언트의 심리사회적 욕구 사정, 전문서비스 알선 의뢰이다. 또한 법적 쟁송의 외부에 있는 문제들에 대한 다양한 시각을 제공할 수 있으며, 클라이언트가 필요한 법적 과정에 참여할 수 있도록 지속적으로 영향을 미친다(Pierce, et al., 2001). 무엇보다 사회복지사와 변호사 간의 명확하고 개방적인 의사소통이 강한 협업 관계에 있어 중요하며, 각자를 동일한 전문직으로 대하면서 특징적인 역할 규정을 수립하는 것 역시 필요하다(Zajac, 2012).

사회복지사와 변호사가 좋은 협력 관계를 구축하기 위해서는 사례와 관련된 각자의 역할이 무엇이며 서로의 역할이 어떠한 방식으로 매개되는지를 명확히 하는 것이 중요하다. 다음의 표는 아동학대의 사례가 법원으로 이송되기까지 진행되는데 필요한 과정과 그 역할의 주된 책임이 누구에게 있는가를 예시한 것이다.

〈표 8-1〉 법원의 아동학대 사례에서 변호사와 사회복지사의 역할

책임역할	누가 해야 하는가
• 조사보고서	• 사회사업가
• 경찰, 의료전문가, 선생님, 관계자와 사실 논의	• 사회사업가(변호사와 논의하기도 함)
• 진정서 준비	• 변호사의 지도와 사회사업가로부터의 정보를 토대로 법원과 연결
• 청문 당사자에게 알림	• 사회사업가, 법원
• 증인 찾기	• 변호사, 사회사업가
• 증인 준비	• 변호사
• 아동 증인 준비	• 아동의 변호사
• 법정 보고서 준비	• 사회사업가, 변호사가 법적 충분성 검토
• 청문을 위한 증거물 준비	• 변호사(사회사업가가 정리된 사례 파일을 제공해야 함)
• 법원/사법 절차에서 사건 발표	• 변호사

• 당사자 간 법정 합의	• 변호사
• 당사자 간 기관 합의	• 사회사업가, 부모와 아동의 변호사가 참석해야 함
• 자료제출 지속	• 사회사업가
• 가족과 면담 참석	• 사회사업가
• 케이스워크 지속	• 사회사업가(필요시 다른 부서에 사건 이관)
• 부모의 권리 종료 시점 결정	• 변호사 자문하에 사회사업가; 법원
• 범죄소추를 위한 사례 이관	• 사회사업가

출처 : Burry, et al.(2011). Child Welfare in the Court : A Collaboration Between Social work and Law faculty to Prepare social work students for work with the courts. Journal of Public child Welfare, 5, 426-444.

(3) 기술

사회복지사가 사법체계와 나란히 또는 사법체계와 연계하거나 그 안에서 일하기 위해서는 우선 법령에 대한 법리적 해석능력을 갖추어야 한다. 또한 법령이 정한 규칙과 절차를 찾아 해석하고 이러한 적법절차에 대한 준수 여부 등을 판단할 수 있어야 한다. 판례와 서비스 실천과정에서 나타난 증거의 수집, 클라이언트에 대한 공식·비공식적 옹호방법, 판결자료의 준비, 법정에서의 기본적인 증언방법 등의 기본 기술이 필요하다.

① 보고서 작성 기술

사회복지사가 법정에 제출하기 위한 보고서를 작성하는 데 따라야 할 일반적인 원칙은 다음과 같다(Brammer, 2010).

- 기본 정보는 맨 앞 페이지에 기재 – 법원명, 사건번호, 대상자의 이름과 생년월일, 소송의 유형, 보고자 이름과 소속기관 주소 등
- 읽는 이를 위한 명확하고 간결한 용어 사용
- 글자만 있는 조밀한 기술보다는 포인트를 강조하며 기술
- 누구를 위한 보고서인지 기억하고 그에 적절한 형식과 단어 사용
- 보고서의 구조나 길이 고려 – 따라야 할 작성 지침이 있을 수 있음
- 사건의 연대기표를 포함
- 가족구성이 복잡하다면 가계도가 유용

- 특정 분야의 전문용어 사용 지양
- 사실과 견해를 구분
- 법정의 다른 자료에도 있는 내용을 불필요하게 반복하지 않도록 함
- 진실을 가려내는 것은 법정의 고유 직무임을 명시할 것
- 결론은 보고서의 본문에서부터 논리적으로 전개되어야 함
- 객관성이 가장 중요 – 자신의 경험으로부터 도출되는 것이 불가피하지만 보고서가 지나치게 주관적이 되지 않도록 함
- 증거 자료로서 보고서 제출 일정을 엄격히 준수하여야 하나 불가피하게 기한을 넘길 경우 법원의 승인을 구하는 것이 중요

② 법정에서 좋은 증인이 되기 위한 준비

증거로서 자료를 제출하는 보고자의 역할 이외에 사회복지사가 법정에서 해야 하는 많은 역할 중 하나는 법정 증언을 해야 하는 경우이다.

이를 위해 세 가지 단계, 즉 준비하기–친숙해지기–역할하기 측면에서 좋은 증인이 되기 위해 고려해야 할 요소들을 제시한다(Brammer, 2010).

- 준비하기 : 해당 사례에 대해 정확하고 충분히 인지하는 단계이다. 이를 위해 모든 사건에 대해 정확하게 기록하고, 함께 일할 변호사와 좋은 협업 관계를 유지하며, 인정되는 증거에 대한 기본적 이해(증거로서의 채택 여부는 법원이 결정)를 하고 있어야 한다.
- 친숙해지기 : 법정에 대해 친숙해지는 단계로 법정의 위치, 내부 구조, 절차, 법원 직원의 다양한 역할에 대한 지식이 필요하다.
- 역할하기 : 사회복지사 스스로의 인식 단계이다. 전문가로서의 자격과 경력을 수립하며, 증인으로서의 적절한 행동과 복장을 갖추고, 비언어적 표현에도 주의를 기울인다. 정직하고 명확한 발표를 위해 천천히 말하고 개인적 의견은 피하며 평정심을 유지한다.

사 례 사회복지사의 법정 증언을 위한 기술

- 자신감과 자기 확신을 가져라.
- 질문을 주의 깊게 듣고 즉시 답변하라.
- 만약 질문을 듣기 어렵거나 이해하지 못할 경우 다시 질문해 줄 것을 요청하라. 그러나 습관적으로 계속 그렇게 하지는 말라.
- 견해 혹은 결론이 아닌 '사실'을 진술하라(예 아동의 어머니가 비협조적이고 무례하다고 말하는 것이 아니라, 그녀가 말했거나 행동한 것을 정확히 진술).
- 답을 모르거나 기억할 수 없는지 여부를 진술하라(예 정확히 기억이 나지 않는다).
- 명확하고 분명하며 충분히 들릴 수 있게 큰 소리로 말하라.
- 정보를 기억하기 위해 필요할 경우에만 사례 파일을 의뢰한다.

출처 : Burry, et al.(2011).

〈표 8-2〉 법정에서 좋은 증인이 되기 위한 준비

1단계 : 준비	**사건에 대해 알기** • 발생한 모든 일에 대한 정확한 기록 • 변호사와 좋은 업무관계 • 모든 관련 문서의 충분한 사본 제공 • 증거 규정에 대한 기본적 이해 • 관련된 법적 선택의 범위에 대한 지식
2단계 : 적응	**법정에 대해 알기** • 법정의 위치 확인 • 법정의 내부 구조에 익숙하기 • 법정의 절차에 관한 지식 • 법원 직원의 다양한 역할에 대한 지식
3단계 : 역할	**자신의 역할에 대해 알기** • 전문자격과 경험 설정 • 증인으로서의 적절한 행동 생각 • 정직 · 명확 · 정확한 프레젠테이션을 목표 • 적절한 복장 착용 • 법정 서기가 쓸 수 있도록 천천히 발언 • 신체적 언어의 영향력 인식 • 어떠한 개인적 코멘트라도 회피 • 평정심 유지

③ 자료의 보관

정확한 기록의 보관은 사회복지실천의 과정에서도 매우 중요한 일이다. 특히나 법원에 도달하는 사건에 있어서 평소의 정확한 기록의 보관은 증거자료 또는 참고

자료로 매우 중요해진다. 게다가 행정정보공개청구 등 공공정보에 대한 개인의 접근성 보장이 강화되고 있어 공・사 사회복지 실천기관의 자료보관은 더 중요해지고 있다.

자료의 보관 자체뿐 아니라 개인정보의 수집과 정보공유 등에 대해서도 반드시 법에 근거한 절차적 및 합목적성이 강화되고 있다.

④ 장애인 등 사회복지대상자의 사법 접근성 지원

신체적・지적 장애 및 의사소통의 장애를 갖고 있는 장애인들의 사법체계에 대한 접근성을 높이기 위해 법원 동행, 신청서 작성 도움, 휠체어・돋보기・음성확장기, 수화통역사 등 사법기관에서 이용 가능한 서비스에 대한 정보를 파악하여 알려준다. 우리나라 대법원은 지난 2013년 7월 '장애인 사법지원을 위한 가이드라인' 책자를 발간하여 각급 법원 및 판사와 법원공무원이 활용할 수 있도록 하였다. 사회복지사는 이에 대한 지식을 알고 장애인의 사법체계 접근이 필요할 경우 지원할 수 있다.

사 례 **청각장애인의 사법 접근성 문제 사례(2012년)**

영화 '도가니'의 실제 주인공인 인화학교 성폭력 피해자들이 국가를 상대로 낸 손해배상 청구소송 첫 재판에서 청각장애 방청객들을 위한 수화 통역 요구가 받아들여지지 않아 논란이 됐다. 2012년 9월 4일 서울중앙지방법원 민사합의10부(성지호 부장판사) 심리로 열린 1차 변론기일에서 원고 측 대리인은 '청각장애가 있는 방청객을 위해 수화를 하게 해달라'고 재판부에 요청했으나 법원은 이를 기각했다.
이날 재판에는 서울에 거주하는 인화학교 총동문회 10여 명이 방청을 하기 위해 참석했으며, 원고 측 대리인은 본격적인 심리에 앞서 이들을 위해 법률서비스 차원에서 재판을 수화로 통역하게 해달라고 재판부에 요청했다. 그러나 재판부는 "방청객은 원고도 아니고 대리인도 아니기 때문에 불필요하다. 원고가 아니면 수화 통역을 허용할 수 없다"고 입장을 밝혔다.
수화 통역 요구가 기각된 상태로 재판이 진행되던 중, 인화학교 총동문회 회장이 일어나 "도무지 무슨 내용인지 알아들을 수가 없다. 수화 통역을 해달라"며 이의를 제기했다. 그러자 재판부는 "소송의 당사자가 아닌 방청객이 청각장애인인 경우 통역인에 관해 아무런 규정이 없고, 원고 측이 지정한 통역인의 지위 등을 확인하지 않았으므로 이를 허가할 수 없다"며 "재판이 끝나고 원고 측 대리인에게 내용을 듣길 바란다"고 답했다.
이어 "다음 재판에 원고 측이 절차를 준수해 통역 허가를 신청하면 적극적으로 허가를 검토할 예정"이라고 덧붙였다.

출처 : 국민일보(2012. 9. 4); 연합뉴스(2012. 9. 4).

사 례 장애인 사법지원을 위한 가이드라인(대법원, 2013년)

- 대법원은 장애인의 권리 보장에 대한 그간 사법부의 계속된 노력을 체계적으로 정리 및 보완하여 '장애인 사법지원을 위한 가이드라인'을 발간하고 각급 법원에 배포하였다.
- '장애인 사법지원을 위한 가이드라인'은 지체장애 · 뇌병변장애, 시각장애, 청각장애 · 언어장애, 정신적 장애 등 각 장애유형별 특성에 따라 소송절차의 각 단계에서 법원이 제공할 수 있는 사법지원 방안을 체계적으로 제시함으로써, 판사 및 법원공무원이 소송절차에 참여하는 장애인을 위하여 사법서비스를 제공하는 데 있어 상세하고 친절한 길잡이 역할을 하며, 궁극적으로 장애인의 사법접근성을 높이는 결과를 가져올 것으로 기대하였다.
- 장애인이 원고나 피고, 형사상 피고인 또는 증인이나 배심원 등으로 소송절차에 참여하게 되는 경우, 법원에 비치된 '장애인 사법지원 신청서' 양식에 내용을 써서 재판부에 제출하거나, 서류접수 시 또는 소송절차 등에서 직접 말로 장애 유형과 정도 및 필요한 지원 내용을 재판부에 알려주면, 재판부는 지원의 필요성을 결정하여 각 소송단계별 필요한 지원을 제공하도록 하였다.
  - 휠체어, 보청기, 음성증폭기, 독서확대기, 화면낭독 프로그램이 설치된 컴퓨터 사용, 수화통역, 문자통역뿐 아니라 법원공무원 등이 장애인의 신체적 활동이나 의사소통을 보조하는 서비스
  - 장애인이 장애 때문에 소송의 내용이나 절차 진행 정도를 제대로 알지 못하여 소송에서 불이익을 받는 일이 없도록 장애유형별로 판사 및 법원공무원이 유의해야 할 사항
  - 법원의 장애인 사법지원에 관해서, 대한민국 법원 홈페이지 내 전자민원센터의 재판지원에서 장애인 사법지원 안내문을 게시하고 사법지원 신청서 등을 다운받을 수 있도록 함
- 대법원은 시각장애인을 위한 화면낭독 프로그램을 각급 법원 민원인용 컴퓨터에 설치하도록 하였을 뿐 아니라, 이번 가이드라인 발간을 맞아 각급 법원에 음성증폭기와 독서확대기를 추가 배포함으로써, 실질적인 사법지원이 이루어질 수 있도록 준비하고 있다.
- '장애인 사법지원을 위한 가이드라인' 발간은 사법사상 처음으로, 시행 후 부족한 점과 다양한 개선 의견을 반영하여 앞으로 계속적으로 보완해 나갈 예정이다.
- 사법부는 이러한 제도적, 물질적인 지원에 그치지 않고, 나아가 '인식 개선 교육' 등을 통하여 장애인 등 소수자 및 사회적 약자의 권리에 대하여 '배려'의 차원이 아니라 당연한 '권리보장'이라는 확고한 인식을 바탕으로 한 사법지원을 제공함으로써, 장애인의 사법접근성을 한 차원 높이기 위한 노력을 계속할 것이라 발표하였다.

요 약

- 인간의 존엄성, 클라이언트 권익 최우선, 자기결정권, 비밀유지 및 정보제공 동의, 차별대우 금지, 업무책임 및 신의성실 등 사회복지실천의 가치는 우리나라 사회복지 개별 법률에 표현되어 있다.
- 법 기반 사회복지실천은 사회복지법제의 구조기능적 통합체계에 대한 지식을 가지고 사회복지전문직으로서의 가치에 기반한 실천기술을 행하는 것이다. 사회복지실천 과정에서 법 지식을 클라이언트의 문제해결에 적극 활용하는 것, 법적 욕구나 법적 분쟁에 있는 클라이언트에 대해 총체적인 시각(holistic perspective)을 유지하며 취약한 클라이언트에게 자원 연결, 심리사회적 지지, 대상자들의 법적 욕구와 비법률적 욕구를 통합시키는 실천기술, 법 전문가들과 효율적 협업체계를 만드는 것, 입법체계에서 사회복지법 제정 또는 개정을 위한 실천노력, 사법체계에서 원고, 증인, 보고자 등의 역할에 이르기까지 다양하다.
- 법 기반 사회복지실천 모델로 자문모델, 다학제적 모델, 고용자 모델이 있으며 각 모델에 따라 사회복지사의 주된 역할에 차이가 있다. 사회복지사의 법적 유능감은 실천역량 강화의 기반이 된다.
- 사회복지실천현장에서 사회복지법규의 문제를 해결 또는 개선하기 위한 실천노력이 필요하며 입법체계에서 사회복지사는 입법청원자, 정보제공자, 조직행동가, 로비스트 등의 역할을 수행한다. 이러한 역할 수행을 위해 문제의 분석기술, 법률을 조각할 수 있는 기술, 영향력을 행사할 수 있는 기술, 여론형성을 위한 기술 등이 필요하다.
- 사회복지사는 사법체계와 독립적으로 전문적 실천을 통해 사법적 문제가 발생하는 것을 예방할 수 있으며(사법체계와 나란히 일하기), 경찰이나 법원 등 사법체계와 연계한 사례를 담당하기도 하고, 원고나 증인, 보고자, 옹호자, 보호자로서 직접적인 사법체계 내에서 일하기도 한다. 사법체계 내에서 사회복지사는 보고서 작성이나 법정 증언, 자료의 보관, 장애인 등 사회복지 대상자의 사법접근성 지원을 위해 필요한 기술을 익혀야 한다.

참고문헌

관계부처 합동(2014). 아동학대 유관기관 공동업무 수행지침.

국제이주기구(IOM) 한국대표부(2011). 피해자식별 및 인터뷰 기술. **IOM인신매매방지 교육지침서.**

김 훈(2012). **사회복지법제론.** 서울 : 학지사.

대법원(2013). 장애인 사법지원을 위한 가이드라인.

박경일 외(2010). **사회복지학강의.** 경기 : 양서원.

법무부 보도자료(2013. 12. 18).

법무부 · 대한변호사협회(2012). 법률조력인 업무 매뉴얼.

양옥경 · 김정진 · 서미경 · 김미옥 · 김소희(2011). **사회복지실천론**(개정4판). 경기 : 나남.

조서연(2019). 정신장애 범죄인에 대한 형사법적 대응방안의 개선 : 치료감호 · 치료명령을 중심으로. 이슈와 논점, 제1581호. 국회입법조사처.

한국사회복지사협회(2001). 사회복지사윤리강령.

한국여성인권진흥원(2014). 해바라기센터 서비스 지원 매뉴얼.

현외성(2007). **한국사회복지법제론.** 경기 : 양서원.

Albert, R.(2000). *Law and Social Work Practice*(2nd ed.). NY : Springer.

Block, M. T., & Soprych, A.(2011). Beyond advocacy alone : Incorporating social work into legal aid practice. *Clearinghouse Review Journal of Poverty Law and Policy, 44,* 9-10.

Brammer, A.(2010). *Social Work Law*(3rd ed.). Pearson.

Braye, S., & Preston-Shoot, M.(2006). The role of law in welfare reform : critical perspectives on the relationship between law and social work practice. *International Journal of Social Welfare, 15,* 19-26.

Braye, S., Preston-Shoot, M., & Johns, R.(2005). Law in social work education : Reviewing the evidence on teaching, learning and assessment. *Social Work Education, 24*(5), 547-563.

Broadbent, G., & White, R.(2003). Identifying underlying principles in social work law : a teaching and learning approach to the legal framework of decision making. *Social Work Education, 22*(5), 445-459.

Buck, A., & Smith, M.(2013). Back for the future : a client centred analysis of social welfare and family law provision. *Journal of Social Welfare and Family Law, 35*(1), 95-113.

Burry, L. C., Shdaimah, S. C., Richardson, L., & Rice, K.(2011). Child Welfare in the Court : A Collaboration Between Social Work and Law Faculty to Prepare Social Work Students for Work With the Courts. *Journal of Public Child Welfare, 5,* 426-444.

Canadian Association of Social Workers(2005). Code of Ethics.

Forgey M., & Colarossi, L.(2003). Interdisciplinary social work and law : a model domestic violence curriculum. *Journal of Social Work Education, 39*(3), 459-477.

General Social Care Council(2002). Core Values for Social Work Practice.

Glynn, G.(1994). Multidisciplinary representation of children : Conflicts over disclosures of client communication. *John Marshall Law Review, 27,* 617-656.

Lamb, M. E., Rooy, D. J., Malloy, L. C., & Katz, C.(2011). *Children's Testimony : A Handbook of Psychological Research and Forensic Practice*(2nd ed.). John Wiley & Sons. Ltd.

Kozakiewics, J.(2008). Social work and Law : A Model approach to interdisciplinary education, practice, and community-based advocacy. *Family Court Review, 46*(4), 598-608.

National Association of Social Worker(January 2008). Legal and Ethical Issues in Social Worker-Lawyer Collaborations. Legal issue of the month. Retrieved from : www.socialworkers.org/ldf/legal_issue/200801.asp

________________________(2008). Code of Ethics.

________________________. Legal and Ethical Issues in social Worker & Lawyer Collaborations. Retrieved from : www.socialworkers.org/ldf/legal-issue/200801.asp

Pierce, C. T., Gleasonwynn, P., & Miller, M. G.(2001). Social Work and Law. *Journal of Gerontological Social Work, 34*(3), 61-71.

Preston-Shoot, M., Roverts, G., & Vernon, S.(1998). Working together in social work law. *Journal of Social Welfare and Family Law, 20*(2), 137-150.

________________________(2001). Values in social work law : strained relations or sustaining relationships?. *Journal of Social Welfare and Family Law, 23*(1), 1-22.

Social Worker Registration Board(2014). Core Competence Standards. www.swrb.govt.nz.

Stein, J. T.(2004). *The Role of Law in Social Work Practice and Administration.* Columbia University Press. USA.

UNICEF(2013). The role of Social Worker in Juvenile Justice.

Zajac, T.(2012). Social Work and Legal Services Integrating Disciplines : Lessons from the Field. Legal Aid Association of California. Retrieved from : www.calegaladvocates.org/library/attachment.205765

중앙아동보호전문기관 홈페이지. www.korea1391.org

국제사회복지사연맹(IFSW) 홈페이지. www.ifsw.org.

Chapter

9

사회보장기본법의 이해

본 장의 목표

사회보장제도에 관한 기본 사항을 규정하기 위한 법률로서 사회복지법 내부 체계에서 기본법적 위치에 있는 사회보장기본법을 형식적 및 내용적 측면에서 접근하고 사회보장기본법 관련 정책사례와 판례를 통해 통합적으로 접근한다. 본 장을 학습하고 난 뒤 :

- 사회보장기본법의 연혁과 형식적 구조를 이해한다.
- 사회보장기본법의 목적과 범위, 사회보장제도의 운영 및 사회보장수급권 등 법의 내용을 파악한다.
- 사회보장기본법 관련 판례를 이해한다.

주요 용어

- 사회보장에 관한 법률
- 사회보험
- 사회보장수급권
- 사회보장정보시스템
- 권리구제
- 사회보장기본법
- 공공부조
- 평생사회안전망
- 사회보장 기본계획
- 구상권
- 사회보장위원회
- 사회서비스
- 사회보장전달체계
- 신청주의

본 장의 핵심

사회보장기본법은 사회보장제도에 관한 기본 사항을 규정하기 위한 법률로서 사회복지법 내부 체계에서 기본법적 위치에 있다. 그런데 1963년 최초 제정된 「사회보장에 관한 법률」이 공포된 이후 1995년 사회보장기본법이 제정될 때까지 형식적으로나마 30년 넘게 유지되어 왔으니, 실제적인 기본법 제정은 매우 늦게 이루어진 것이라 하겠다. 최근 사회보장기본법은 2012년에 전면개정이 이루어졌는데 이른바 박근혜 정부의 생애주기별 맞춤형 복지라는 한국형 복지모델을 기초한 것이다. 사회보장의 개념정의가 변화되고 사회보장정책 기본 방향이 제시되는 방향으로 개정이 이루어졌다. 기본법의 전면개정 이후 「사회보장급여의 이용 · 제공 및 수급권자 발굴에 관한 법률」이 제정되는 등 사회복지법 체계의 변화로까지 이어지고 있다. 나아가 본 법의 개정 조항을 기반으로 정부의 제1차 사회보장 기본계획이 수립되는 등 정책화의 모습도 나타나고 있다.

그러나 사회보장위원회 운영의 문제 및 보건복지부와 지방자치단체 간 동의와 합의에 기초해야만 사회보장제도의 변경이 가능하게 되는 등 법 시행과정에서의 문제점 또한 지적되고 있다(김남희, 2015).

본 장에서는 이러한 사회보장기본법을 형식적 구조와 내용적 측면에서 이해하고 사회보장기본법 규정의 정책화 사례 및 관련 판례를 통해 통합적인 접근을 하고자 한다.

Chapter

9 사회보장기본법의 이해

1. 사회보장기본법의 연혁과 형식체계

1) 사회보장기본법의 연혁

(1) 「사회보장에 관한 법률」의 제정(법률 제1437호, 1963년)

우리나라 최초의 사회보장 관련 기본법은 1963년 법률 제1437호로 제정된 「사회보장에 관한 법률」이다. 동 법률이 제정된 시기는 1961년 5월 16일 이후 1963년 12월 26일 제3공화국 박정희 대통령 취임 이전에 해당되는 시기이다. 법률은 국가재건최고회의 의결로 확정되었고 대통령직무대행으로 국가재건최고회의 의장(박정희)의 명으로 공포되었다.[1)]

「사회보장에 관한 법률」은 국민의 아름다운 생활을 도모하기 위한 사회보장제도의 확립과 효율적인 발전을 기하기 위함을 목적(제1조 목적)으로 총 7조로 구성되어 있었으나 실재적 효력보다는 형식적 법률에 지나지 않았다. 법률에서 정의하고 있는 사회보장은 '사회보험에 의한 급여'와 '무상으로 행하는 공적부조'만을 포함하고 있으며(제2조 사회보장의 정의), 사회복지사업 등이 제외되는 등 오늘날의 사회보장 범위와 차이가 있음이 발견된다.

사회보장제도 운영의 주체로 사회보장에 관한 법률에서는 정부가 사회보장사업

1) 당시 비상입법기구였던 국가재건최고회의는 2년 반여 기간에 1천 8건의 법률을 만들었으며 이는 우리나라 총 법률의 62퍼센트에 해당하는 양이었다고 한다(박병호, 1991).

을 행하며 필요하다고 인정할 때 그 일부를 지방자치단체 또는 기타의 법인으로 하여금 행하게 할 수 있다고 명시(제3조 제1항)하였다. 또한 정부가 사회보장사업을 행할 때 국민의 자립정신을 저해하지 않도록 하며(제3조 제2항), 경제적 실정을 참조하여 순차적으로 법률이 정하는 바에 의해 행하도록 규정(제3조 제3항)하였다. 이러한 규정을 통해 1960년대 정부의 복지정책은 선 경제성장 후 복지정책, 선 개인책임 후 국가책임이었음을 알 수 있다.

사회보장심의위원회도 보건사회부 장관 소속하에 두도록 규정(제4조)하고 관계 행정부처 2급공무원 이상, 노동자 및 사용자 대표 등 11명 이내의 위원으로 구성한다는 규정만 있을 뿐 특별한 기능과 역할에 대해서는 규정이 없다.

사회보장에 관한 법률은 1961년 5·16 군사쿠데타로 집권한 군사정권의 정당성과 국민의 지지를 이끌기 위한 조치로서 형식적 입법이었다는 비판을 받고 있다. 그러나 사회복지 법제론의 측면에서, 동 법률은 1962년 제5차 헌법개정을 통해 명문화된 '인간다운 생활을 할 권리'와 '국가의 사회보장 증진을 위한 의무'라는 헌법의 기본권을 실현하기 위한 최초의 입법적 조치였다는 데 의의를 찾을 수 있다. 또한 절대빈곤의 시대적 상황에서 사회보장에 대한 선 개인책임 원칙과 경제정책의 후순위로서 복지정책, 미완성된 사회보장제도의 범위 등 우리나라 초기 사회보장의 모습을 법률을 통해 상징적으로 파악할 수 있다.

(2) 사회보장기본법의 제정(법률 제5134호, 1995. 12. 30. 제정)

1963년 제정된 「사회보장에 관한 법률」은 30여 년 동안 유지되어 왔다. 그러나 우리나라의 경제·사회의 발전수준과 국민의 복지욕구에 부합하는 사회보장제도를 확립하기 위한 실질적인 법률이 필요했으며 이에 사회보장에 관한 법률을 폐지하고 사회보장기본법을 제정하였다. 제정 사회보장기본법은 모든 국민이 인간다운 생활을 할 수 있도록 최저생활을 보장하고 사회공동체의 참여가 가능하도록 개개인의 생활수준을 향상시킴으로써 복지사회를 실현하는 것을 사회보장제도의 기본 이념으로 천명하였다.

사 례 「사회보장에 관한 법률」 원본(1963. 11. 5. 관보 게재)

(4) 第3581號 官 報 1963. 11. 5 (火曜日)

國家再建最高會議의 議決로 確定된 社會保障에관한法律을 이에 公布한다.

大統領權限代行
國家再建最高會議
議 長 朴 正 熙 ㊞

1963年11月5日

內閣首班 金 顯 哲
保健社會部長官 鄭 熙 燮

⊙法律第1,437號

社會保障에관한法律

第1條 (目的) 이 法은 國民의 人間다운 生活을 도모하기 위한 社會保障制度의 확립과 그 效率的인 발전을 기함을 目的으로 한다.

第2條 (社會保障의 定義) 이 法에서 "社會保障"이라 함은 社會保險에 의한 諸給與와 無償으로 행하는 公的扶助를 말한다.

第3條 (社會保障事業의 管掌 및 그 內容)
①政府는 社會保障事業을 행하며 필요하다고 인정할 때에는 그 一部를 地方自治團體 또는 기타의 法人으로 하여금 행하게 할 수 있다.
②政府는 社會保障事業을 행함에 있어서 國民의 自立精神을 阻害하지 아니하도록 하여야 한다.
③社會保障事業은 國家의 經濟的實情을 參酌하여 順次的으로 法律이 정하는 바에 의하여 행한다.
④第1項의 規定에 의하여 社會保障事業을 地方自治團體 또는 法人으로 하여금 행하게 할 경우에는 그 費用은 國庫가 負擔한다.

第4條 (社會保障審議委員會) ①社會保障에 관한 중요事項에 대한 諮問에 응하게 하기 위하여 保健社會部長官 소속하에 社會保障審議委員會(이하 "委員會"라 한다)를 둔다.
②保健社會部長官은 社會保障에 관한 計劃을 樹立하고자 할 때에는 미리 委員會의 諮問을 거쳐야 한다.

第5條 (委員會의 構成) ①委員會는 委員長 1人과 副委員長 2人을 포함한 委員 11人 이내로 構成한다.
②委員長은 保健社會部次官이 되고, 副委員長은 委員중에서 互選한다.
③委員은 다음 각號의 者중에서 保健社會部長官이 위촉한다.
1. 關係行政部處의 2級公務員이상의 者.
2. 勤勞者를 代表하는 者 및 使用者를 代表하는 者.
3. 社會保障에 관한 學識과 經驗이 있는 者.
④委員의 任期는 2年으로 한다. 다만, 公務員인 委員의 任期는 그 在職期間으로 한다.
⑤補缺委員의 任期는 前任者의 殘任期間으로 한다.
⑥委員會의 運營에 관하여 필요한 事項은 閣令으로 정한다.

第6條 (關係行政機關의 協力) ①委員會는 關係行政機關에 대하여 社會保障에 관한 資料의 제출과 委員會의 業務에 관하여 필요한 協力을 要請할 수 있다.
②關係行政機關은 委員會로부터 前項의 要請을 받은 때에는 이에 응하여야 한다.

第7條 (施行令) 이 法 施行에 관하여 필요한 事項은 閣令으로 정한다.

附 則

이 法은 公布한 날로부터 施行한다.

國家再建最高會議의 議決로 確定된 産業災害補償保險法을 이에 公布한다.

大統領權限代行
國家再建最高會議
議 長 朴 正 熙 ㊞

1963年11月5日

內閣首班 金 顯 哲
保健社會部長官 鄭 熙 燮

⊙法律第1,438號

産業災害補償保險法

第1章 總 則

第1條 (目的) 이 法은 社會保障에 관한 法律에 의하여 産業災害補償保險事業(이하 "保險事業"이라 한다)을 행함으로써 勤勞者의 業務上의 災害를 신속하고 公正하게 補償함을 目的으로 한다.

第2條 (保險의 管掌과 保險年度) ①이 法에 의한 保險事業은 保健社會部長官이 이를 管掌한다.
②이 法에 의한 保險事業의 保險年度는 每年 1月1日부터 12月31日까지로 한다.

第3條 (用語의 定義) ①이 法에서 "業務上의 災害"라 함은 業務遂行중 그 業務에 기인하여 발생한 災害를 말한다.
②이 法에서 "勤勞者"·"賃金" 또는 "平均賃金"이라 함은 勤勞基準法에 規定된 "勤勞者"."賃金" 또는 "平均賃金"을 말한다.

출처 : 국가기록원 홈페이지(www.archives.go.kr).

사회보장의 범위에 사회보험 · 공공부조 · 사회복지서비스 및 관련 복지제도를 포함하여 사회보장의 제도적 범위를 갖추는 토대를 마련하였다. 또한 사회보장에 대한 국가 및 지방자치단체의 책임 · 역할 및 비용부담을 명시하고, 민간 부문이 적극적으로 참여할 수 있는 여건을 조성하도록 하였다. 사회보장 급여를 받을 권리로서 사회보장수급권을 명시하였으며 급여의 수준, 급여의 보호와 제한 등 권리 보호 규정을 담았다. 보편성, 형평성, 민주성, 제도적 연계성, 전문성을 사회보장제도의 기본적인 운영원칙으로 제시하였으며, 지역적 균등분포, 원활한 업무조정, 국민의 이용상 용이성이라는 전달체계의 기본 원칙도 제시하였다. 또한 사회보장에 관련된 분야에는 전문인을 우선적으로 배치하도록 하였다.

(3) 사회보장기본법 전부개정(법률 제11238호, 2012. 1. 26)

1995년 제정된 사회보장기본법은 이후 몇 차례의 부분 개정이 있어 오다가, 2012년 1월 26일 현재의 사회보장기본법 내용으로 전부개정되는 변화가 있었다.

전부개정의 이유(국가법령정보센터 참조)는 여러 부처에서 사회보장정책을 관장함에 따라 일관성 있고 효과적인 정책 수립 및 집행에 한계가 있으며, 모든 국민이 평생 동안 겪는 다양한 사회적 위험을 포괄하지 못한다는 문제인식에서였다. 이에 사회정책과 경제정책을 통합적으로 고려하여 국민의 보편적・생애주기적인 특성에 맞게 소득과 사회서비스를 함께 보장하는 방향으로 사회보장제도를 확대・재정립함으로써 미래지향적인 건강한 복지국가를 설립할 수 있는 토대를 마련하고자 전부개정하였다.

개정을 통한 가장 큰 변화는 첫째, 기본 이념 규정으로 기존 국민의 최저생활보장 이념에서 사회적 위험으로부터 벗어나 자립할 수 있도록 지원함과 사회참여 및 자아실현에 필요한 제도적 여건 조성 내용이 추가된 것이다. 둘째, 사회보장의 정의 부문으로 출산, 양육을 사회적 위험으로 포함하여 보호하고, 사회복지서비스와 관련 복지제도를 사회서비스로 포괄하여 확대하며, 기본욕구와 특수욕구를 고려하여 소득・서비스를 보장하는 맞춤형 사회보장제도인 평생사회안전망의 개념을 도입한 것이다. 셋째, 사회보장 장기발전 방향을 사회보장기본계획으로, 사회보장심의위원회를 사회보장위원회로 명칭과 위상을 변경한 것이다.

기타 개정 사회보장기본법에서는 국가와 지방자치단체의 책임으로 모든 국민의 삶의 질을 평생 안전하게 유지・증진하기 위하여 평생사회안전망의 구축, 사회서비스 보장, 소득 보장을 위한 시책 등을 마련하도록 하였다. 또한 국민의 사회보장 수급권 보장 및 재정의 효율적인 운용을 위하여 사회보장급여 관리체계의 구축 및 운영, 사회서비스의 품질기준 마련, 평가 및 개선 등을 위한 전담기구를 설치·운영할 수 있도록 하였다.

2) 사회보장기본법의 형식적 체계

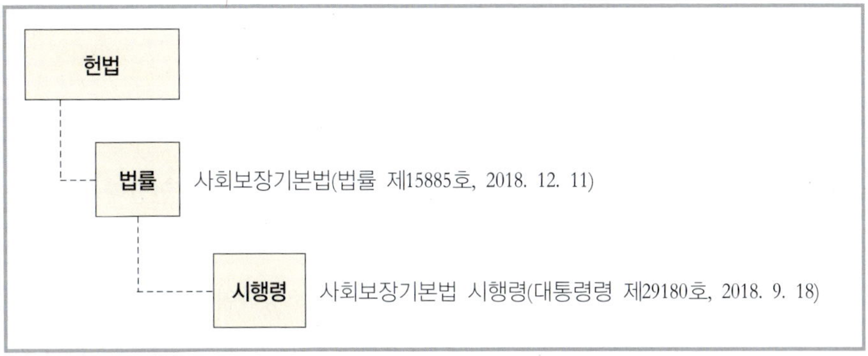

|그림 9-1| 사회보장기본법의 상하위법령 체계

사회보장기본법은 헌법 제34조 제1항 규정인 "모든 국민은 인간다운 생활을 할 권리를 가진다"는 인간다운 생활을 할 권리를 실현하기 위해 의회를 통해 제정된 법률 형태라 할 수 있다. 즉, 헌법 제34조 이념에 따른 헌법의 하위규범이며, 사회보험·공공부조·사회서비스에 대한 개별 실정법을 총체적으로 지휘하는 기본법이다.

사회보장기본법은 사회보장제도에 관한 기본 사항을 규정하기 위한 법률(제1조)임과 동시에 사회보장에 관한 다른 법률을 제정하거나 개정하는 경우 이 법에 부합하도록 하여야 함을 규정(제4조)하고 있어 사회복지 법률상 기본법적 지위를 명확히 하고 있다. 사회보장기본법과 법률에 의해 위임받은 사항에 대한 법령으로 시행령이 존재하며 시행규칙은 없다.

2. 사회보장기본법의 내용적 구성

1) 법의 목적과 이념

(1) 법의 목적(제1조)

- 사회보장에 관한 국민의 권리와 국가 및 지방자치단체의 책임을 정하고,
- 사회보장정책의 수립·추진과 관련 제도에 관한 기본적인 사항을 규정함으로써,
- 국민의 복지증진에 이바지하는 것을 목적으로 한다.

(2) 법의 이념(제2조)

- 모든 국민이 다양한 사회적 위험으로부터 벗어나 행복하고 인간다운 생활을 향유할 수 있도록 자립을 지원하며,
- 사회참여·자아실현에 필요한 제도와 여건을 조성하여 사회통합과 행복한 복지사회를 실현하는 것을 기본 이념으로 한다.

(3) 사회보장에 관한 책임

① 국가와 지방자치단체의 책임

- 국가와 지방자치단체는 모든 국민의 인간다운 생활을 유지·증진하는 책임을 가지며(제5조 제1항),
- 사회보장에 관한 책임과 역할을 합리적으로 분담한다(제5조 제2항).
- 국가 발전수준에 부응하고 사회환경 변화에 선제적으로 대응하며, 지속가능한 사회보장제도를 확립하고 매년 이에 필요한 재원을 조달한다(제5조 제3항).
- 국가는 사회보장제도의 안정적 운영을 위해 중장기 사회보장 재정추계를 격년으로 실시하고 이를 공표한다(제5조 제4항).

② 국가 등과 가정

- 국가와 지방자치단체는 가정이 건전하게 유지되고 그 기능이 향상되도록 노력해야 하며(제6조 제1항),
- 사회보장제도 시행 시 가정과 지역공동체의 자발적인 복지활동을 촉진하여야 한다(제6조 제2항).

③ 국민의 책임

- 모든 국민은 자신의 능력을 최대한 발휘하여 자립 · 자활할 수 있도록 노력해야 하며(제7조 제1항),
- 경제적 · 사회적 · 문화적 · 정신적 · 신체적으로 보호가 필요한 사람에게 지속적인 관심과 보다 나은 삶을 누릴 수 있는 사회환경 조성에 협력하고 노력해야 하고(제7조 제2항),
- 사회보장급여에 필요한 비용의 부담, 정보의 제공 등 국가의 사회보장정책에 협력해야 한다(제7조 제3항).

2) 사회보장의 범주와 비용의 부담

(1) 사회보장

- (정의) 출산, 양육, 실업, 빈곤 및 사망 등의 사회적 위험으로부터 모든 국민을 보호하고 국민 삶의 질을 향상시키는 데 필요한 소득 · 서비스를 보장하는 '사회보험', '공공부조', '사회서비스'를 말한다(제3조 제1호).
- (제도운영의 원칙) 사회보험은 국가의 책임으로 시행하고, 공공부조와 사회서비스는 국가와 지방자치단체의 책임으로 시행하는 것을 원칙으로 한다(제25조 제5항).
- (비용의 부담) 사회보장 비용의 부담은 각각의 사회보장제도의 목적에 따라 국가, 지방자치단체 및 민간 부문 간에 합리적으로 조정되어야 한다(제28조 제1항).

(2) 사회보험

- (정의) 국민에게 발생하는 사회적 위험을 보험의 방식으로 대처함으로써 국민의 건강과 소득을 보장하는 제도이다(제3조 제2호).
- (비용부담) 사회보험제도에 드는 비용은 사용자, 피용자 및 자영업자가 부담하는 것을 원칙으로 하되, 관계법령에 정하는 바에 따라 국가가 그 비용의 일부를 부담할 수 있다(제28조 제2항).

(3) 공공부조

- (정의) 국가와 지방자치단체의 책임하에 생활유지 능력이 없거나 생활이 어려운 국민의 최저생활을 보장하고 자립을 지원하는 제도이다(제3조 제3호).
- (비용부담) 공공부조 및 관계법령이 정하는 일정 소득 수준 이하의 국민에 대한 사회서비스에 드는 비용의 전부 또는 일부는 국가 및 지방자치단체가 부담한다(제28조 제3항).

(4) 사회서비스

- (정의) 국가·지방자치단체 및 민간 부문의 도움이 필요한 모든 국민에게
  - 복지, 보건의료, 교육, 고용, 주거, 문화, 환경 등의 분야에서 인간다운 생활을 보장하고,
  - 상담, 재활, 돌봄, 정보의 제공, 관련 시설의 이용, 역량개발, 사회참여 지원을 통하여 국민의 삶의 질이 향상되도록 지원하는 제도이다(제3조 제4호).
- (비용부담) 부담 능력이 있는 국민에 대한 사회서비스에 드는 비용은 그 수익자가 부담함을 원칙으로 하되, 관계법령이 정하는 바에 따라 국가와 지방자치단체가 그 비용의 일부를 부담할 수 있다(제28조 제4항).

3) 사회보장정책의 기본 방향과 제도의 운영

(1) 사회보장정책의 기본 방향

사회보장기본법은 국가와 지방자치단체가 지향해야 할 사회보장정책의 기본 방향을 제시하고 있는데, 평생사회안전망의 구축·운영(제22조)과 사회서비스 보장(제23조) 및 소득보장(제24조)이 그것이다.

- (평생사회안전망 구축과 운영) "평생사회안전망"이란 생애주기에 걸쳐 보편적으로 충족되어야 하는 기본욕구와 특정한 사회위험에 의하여 발생하는 특수욕구를 동시에 고려하여 소득·서비스를 보장하는 맞춤형 사회보장제도를 의미한다(제22조, 제3조 제5호).
- (사회서비스 보장) 모든 국민의 인간다운 생활과 자립, 사회참여, 자아실현 등을 지원하며, 소득보장이 효과적이고 균형적으로 연계되도록 한다는 사회서비스 보장의 기본 방향을 제시하고 있다(제23조).
- (소득 보장) 다양한 사회적 위험하에서도 모든 국민이 인간다운 생활을 할 수 있도록 보장하는 제도를 마련하며 공공 부문과 민간 부문의 소득보장 제도가 효과적으로 연계되도록 하는 기본 방향을 제시하고 있다(제24조).

(2) 사회보장제도의 운영원칙

- (보편성) 제도를 필요로 하는 모든 국민에게 적용한다(제25조 제1항).
- (외국인에 대한 적용) 국내 거주 외국인에게 적용할 때에는 상호주의 원칙에 따른다(제8조).
- (형평성) 급여수준과 비용 부담 등에서 형평성을 유지해야 한다(제25조 제2항).
- (민주성) 정책결정 및 시행과정에서 공익의 대표자 및 이해관계인 등을 참여시켜 민주적으로 결정하고 시행해야 한다(제25조 제3항).
- (연계성·전문성) 국민의 다양한 복지욕구를 효율적으로 충족시키기 위해 연계성과 전문성을 높여야 한다(제25조 제4항).

(3) 민간의 참여

- 국가와 지방자치단체는 사회보장에 대한 민간 부문의 참여를 유도할 수 있도록 정책을 개발 시행하고 그 여건을 조성해야 한다(제27조 제1항, 제2항).
  - 자원봉사, 기부 등 나눔 활성화 지원사업
  - 사회보장정책 시행에 있어 민간 부문과의 상호협력체계 구축 지원사업
- 국가와 지방자치단체는 개인 · 법인 또는 단체가 사회보장에 참여하는 데 드는 경비의 전부 또는 일부를 지원하거나 그 업무를 수행하기 위해 필요한 지원을 할 수 있다(제27조 제3항).

(4) 사회보장전달체계

- 국가와 지방자치단체는 모든 국민이 쉽게 이용할 수 있고 급여가 적시에 제공되도록 지역적 · 기능적으로 균형 잡힌 사회보장 전달체계를 구축하여야 한다(제29조 제1항).
- 사회보장 전달체계의 효율적 운영에 필요한 조직, 인력, 예산 등을 갖추어야 하며(제29조 제2항),
- 전문인력의 양성, 학술조사 및 연구, 국제교류의 증진 등에 노력해야 한다(제31조).
- 국가와 지방자치단체는 사회보장통계를 작성하고 관리해야 한다(제32조 제1항).
- 국가와 지방자치단체는 사회보장정보시스템을 구축하고 운영할 수 있다(제37조).

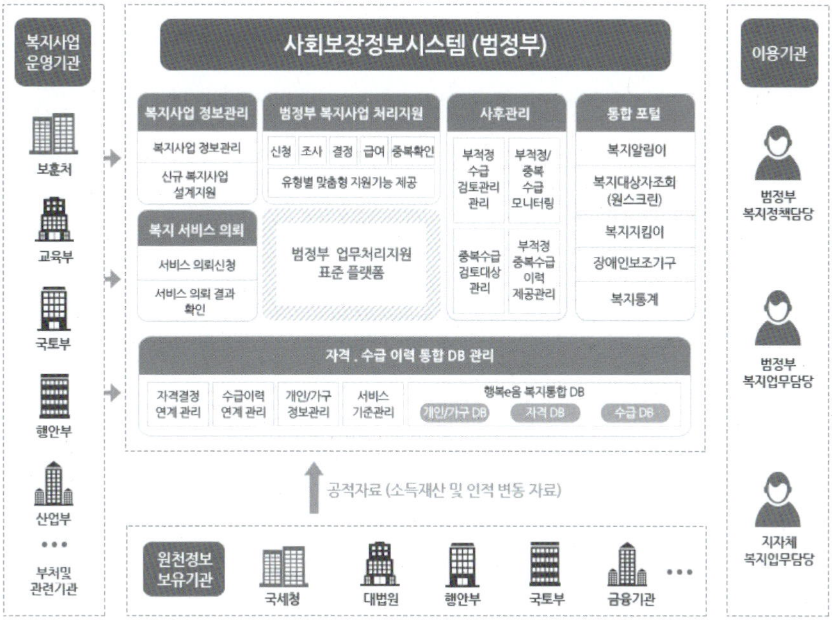

|그림 9-2| 사회보장정보시스템

(5) 사회보장급여의 관리

- 사회보장수급권자의 권리구제, 사회보장급여의 사각지대 발굴, 사회보장급여의 부정 및 오류 관리, 사회보장급여의 과오지급액의 환수 등 사회보장급여의 관리체계를 구축하고 운영한다(제30조 제1항).
- 사회서비스 품질기준 마련, 평가 및 개선 등의 업무를 수행하기 위해 필요한 전담기구를 설치할 수 있다(제30조 제2항).

(6) 사회보장 시행을 위한 국가 및 지방자치단체의 역할

- (정보의 공개) 필요한 정보를 관계법령에 정하는 바에 따라 공개하고 홍보해야 한다(제33조).

- (설명) 사회보장 관계법령에 규정한 권리나 의무를 해당 국민에게 설명하도록 노력한다(제34조).
- (상담) 사회보장 관계법령에서 정하는 바에 따라 상담에 응해야 한다(제35조).
- (통지) 사회보장 관계법령에서 정하는 바에 따라 이에 관한 사항을 해당 국민에게 알려야 한다(제36조).

4) 사회보장 기본계획과 사회보장위원회

(1) 사회보장 기본계획의 수립

- 보건복지부 장관은 관계 중앙행정기관의 장과 협의하여 5년마다 사회보장 기본계획을 수립하고(제16조 제1항), 사회보장위원회와 국무회의 심의를 거쳐 확정한다(제16조 제3항).
- 기본계획에 포함하여야 할 내용은 다음과 같다(제16조 제2항).

> 국내외 사회보장환경의 변화와 전망, 사회보장의 기본목표 및 중장기 추진방향, 주요 추진과제 및 추진방법, 필요한 재원의 규모와 조달방안, 사회보장 관련 기금 운영방안, 사회보장 전달체계, 그 밖에 사회보장정책의 추진에 필요한 사항

- 연도별 시행계획의 수립과 시행은 보건복지부 장관 및 관계 중앙행정기관의 장이 마련하며(제18조), 광역 및 기초자치단체의 장 역시 사회보장에 관한 지역계획을 수립하고 시행하여야 한다(제19조).

사 례 사회보장기본법 제16조에 따른 제1차 사회보장 기본계획

《제1차 사회보장 기본계획('14~'18)의 비전과 틀》

비전

더 나은 내일, 국민 모두가 행복한 사회

정책목표

✓ 생애주기별 맞춤형 사회안전망 구축
✓ 일을 통한 자립 지원
✓ 지속가능한 사회보장 기반 구축

생애 주기별 맞춤형 사회 안전망 구축

미래세대의 건전한 성장
- 행복한 임신 및 출산 지원
- 안심하고 양육할 수 있는 여건 조성
- 아동·청소년의 건전한 성장 지원

건강하고 안정된 생활
- 의료보장성 강화 및 지속가능성 제고
- 주거안정 대책 강화
- 서민가계 생활비 경감

편안하고 활력 있는 노후
- 노후소득 보장 강화
- 노후의 건강 및 안전 제고
- 안정되고 보람 있는 노후생활 지원

다양한 욕구에 대응한 맞춤형 지원
- 저소득층 맞춤형 지원체계 구축
- 장애인의 사회경제적 자립 지원
- 농어업인 사회안전망 및 정주여건 개선
- 다양한 형태의 가족 지원

일을 통한 자립 지원

고용-복지 연계
- 청년의 조기 노동시장 진입 지원
- 여성의 경력단절 예방과 맞춤형 재취업 지원
- 중장년의 더 오래 일하기 및 퇴직 후 재취업 지원
- 근로빈곤층의 자립 및 생활안정 지원

지속가능한 사회보장 기반 구축

사회보장제도의 지속가능성 제고
- 사회보장제도의 효율적 운영
- 사회보장정보시스템 고도화 및 운영 확대
- 중앙과 지방정부의 적정 복지재정 분담
- 공적 연금 재정 안정화

맞춤형 복지전달체계 구축
- 지방자치단체 복지행정체계 개편
- 사회복지공무원 확충 및 처우 개선
- 공공과 민간 분야 협력 활성화
- 양질의 사회서비스 제공을 위한 혁신

출처 : 보건복지부 보도자료(2014. 8. 5). 제1차 사회보장기본계획('14~'18).

사 례 제2차 사회보장기본계획 비전 및 전략체계도('19~'23)

비전	국민 모두가 함께 잘사는 포용사회	
추진 원칙 및 전략	포용적 사회보장체계 구축	사회보장 제도의 연계·조정 강화
	지역사회 중심 서비스 이용체계 구축	포용과 혁신의 상호보완체계 구축
중장기 목표	국민 삶의 질 향상 : OECD 28위('17) → 20위('23) → 10위('40)	

4대 핵심 분야별 목표 및 중장기 방향('40)

분야	목표	방향
고용	저임금 근로자 비중 축소 22.3 ('17) ▶ 15.0% ('40)	◆ 노동형태 다양화, 노동이동 증가에 대응하는 **일자리 안전망 확충** ◆ **평생학습체계 구축 및 인적자원 역량 제고**
소득	상대빈곤율 완화 17.4% ('17) ▶ 11.3% ('40)	◆ **공공부조 역할 강화** 및 청년층·장년층 등 **근로연령층의 소득보장 확대** ◆ 초고령사회에 대응하여 **1인 1연금 및 다층노후소득보장 체계 확충**
건강	건강수명 연장 73세 ('16) ▶ 78세 ('40)	◆ **건강보험 보장성 강화**로 **의료비 부담 경감** ◆ 의료이용체계의 효율화로 건강보장의 **지속가능성 제고**
사회서비스	GDP 대비 사회서비스 투자 비율 확대 5.7% ('15) ▶ 10.7% ('40)	◆ **생애주기별·대상별 다양한 사회서비스 확충** ◆ 지역사회에서 주거·돌봄·의료 등 통합 서비스를 제공하는 **지역사회 통합돌봄 완성** 및 **질 높은 사회서비스 인력 양성**

핵심 추진과제('23)

고용·교육	소득	건강	사회서비스
1. 인적 자원의 역량 제고 및 차별없는 출발선 제공	1. 취약계층의 인간다운 삶을 위한 공공부조 제도 역할 강화	1. 건강보험 보장성 강화 및 건강보장의 지속가능성 제고	1. 생애주기별, 대상별 사회서비스 확충
2. 일자리안전망 확충 및 적극적 노동시장 정책 강화	2. 근로연령층 소득보장 확대	2. 필수의료 보장	2. 지역사회 중심 서비스 보장체계 구축
3. 노동시장 격차완화 및 일·생활균형 달성	3. 노후소득보장체계 확충	3. 예방적 건강관리 체계 구축	3. 공급체계의 공공성 강화 및 신뢰성 제고

기반

- 사회투자 확대
- 사회보장 이용체계의 연계 강화
- 차세대 사회보장 정보시스템 구축 및 정책 분석의 과학화

출처 : 보건복지부 보도자료(2019. 2. 12). 제2차 사회보장기본계획('19~'23).

(2) 사회보장위원회

- 사회보장에 관한 주요 시책을 심의 · 조정하기 위해 국무총리 소속으로 설치한다(제20조 제1항).
- 사회보장위원회에서 심의 · 조정하는 내용은 다음과 같다(제20조 제2항).

사회보장증진을 위한 기본계획, 사회보장 관련 주요 계획, 사회보장제도의 평가 및 개선, 사회보장제도의 신설 또는 변경에 따른 우선순위, 둘 이상의 중앙행정기관이 관련된 주요 사회보장정책, 사회보장급여 및 비용부담, 국가와 지방자치단체의 역할 및 비용 분담, 사회보장의 재정추계 및 재원조달 방안, 사회보장 전달체계 운영 및 개선, 사회보장통계, 사회보장정보의 보호 및 관리 등

- 위원회 구성(제21조)

√ 위원장 : 국무총리
√ 부위원장 : 기획재정부 장관, 교육부 장관, 보건복지부 장관
√ 위원 : 법무부 장관, 문화체육관광부 장관, 농림축산식품부 장관, 산업통상자원부 장관,
환경부 장관, 국무조정실장 및 국가보훈처장 포함,
근로자 대표, 사용자 대표, 사회보장에 관한 학식과 경험이 풍부한 자,
변호사 자격 있는 사람 포함 30명 이내, 2년 임기
√ 실무위원회, 분야별 전문위원회 등 구성

5) 사회보장수급권과 권리구제

(1) 사회보장수급권이란

- 사회보장 관계법령에서 정하는 바에 따른 '사회보장을 받을 권리'(제9조)를 의미한다.

(2) 사회보장급여의 수준 및 신청

- 사회보장기본법은 국가와 지방자치단체로 하여금 건강하고 문화적인 생활을 유지할 수 있도록 급여수준 향상을 위해 노력하여야 함을 규정하고 있다(제10조 제1항).
- 또한 관계 법령이 정하는 바에 따라 최저보장수준과 최저임금을 매년 공포하고(제10조 제2항), 이를 고려하여 급여수준을 결정(제10조 제3항)하도록 규정하고

있어, 건강하고 문화적인 생활의 최저한의 수준을 가능하게 한다.

- 사회보장급여를 받으려는 사람은 국가나 지방자치단체에 신청하여야 하는 신청주의 원리를 기반으로 한다. 다만, 관계법령에서 따로 정하는 경우 국가나 지방자치단체가 신청을 대신할 수 있다(제11조 제1항).

(3) 사회보장수급권의 보호

- (양도 · 담보 · 압류 금지) 사회보장수급권은 관계법령에서 정하는 바에 따라 다른 사람에게 양도되거나 담보로 제공될 수 없으며, 압류할 수 없다(제12조).
- 사회보장수급권은 **제한되거나 정지될 수 없으며**(제13조 제1항), 다만 관계법령이 따로 정하고 있는 경우에 그러하지 아니하며, 이에 따라 사회보장수급권이 제한되거나 정지되는 경우 그 목적에 필요한 최소한의 범위에 그쳐야 한다(제13조 제2항).
- (권리구제) 위법 또는 부당한 처분을 받거나 필요한 처분을 받지 못함으로써 권리 또는 이익을 침해받은 국민은 행정심판 청구나 행정소송을 제기하여 그 처분의 취소 또는 변경 등을 청구할 수 있다(제39조).

(4) 사회보장수급권의 포기

- 사회보장수급권은 정당한 권한이 있는 기관에 서면으로 통지하여 **포기할 수 있다**(제14조 제1항). 그러나 **사회보장수급권을 포기하는 것이 다른 사람에게 피해를 주거나 사회보장에 관한 관계법령에 위반되는 경우 포기할 수 없다**(제14조 제3항).
- 한편 제14조 제1항에 의해 포기했던 사회보장수급권에 대해 그 포기를 '취소'할 수 있다고 규정(제14조 제2항)함으로써, 개인의 결정을 존중하면서 국가는 개인의 사회보장수급권을 최후까지 보장하고자 하는 의지를 담고 있다.

(5) 불법행위에 대한 구상

- 제3자의 불법행위로 피해를 입은 국민이 그로 인하여 사회보장수급권을 가지게 될 경우 사회보장제도를 운영하는 자는 그 불법행위의 책임이 있는 자에 대하여 '구상권(求償權)'을 행사할 수 있다(제15조).

사 례 사회보장수급권의 포기와 포기의 취소 관련 사례

서울행정법원 행정11부(문준필 부장판사)는 A씨(67)가 "전처가 분할연금 수급권을 포기했기 때문에 자신이 연금을 모두 받아야 한다"며 국민연금공단을 상대로 낸 연금액 변경 결정 취소 청구 소송에서 원고 패소로 판결했다고 밝혔다.

앞서 A씨는 2005년 3월 아내 B씨(62 · 여)와 27년간의 혼인관계를 청산하고 합의이혼했다. 이어 2년 뒤 B씨는 A씨의 노령연금 수급권에 대해 '분할연금 수급권 포기서'를 냈으나, 수급권 발생(60세) 이전에 수급권 포기서를 제출했다는 이유로 미해당 결정을 통보받았다. 그러나 B씨는 지난해 7월 마음을 바꿔 국민연금공단에 "분할연금 수급권의 포기를 철회한다"며 A씨 연금을 분할해 자신에게 지급해 줄 것을 신청했고, 공단은 A씨 연금액 100여만 원 중 50여만 원을 B씨에게 분할 지급하기로 했다. 이에 A씨는 공단에 이의신청을 했지만 받아들여지지 않자 소송을 냈다.

재판부는 "국민연금법상 분할연금제도는 혼인 파탄사유나 기여 정도와 관계없이 배우자와 이혼한 이의 노후 안정을 위해 일정액의 소득을 보장해 주는 것"이라며 "분할 급여를 받을 권리는 양도 · 압류되거나 임의로 포기될 수 없다"고 전제했다.
이어 "분할연금의 수급권 포기는 실질적으로 배우자의 분할연금 수급권을 양도하는 것과 동일하므로 무효"라며 "B씨가 수급권 포기 당시 해당 권리가 발효되는 60세 이전이었고, 설령 사전에 수급권 포기가 가능하다 해도 사회보장기본법상 언제든지 철회할 수 있어 공단 처분은 적법하다"고 판시했다.

출처 : 파이낸셜뉴스(2014. 6. 4).

3. 사회보장기본법 관련 판례

1) 2014헌마200 : 사회보장 부작위 위헌확인

(1) 사건의 개요

청구인은 신문배달을 하다가 이를 그만둔 후 다시 취업을 위해 장기간 노력하는 과정에서 생계유지에 상당한 어려움을 겪고 있는바, 국가가 청구인과 같이 구직으로 인하여 장기간 소득이 드러나지 않는 가구주에 대하여 점검을 실시하여 근로의사가 확인되면 일자리를 제공하거나 그 생계를 지원하여야 함에도 이를 하지 않는 것은 청구인의 인간다운 생활을 할 권리 등을 침해하고, 국가의 고용증진의무 등을 해태하는 것으로서 위헌이라고 주장하면서 2014. 3. 7. 이 사건 헌법소원심판을 청구하였다.

핵심은 국가가 장기간 소득이 드러나지 않는 가구주에 대한 점검의 실시와 일자리 제공 및 생계지원을 해야 하는 작위의무가 있는가 하는 것이다. 헌법재판소는 헌법의 명문상, 헌법의 해석상, 법령의 규정상 측면에서 이러한 작위의무가 없으며 따라서 기본권을 침해했다고 보기 어려워 심판 청구로 부적합하여 '각하' 결정을 하였다.

(2) 판단

공권력의 불행사에 대한 헌법소원은 공권력의 주체에게 헌법에서 유래하는 작위의무가 특별히 구체적으로 규정되어 이에 의거하여 기본권의 주체가 행정행위 내지 공권력의 행사를 청구할 수 있음에도 공권력의 주체가 그 의무를 해태하는 경우에만 허용된다.

위에서 말하는 "공권력의 주체에게 헌법에서 유래하는 작위의무가 특별히 구체적으로 규정되어"가 의미하는 바는,

첫째, 헌법상 명문으로 공권력 주체의 작위의무가 규정되어 있는 경우,
둘째, 헌법의 해석상 공권력 주체의 작위의무가 도출되는 경우,

셋째, 공권력 주체의 작위의무가 법령에 구체적으로 규정되어 있는 경우 등을 포괄하고 있는 것으로 볼 수 있다.

이 사건에 관하여 보건대, 생활이 어려운 사람에게 필요한 급여를 실시하여 이들의 최저생활을 보장하고 자활을 돕기 위하여 국민기초생활보장법에 일정한 제도적 장치가 마련되어 있고, 취업취약계층의 고용촉진을 위하여 고용노동부에서 고용정책기본법 제6조 및 제26조에 근거한 취업성공패키지 업무지침 등에 따른 직업훈련 및 취업알선 등의 사업을 수행하고 있다(청구인 또한 2013. 11. 위 취업성공패키지 지원 사업 프로그램에 참여하였다).

그러나 여기에서 더 나아가 청구인의 주장과 같이 장기간에 걸쳐 소득이 파악되지 않는 가구주에 대하여 점검을 실시하여 근로의사가 확인되면 일자리를 제공하거나 최저생계비 지급 등 생계지원을 하여야 할 국가의 작위의무는 헌법에 명문으로 규정되어 있지 않으며, 또한 인간다운 생활을 할 권리를 보장하는 방법에 있어 해당 기관이 광범위한 재량을 갖고 있다는 점(헌재 2010. 5. 27. 2009헌마338, 판례집 22-1하, 347, 358 참조)과 국가의 고용증진의무라는 일반적이고 추상적인 의무로부터 곧바로 국가에 대하여 위와 같은 실태 점검 실시 등을 요구할 수 있는 개인의 주관적 권리는 인정되지 않는다는 점 등을 고려하면 헌법해석상 헌법 제34조 제1항 및 제2항, 제32조 제1항 등으로부터 위와 같은 작위의무가 바로 도출된다고 볼 수도 없고, 법령에도 위와 같은 작위의무가 구체적으로 규정되어 있지 않다.

따라서 이 사건 심판청구는 헌법에서 유래하는 작위의무가 인정되지 않는 공권력 불행사에 대한 심판청구로서 부적법하여 각하하기로 결정한다.

(3) 판례의 의의

본 판례는 직접적으로 사회보장기본법의 위헌소지나 국가의 사회보장기본법 의무를 다하지 않음으로써 기본권 침해에 따른 헌법소원을 청구한 판례는 아니다. 그러나 사회보장기본법의 법원이자 상위법으로서 사회보장기본권 규정이 담긴 헌법 제34조 인간다운 생활 보장 및 국가의 사회보장·사회복지 증진 노력의 의무규정과 사회보장기본법 제1조의 목적 및 제5조 제1항 국가의 모든 국민의 인간다운 생활을 유지하고 증진하는 책임 규정으로부터 국가에게 어디까지 구체적인 책임 의무(작위)를 요구할 수 있는가에 대해 시사하고 있다.

헌법재판소는 이러한 국가의 의무, 즉 공권력 주체의 작위의무가 헌법상 명문으로 구체적으로 규정되어 있지 않으며, 국가의 고용증진의무라는 일반적이고 추상적인 의무로부터 곧바로 국가에 대하여 직접적인 요구를 할 수 없어 헌법 해석으로부터도 도출되지 않고, 또 법령에도 실태조사와 점검을 하라는 작위의무도 구체적으로 규정되어 있지 않기 때문에 국가의 의무가 바로 도출되지 않으며 개인의 주관적 권리 역시 인정되지 않음을 설명하고 있다.

사회보장기본법은 사회보장에 관한 국민의 권리와 정부 및 지방자치단체의 책임을 정하고 있지만 이 법에서 규정하는 사회보장기본권은 관계법령, 즉 개별법률에서 정하는 바에 따른 사회보장급여를 받을 권리를 의미하고 있다. 따라서 국민이 사회보장기본법에 근거하여 국가에 대해 직접적으로 급여청구를 할 수 있는 권리까지 보장된다고 보기는 어려울 것이다.

모든 국민이 다양한 사회적 위험으로부터 벗어나 행복하고 인간다운 생활을 향유할 수 있도록 자립을 지원하며, 사회참여와 자아실현에 필요한 제도와 여건을 조성하여 복지사회를 실현한다는 사회보장기본법의 목적과 이념으로부터 국가의 직접적인 작위의무를 도출하기 어렵다는 점 또한 유추할 수 있다. 그럼에도 국가와 지방자치단체의 구체적 책임 규정은 실제 관계법령의 제정이나 제도의 신설을 요구함으로써 국가의 사회보장 증진을 위한 '노력'의 의무를 촉구할 수 있을 것이다.

2) 법령해석 사례

법의 실행은 법의 해석에 의한 적용과 운영에 의한다. 어떻게 법률 규정을 해석하느냐에 따라 영향을 받을 수 있으며, 특히 갈등과 분쟁의 상황에 직면했을 때는 법률 조문이나 용어 하나하나에 대한 해석에 매우 민감하다.

사회보장기본법의 경우에도 '사회보장 관계법령'(제9조 등)에서 '관계법령'의 범위가 어디까지인지, '기본 욕구'(제3조 제5호)란 무엇인지, '다른 사람에게 피해를 주거나'(제14조)에서 그 피해의 정도와 내용은 무엇인지 등 해석상의 모호성이 발견된다.

이러한 법률상의 해석을 명확히 하기 위해 해당 주무부처나 법제처에 해당 법령이 의미하는 바에 대해 해석을 요청할 수 있다. 다음의 사례는 지난 2015년 성남시의 무상 공공산후조리원 설치와 관련하여 지방자치단체가 새로운 사회보장제도를 신설함에 있어 사전에 보건복지부와 '협의'하여야 한다는 규정(제26조 제2항)에서 '협의'가 의미하는 바가 무엇인지에 대한 질의에 대해 '합의와 동의'라는 법령해석의 예이다.

사 례 사회보장기본법 법령해석례(15-0474, 2015. 9. 18. 보건복지부)

[질의배경] 성남시장이 발표한 무상 공공산후조리원 사업에 관하여, 성남시와 보건복지부 간에 의견이 대립되자, 사회보장제도의 신설·변경 시 보건복지부 장관과의 '협의'의 의미가 무엇인지에 대하여 보건복지부에서 법제처에 법령해석을 요청한 사안임

[회답] 지방자치단체의 장이 사회보장기본법 제26조 제2항에 따라 사회보장제도를 신설하거나 변경하기 위하여 보건복지부 장관과 협의하는 경우의 "협의"는 보건복지부 장관의 "합의 또는 동의"를 의미함

[이유] 사회보장기본법 제26조 제2항에서는 중앙행정기관의 장과 지방자치단체의 장은 사회보장제도를 신설하거나 변경할 경우 신설·변경의 타당성, 기존 제도와의 관계, 사회보장 전달체계에 미치는 영향 및 운영방안 등에 대하여 대통령령으로 정하는 바에 따라 보건복지부 장관과 협의하여야 한다고 규정하고 있고, 같은 조 제3항에서는 이러한 협의가 이루어지지 아니할 경우 사회보장위원회가 이를 조정한다고 규정하고 있으며, 같은 법 제20조 제4항에서는 관계 중앙행정기관의 장과 지방자치단체의 장은 사회보장위원회의 심의·조정 사항을 반영하여 사회보장제도를 운영 또는 개선하여야 한다고 규정하고 있다.
이 규정에서 협의는 단순히 의견을 듣거나 자문에 응하는 것이 아니라 '의견의 일치', 즉 협의의 결과에 따라 그 권한을 행사하여야 한다는 의미로 보아야 할 것이다(대법원 2006. 3. 10. 선고, 2004추119 판결례 등 참조). 이러한 "협의"는 사회보장제도의 남발·남용 방지, 급여수준의 형평성 보장 등을 위한 이중적 통제장치를 마련한 것이라 하였다.

요 약

- 사회보장기본법은 사회보장제도에 관한 기본 사항을 규정하기 위한 법률로서 사회복지법의 가장 기본법적 위치에 있다. 주요 연혁으로는 1963년 「사회보장에 관한 법률」 최초 제정, 1995년 사회보장기본법 제정, 2012년 사회보장기본법의 전부개정을 들 수 있다.
- 사회보장기본법은 국가와 지방자치단체의 책임, 가정 및 국민 개인의 책임을 규정하며, 사회보험 및 공공부조, 사회서비스를 사회보장의 범위로 포괄하고 있다.
- 사회보장기본법은 평생사회안전망과 사회서비스 보장 및 소득보장을 사회보장정책의 기본 방향으로 하고 있으며, 사회보장제도를 운영함에 있어 적용대상의 보편성, 급여수준과 비용부담의 형평성, 정책결정과 시행과정에서의 민주성, 다양한 복지욕구의 효율적 연계와 전문성을 사회보장제도의 운영원리로 표방하고 있다.
- 개정 사회보장기본법을 통해 정부와 지방자치단체의 장은 사회보장 기본계획을 수립하여 시행하도록 하였으며, 이에 정부의 제1차('14~'18) · 제2차 사회보장 기본계획('19~'23)이 수립되었다.
- 사회보장수급권은 사회보장 관계법령에서 정하는 바에 따른 '사회보장급여를 받을 권리'를 의미한다. 사회보장수급권은 양도나 담보의 제공, 압류를 금지하며, 법률에 규정되어 있지 않는 한 사회보장수급권을 제한하거나 정지할 수 없게 하여 보호되고 있다.
- 이러한 사회보장수급권은 신청주의 원리에 기반하며, 사각지대 발생 예방을 위해 대상자 발굴과 동의에 의한 신청의 대행 등 행정 실행을 통해 법규정의 보완이 이루어지고 있다.
- 사회보장수급권은 포기하거나 포기한 것을 취소할 수도 있다. 그러나 수급권 포기로 인해 다른 사람에게 피해를 주는 경우나 관계법령에 위반되는 경우는 포기할 수 없다.
- 위법 또는 부당한 처분에 의해 권리에 침해를 받은 국민은 행정심판 청구나 행정소송, 헌법소원 등을 제기하여 권리구제를 받을 수 있다.

참고문헌

강신욱(2012). 사회보장기본법 개정의 의의 및 향후 과제. 한국보건사회원. 개정사회보장기본법에 관한 정책토론회 자료집.

김남희(2015). 사회보장기본법, 복지를 죽이는 법인가?. **복지동향**, 제200호. 참여연대 사회복지위원회.

김동명(2011). 보편적 복지국가 실현을 위한 사회보장제도 개혁방안—박근혜 사회보장기본법에 대한 비판적 관점에서. 서울 : 민주정책연구원.

박병호(1991). 법치주의 실현에의 역사적 교훈. **법제연구, 창간호**, 27. 서울 : 한국법제연구원.

서울특별시(2016). 찾아가는 동 주민센터 업무 매뉴얼.

조만형(2013). 개정된 사회복지법에 따른 사회보장법체계의 재검토. **공법연구, 41**(3), 461-495.

진명구(2011). 사회보장기본법 및 개정안의 문제점과 개선방안. **사회보장연구, 27**(3), 35-57.

보건복지부 보도자료(2014. 8. 5).

국가기록원 홈페이지. www.archives.go.kr

법제처 홈페이지. www.moleg.go.kr

사회보장정보원 홈페이지. www.ssis.or.kr

사회보장기본법

사회보장기본법 시행령

사회보장에 관한 법률

Chapter 10

사회보장급여의 이용 · 제공 및 수급권자 발굴에 관한 법률(사회보장급여법)의 이해

본 장의 목표

2014년 제정된 사회보장급여법은 사회보장기본법 시행을 보완하는 한편, 기존의 사회복지사업법의 내용적 체계를 조정하며 사회복지법체계를 재구성하게 되었다. 본 장을 학습하고 난 뒤 :

- 사회보장급여법의 연혁과 형식체계를 알 수 있다.
- 사회보장급여법의 목적과 범위, 사회보장급여의 이용과 지원대상자 발굴, 수급권자 지원 및 사회보장급여의 관리, 사회보장정보 및 지역사회보장 등 법의 내용을 파악한다.
- 사회보장급여법 관련 사례들과 법령해석례를 이해한다.

주요 용어

- 사회보장급여법
- 사회보장정보원
- 통합사례관리
- 사회보장급여
- 지역사회보장계획
- 사회복지전담공무원
- 지원대상자
- 시 · 도 사회보장위원회
- 지역사회보장 균형발전
- 사회보장정보

본 장의 핵심

「사회보장급여의 이용 · 제공 및 수급권자 발굴에 관한 법률」(약칭 : 사회보장급여법)은 2012년 전면 개정된 사회보장기본법(2013년 시행)의 세부적 실행방안과 절차를 마련한 법으로 제정(법률 제12935호, 2014. 12. 30. 제정, 2015. 7. 1. 시행)되었다. 본 법의 제정 배경은 송파구 세 모녀 동반자살 사건(2014. 2) 등 복지대상자가 사각지대에 놓이는 사례가 빈번한 가운데, 중앙행정기관과 지방자치단체의 유기적인 연계를 통한 지역단위 사회보장을 실현하고, 복지대상자 선정과 지원에 필요한 일련의 절차와 방법 및 수급권자 보호를 강화하여 복지사각지대 해소 방안을 제도적으로 보완하고자 함이다.

사회보장급여법에는 지역사회보장의 균형 발전이라는 새로운 이념과 구체적인 정책수단도 등장하였다. 한편 본 법의 제정으로 그간 사회복지사업법에 의한 사회복지사업과 서비스 이용절차 및 운영이 전체 '사회보장' 영역으로 확장됨으로써, 사회복지사업법의 내용적 구성체계에 상당한 변화(2017. 10. 24. 개정)를 가져오기도 하였다.

사회보장급여법은 복지분야 사업의 운영기반과 체계를 통합성, 지역성, 협력성을 강조하는 방향으로 변화시켜 갈 새로운 '지역 중심'의 패러다임을 담고 있으며, 이것이 제대로 시행되기 위해서는 지역의 주도성 향상, 중앙과 지방의 역할분담, 복지수요자와 민간자원, 복지사업의 운영 효율화 등 함께 해결해야 할 과제들이 존재한다(강혜규, 2016).

Chapter 10

사회보장급여의 이용 · 제공 및 수급권자 발굴에 관한 법률(사회보장급여법)의 이해

1. 사회보장급여법의 연혁과 형식체계

1) 사회보장급여법의 연혁

2014년 12월 30일 제정된 사회보장급여법(시행 2015. 7. 1)은 지금까지 세 차례에 걸친 일부 개정이 있어 왔다. 사회보장급여법의 제정은 송파 세 모녀 자살 사건 등 지속적으로 재현된 복지사각지대의 문제라는 사회적 배경하에 다음과 같은 직접적인 제정 이유가 있다. 첫째, 2012년 전면 개정된 사회보장기본법에 근거한다. 개정 사회보장기본법은 보건의료, 교육, 고용, 주거 등 다양한 복지서비스를 포괄하는 사회서비스 개념을 도입하여 국민의 보편적 · 생애주기적인 특성에 맞게 소득과 사회서비스를 함께 보장하는 맞춤형 사회보장제도의 운영을 지향하고 있으나 이를 실현하기 위한 세부적인 실행방안과 절차가 미비하였다는 점이다. 둘째, 기존의 사회복지사업법은 사회복지사업 중심의 서비스 이용절차와 운영에 한정되어 있어 중앙행정기관과 지방자치단체의 유기적인 연계를 통한 지역단위 사회보장을 제대로 이루어내지 못하는 한계가 있어 이를 보완할 후속조치가 요구되었다.

이에 사회보장급여의 신청, 조사, 결정 · 지급, 사후관리에 이르는 복지대상자 선정과 지원에 필요한 일련의 절차 및 방법 등에 관한 사항을 구체적으로 규정하고, 소외계층을 발굴하기 위한 신고의무, 보호대상자에게 필요한 급여의 직권신청, 보호계획 수립 · 지원, 상담 · 안내 · 의뢰 등 수급권자 보호를 강화하고 복지사각지대를 해소하기 위한 방안을 제도적으로 보완하기 위한 목적으로 제정되었다.

또한 중앙행정기관 · 지방자치단체 및 관련 공공기관 간 정보의 연계를 통하여 복지행정 업무를 전자적으로 지원하는 사회보장정보시스템의 원활한 운영을 뒷받침함으로써 복지사업의 효과성을 제고하고자 하였다. 나아가 중앙행정기관과 지방자치단체 간의 유기적인 연계와 통일성을 기하여 지역 단위의 종합적 사회보장과 지역 간 균형발전을 실현하기 위한 방안 및 지원체계를 정립하여, 궁극적으로는 국민이 자신에게 적합한 복지혜택을 선택할 수 있도록 하는 맞춤형 서비스를 제공함으로써 국민의 복지체감도를 향상시키기 위한 목적과 내용을 포괄하고 있다.

2015년 법 시행 이후 2017년 3월 21일 사회보장급여법 일부 개정(시행 2017. 9. 22)을 통해 수급자 중심의 통합적인 사례관리를 통한 사회보장이 이루어질 수 있도록 조항을 신설(제42조의2)하였으며, 읍 · 면 · 동 단위에도 지역사회보장협의체를 둔다는 조항을 신설하는 동시에 이와 중복되는 읍면동 복지위원 규정은 삭제하였다(제44조 삭제 등).

2019년 6월 12일 시행되는 개정 법률(법률 제15884호, 2018. 12. 11. 일부개정)에서는 보다 실효적으로 복지사각지대를 해소하고자, 국가 및 지방자치단체의 분기별 지원대상자 발굴조사 실시 및 보건복지부 장관이 이를 정기적으로 점검하고 개선방안을 마련하는 조항을 신설하였다. 이 외에 부정수급 신고포상제의 근거규정, 비밀유지 의무대상에 통합사례관리에 관한 업무 추가, 위기가구에 자살자 또는 자살시도자가 발생한 가구를 포함하는 등 법의 미비한 점을 정비하였다.

2) 사회보장급여법의 형식적 체계

사회보장급여법은 사회복지법제의 기본법적 지위에 있는 사회보장기본법을 상위법으로 한다. 대통령령으로서 사회보장급여법 시행령과 보건복지부령으로서 사회보장급여법 시행규칙이 하위법 체계를 구성하고 있다. 또한 시행령으로부터 위임받은 행정규칙(고시)으로서 '사회보장급여의 제공관리 및 사회보장정보시스템의 구축운영에 필요한 정보'와 시행규칙으로부터 위임받은 '사회보장급여 관련 공통 서식에 관한 보건복지부 장관의 고시'가 있다.

사회보장급여법에 규정된 시 · 도 사회보장위원회(제40조 제5항) 및 시 · 군 · 구 지역사회보장협의체(제41조 제8항)를 구성하고 운영하기 위해 법률에서 위임한 특별시 · 광역시 · 도 및 시 · 군 · 구의 조례가 자치법규로 다수 존재한다.

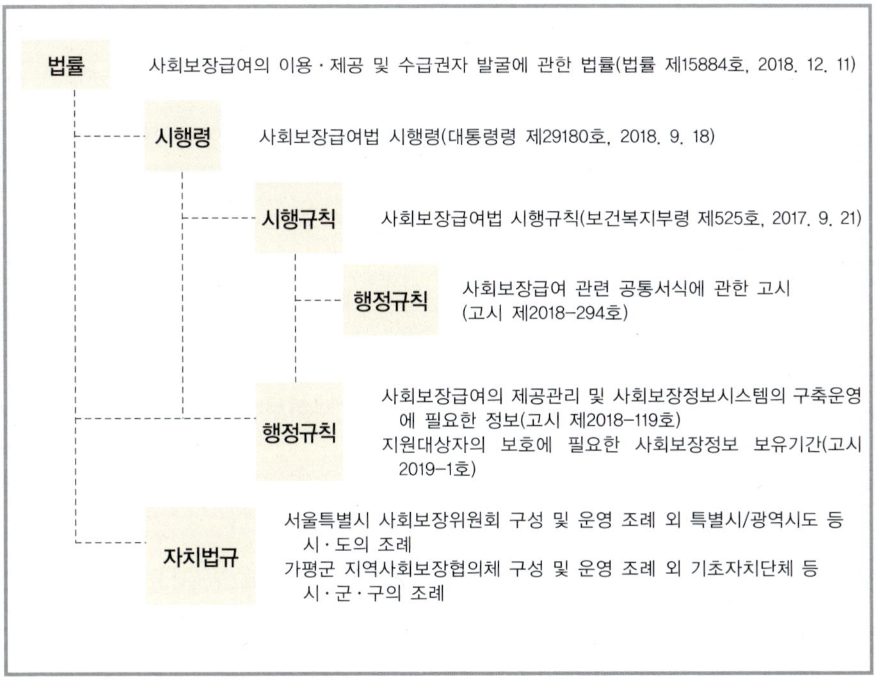

[그림 10-1] 사회보장급여법의 상하위법령 체계

2. 사회보장급여법의 내용적 구성

1) 법의 목적과 기본 원칙

(1) 법의 목적(제1조)

- 사회보장기본법에 따른 사회보장급여의 이용 및 제공에 관한 기준과 절차 등 기본적 사항을 규정하고 지원받지 못하는 지원대상자를 발굴하여 지원함으로써 사람의 인간다운 생활을 할 권리를 최대한 보장
- 사회보장급여가 공정하고 효과적으로 제공되도록 하며, 사회보장제도가 지역사회에서 통합적으로 시행될 수 있도록 기반을 구축함을 목적으로 한다.

(2) 정의(제2조)

- "사회보장급여"란 보장기관이 사회보장기본법 제3조 제1호에 따라 제공하는 현금, 현물, 서비스 및 그 이용권을 말한다.
- "수급권자"란 사회보장기본법 제9조에 따른 사회보장급여를 제공받을 권리를 가진 사람을 말한다.
- "수급자"란 사회보장급여를 받고 있는 사람을 말한다.
- "지원대상자"란 사회보장급여를 필요로 하는 사람을 말한다.
- "보장기관"이란 관계 법령 등에 따라 사회보장급여를 제공하는 국가기관과 지방자치단체를 말한다.

(3) 기본원칙(제4조)

① 사회보장급여가 필요한 사람은 누구든지 자신의 의사에 따라 사회보장급여를 신청할 수 있으며, 보장기관은 필요한 안내와 상담 등 충분한 지원 제공

② 보장기관은 지원이 필요한 국민이 급여대상에서 누락되지 아니하도록 지원대상자를 적극 발굴하여 이들이 필요로 하는 사회보장급여를 적절하게 제공

받을 수 있도록 노력

③ 보장기관은 국민의 다양한 복지욕구를 충족시키고 생애주기별 필요에 맞는 사회보장급여가 공정 · 투명 · 적정하게 제공될 수 있도록 노력

④ 보장기관은 사회보장급여와 사회복지법인, 사회복지시설 등 사회보장 관련 민간 법인 · 단체 · 시설이 제공하는 복지혜택 또는 서비스를 효과적으로 연계하여 제공할 수 있도록 노력

⑤ 보장기관은 국민이 사회보장급여를 편리하게 이용할 수 있도록 사회보장 정책 및 관련 제도를 수립 · 시행하기 위하여 노력

⑥ 보장기관은 지역의 사회보장 수준이 균등하게 실현될 수 있도록 노력

2) 사회보장급여

(1) 사회보장급여의 이용

- (**사회보장급여의 신청**) 지원대상자와 친족, 후견인, 청소년상담사 · 청소년지도사, 지원대상자를 사실상 보호하고 있는 자 등은 지원대상자의 주소지 관할 보장기관에 사회보장급여를 신청할 수 있다. 지원대상자가 누락되지 않도록 보장기관의 업무담당자가 지원대상자의 동의를 받아 직권으로 신청할 수 있다(제5조).
- (**사회보장 요구의 조사**) 지원대상자의 사회보장 요구와 관련된 사항 및 건강상태, 가구 구성 등 생활실태와 기타 필요한 사회보장급여에 관한 사항을 조사하여야 한다(제6조).
- (**수급자격의 조사**) 지원대상자 및 부양의무자(배우자와 1촌의 직계혈족 및 배우자)에 대해 사회보장급여 수급자격 확인을 위하여 자료 또는 정보(인적사항 및 가족관계 확인, 소득 · 재산 · 근로능력 및 취업상태, 사회보장급여 수급이력)를 제공받아 조사하고 처리할 수 있다(제7조).
- (**금융정보 등의 제공**) 중앙행정기관의 장 또는 지방자치단체의 장은 지원대상

자 및 부양의무자의 금융자산 및 금융거래의 내용에 대한 자료 또는 정보제공 등에 대한 조사가 필요한 경우 이에 대해 동의한다는 서면을 받아 관계기관에 정보제공을 요청할 수 있다(제8조).

- (사회보장급여의 결정) 사회보장급여의 제공 여부 및 제공 유형을 결정(현재 보장내용과 중복되지 않아야 함)하며 필요한 경우 지원대상자와 친족 등의 의견을 들을 수 있다. 결정 내용은 신청인에게 서면으로 통지한다(제9조).

(2) 지원대상자의 발굴

- (자료 또는 정보의 제공과 홍보 및 정보공유 등의 협조 요청) 보장기관의 장은 지원대상자를 발굴하기 위해 사회보장급여의 내용과 제공규모, 수급자가 되기 위한 요건과 절차 등 필요한 자료와 정보를 제공하고 홍보하여야 하며(제10조), 지원대상자 발굴을 위해 사회복지법인 및 사회복지시설, 국민연금공단, 국민건강보험공단, 보건소, 학교, 경찰서, 소방대 등 관계 기관·법인·단체·시설의 장에게 소관 업무 수행과 관련하여 취득한 정보를 공유하거나 지원대상자 현장조사 시 소속 직원의 동행 등 협조를 요청할 수 있다(제11조).
- (지원대상자 발견 시 신고의무) 누구든지 출산, 양육, 실업, 노령, 장애, 질병, 빈곤 및 사망 등의 사회적 위험으로 인하여 사회보장급여를 필요로 하는 지원대상자를 발견하였을 때에는 보장기관에 알려야 한다. 또한 사회복지시설, 장애인활동지원기관, 의료기관, 의료기사 및 응급구조사, 구급대원, 경찰공무원, 정신건강복지센터, 어린이집, 교직원, 학원, 성폭력피해상담소, 성매매방지 및 피해자 지원시설, 건강가정센터, 장기요양기관, 방문간호 종사자, 다문화가족지원센터, 이장·통장 등 21개 기관의 장 및 종사자 등은 지원대상자 발견 시 지체 없이 신고해야 한다(제13조).

사 례 지원대상자 발견 시 신고의무(제13조) 범위 확장의 필요 요구

충북도에 따르면 4주간 도내 공동주택 1천 194단지 32만 6천 372가구를 대상으로 실태조사를 한 결과 관리비 3개월 이상 체납가구가 5천 474가구(1.7%)로 나타났다. 공동주택은 수도나 전기요금이 전체 관리비에 포함돼 겉으로 드러나지 않고, 지자체에서도 관리사무소의 자발적 협조 없이는 이를 확인하기 어려워 강화된 복지 사각지대 관리시스템도 무용지물이었다. 관리사무소 측 역시 입주민의 개인 정보에 해당해 지자체라 하더라도 체납 정보를 제공하는 게 여간 부담스러운 게 아니다. 이런 문제점을 해결하고자 충북도는 '사회보장급여의 이용 · 제공 및 수급권자 발굴에 관한 법률'이 정한 지원대상자 발견 시 신고의무자 범주에 공동주택 관리사무소장을 포함하는 내용의 법령 개정 건의를 준비하고 있다. 충북도 관계자는 "신고 의무자는 관련 정보를 지자체에 적극 제공해야 할 의무를 지게 되므로 법령 개정이 이뤄지면 공동주택관리비 체납가구 실태조사를 더 꼼꼼히 할 수 있을 것"이라 했다.

출처 : 연합뉴스(2018. 5. 21).

- (민관협력) 보장기관과 관계 기관 · 법인 · 단체 · 시설은 지역사회 내 사회보장이 필요한 지원대상자를 발굴하고, 가정과 지역공동체의 자발적 협조가 이루어질 수 있도록 노력한다(제14조).

(3) 수급권자 등의 지원

- 보장기관의 장은 사회보장급여의 제공을 결정한 때에 수급권자별 사회보장 제공계획을 수립(사회보장급여의 유형 · 방법 · 수량 및 제공기간, 사회보장급여 제공기관 및 단체, 제공 기관 간 연계방법 등 포함)하고, 계획에 따라 사회보장급여가 제공될 수 있도록 노력한다(제15조).
- 수급권자 또는 지원대상자가 필요한 사회보장급여를 편리하게 이용할 수 있도록 사회보장급여의 명칭, 선정기준, 보장내용 및 신청 방법 등에 관한 사항을 안내하고 상담하며, 해당 기관에 서비스 제공을 의뢰하여야 한다(제16조). 급여제공이 결정될 수급권자를 자신의 가정에서 돌보는 사람의 부담을 줄이기 위해 상담을 실시하거나 금전적 지원 등을 할 수 있다(제18조).

(4) 사회보장급여의 관리

- (수급자 변동 신고) 사회보장급여를 제공받는 수급자는 거주지, 세대원, 소

득·재산 상태, 근로능력, 다른 급여의 수급이력 등이 변동되었을 때 지체 없이 관할 보장기관의 장에게 신고해야 한다(제20조).

- (사회보장급여의 적정성 확인조사) 보장기관의 장은 수급자에 대한 사회보장급여의 적정성을 확인하기 위하여 수급자격 조사에 필요한 정보(제7조 제2항 각 호)를 조사할 수 있다(제19조).
- (사회보장급여의 변경·중지) 확인 조사를 통해 변동이 있는 경우 직권 또는 수급자나 그 친족 등의 신청에 따라 사회보장급여의 종류·지급방법 등을 변경할 수 있다. 변동으로 인해 사회보장급여의 전부 또는 일부가 필요 없게 된 때에는 급여의 일부 또는 전부를 중지하거나 변경하여야 한다(제21조).
- (사회보장급여의 환수) 수급자가 위 제20조에 따른 신고를 고의로 회피하거나 속임수 등 부정의 방법으로 사회보장급여를 받거나 타인으로 하여금 사회보장급여를 받게 한 경우(부정수급자) 그 급여의 전부 또는 일부를 환수할 수 있다(제22조).

사 례 사회보장급여의 변경 및 중지, 환수(제19~22조) 조치를 위한 복지행정 사례

속초시는 최근 부정수급에 대한 사회적 관심이 증대되고, 맞춤형 급여 시행 이후 기초생활보장급여의 예산 증가와 더불어 부정수급도 매년 증가함에 따라, 전반적인 관리체계 개선이 시급하다고 판단해 '19(일구) 복지조사 신고센터'를 운영한다. 또한 부정수급 환수 시 수급권자들이 소득·재산 및 가구원 등의 변동사항에 대한 신고의무를 알지 못해 발생되는 생계형 부정수급 사례들이 많아 성실신고에 대한 복지제도 안내로 수급권자가 불편을 겪지 않게 하고, 부정 수급률을 낮춰나갈 방침이다. 반면 도덕적 해이로 인한 고질적인 부정수급 및 정도가 심한 경우, 매월 말일 '찾아가는 보장비용 징수Day'를 운영하여 복지급여의 적정성 및 효율화를 꾀하고, 부정수급 의심상담에 대해서는 클린복지 19상담콜을 개설하여 주민들에게 더욱 신뢰받는 복지행정을 만들어 나갈 계획이다.

출처 : 한국뉴스통신(2018. 9. 8).

사 례 **사회복지서비스 변경거부 처분에 대한 취소소송**

서울행정법원 행정1부(부장판사 오석준) 2011. 1. 28. 판결

[사건개요] 뇌병변 장애를 겪고 있는 A는 김포 '△△의 집'에서 18년 동안 생활하지만 직접 전동휠체어를 조작해 외출을 다닐 정도이다. A는 '더 이상 집단생활을 하고 싶지 않다. 자립을 하게 되면 공부도 하고 여행도 다니고 싶다'며 시설을 벗어나 자립생활을 하기 위해 양천구청에 주거지원 및 생활비 지원을 해주는 사회복지서비스를 신청하였다.

하지만 2010년 5월 27일 양천구청은 회신 공문에서 A씨에게 '국민기초생활보장수급자로 보호받을 수 있는지 조사한 바 부양의무자인 부친이 부양능력이 있어 선정기준에 부적합하고, 이에 탈시설 자립생활을 위한 생계비 지원에 대한 서울시 및 정부의 지원을 받을 수 없다. 다만, 활동보조서비스는 신청할 수 있고 2010년 7월 도입 예정인 장애인연금은 신청 가능하다'라는 사회복지서비스 변경신청 처리결과 회신을 보냈다. 이에 대해 A씨는 이와 같은 처분이 사회복지사업법 규정에 위반한 처분이라며 이를 취소하는 행정소송을 제기하였다.

[판결결과] 사회복지사업법 제33조의2(사회복지서비스의 신청) 규정에 의해 사회복지서비스를 필요로 하는 사람은 시장·군수·구청장에게 사회복지서비스를 신청하거나 변경을 신청할 수 있고 관할 기관은 당사자의 복지요구를 자세히 조사한 후 대상자별 복지서비스 제공 여부와 유형을 결정하여야 한다고 규정. 서울행정법원은 "기초생활수급자가 아니라는 이유로 장애인 탈시설 주거지원 서비스 신청을 거부한 것은 위법하다"며 양천구청장을 상대로 한 사회복지서비스 변경신청 거부처분 취소 청구소송에서 원고 승소를 판결했다.

양천구청 내 장애인공동생활가정 및 서울시 주관 장애인자립생활 체험 홈 사업 등은 국민기초생활수급권자를 입소자격으로 요구하지 않는 등을 미루어 볼 때 양천구청에서 회신함에 있어 원고에게 제공할 수 있는 주거지원 시설의 현황조차 파악하지 않은 것은 '복지요구조사 미비'라는 절차적 하자에 해당하므로 실체적 하자 여부에 관한 사항을 더 살펴볼 필요 없이 위법하다고 결론 내렸다.

3) 사회보장정보

(1) 사회보장정보 및 사회보장정보시스템의 이용

사회보장정보)(**제23조**)

1. 근거 법령, 보장대상 및 내용, 예산 등 사회보장급여 현황에 관한 자료 또는 정보
2. 제5조부터 제22조까지에 따른 상담, 신청, 조사 및 자격의 변동관리에 필요한 인적사항·소득·재산 등에 관한 자료 또는 정보
3. 사회보장급여 수급이력에 관한 자료 또는 정보
4. 제51조에 따라 보건복지부 장관이 위임·위탁받은 업무를 수행하는 데 필요한 자료 또는 정보

5. 사회보장정보와 관련된 법령 등에 따른 상담, 신청(제25조 제3항에 따른 신청을 포함한다), 조사, 결정, 제공, 환수 등의 업무처리내역에 관한 자료 또는 정보
6. 사회보장 관련 민간 법인·단체·시설의 사회보장급여 제공 현황 및 보조금 수급이력에 관한 자료 또는 정보
7. 그 밖에 사회보장급여의 제공·관리 및 사회보장정보시스템 구축·운영에 필요한 정보로서 대통령령으로 정하는 자료 또는 정보

- (사회보장정보의 정확성 유지) 보건복지부 장관은 사회보장정보의 정확성을 유지하기 위해 주기적으로 갱신하여 정보에 오류가 있다고 판단되는 경우 원천 자료 또는 정보를 제공한 기관의 장에게 정보의 수정 또는 보완을 요구할 수 있다(제26조).
- (사회보장정보의 표준화) 보건복지부 장관은 사회보장정보의 공동 활용을 통해 국민이 사회보장급여 이용을 편리하게 할 수 있도록 사회보장정보와 관련된 각종 기준, 절차, 방법, 서식 등을 표준화하여 제시할 수 있으며(제27조, 부록 2. 사회보장급여신청서 참조), 국민에게 사회보장 관련 자료 또는 정보의 검색, 조회 등 온라인 서비스를 제공하는 인터넷 기반의 대국민 포털을 구축·관리하고 활용을 촉진하여야 한다(제25조).
- 사회보장정보시스템의 운영·지원을 위한 사회보장정보원을 설립한다(제29조).

(2) 사회보장정보의 보호

- 보건복지부 장관은 사회보장정보시스템의 사회보장정보를 안전하게 보호하기 위하여 물리적·기술적 보호대책을 수립하여 시행하며(제30조), 누구든지 사회보장정보를 처리할 때에 사회보장정보 처리업무를 방해할 목적이나 정당한 사유 없이 사회보장정보를 위조·변경·훼손하거나 말소 또는 이용하는 행위, 정당한 권한이 없거나 허용된 권한을 초과하여 사회보장정보를 처리하는 행위를 하여서는 아니 된다(제31조).
- 사회보장정보원의 장 및 사회보장정보시스템을 이용하는 보장기관의 장은 사회보장정보시스템에 침해행위가 발생한 때 피해복구 및 보호에 필요한 조

치를 신속히 취하고 보건복지부 장관에게 즉시 통보해야 한다(제32조). 사회보장정보를 5년이 지나면 파기하여야 한다(제34조).

사 례 **사회보장급여법 제31조 사회보장정보 침해 행위 등 금지 위반 사례와 조치**

2012~2018, 최근 6년간 개인정보 오남용 부적정 판정사례 2,377건 중 1,672건은 개인정보취급 공무원의 업무 중 단순실수 등으로 확인돼 보건복지부가 해당 지자체에 서면·구두경고 등을 한 것으로 밝혀졌다. 그리고 같은 기간 보건복지부가 지자체에 사회보장시스템 개인정보 오남용에 따른 징계요구를 한 사례는 705건이었다. 연도별로 보면, 2012년 7건에 그쳤던 보건복지부 징계요구 사례는 2013년 21건, 2014년 59건, 2015년 220건, 2016년 238건, 2017년 161건으로 나타났으며, 2017년의 경우 2012년 대비 23배 증가한 것으로 나타났다. 보건복지부가 지자체에 요구한 징계 중에서는 '경고'가 전체 705건의 69.6%인 491건으로 가장 많았으며, 지자체가 실제 조치한 징계 중에서도 '경고·훈계'가 413건(58.6%)으로 가장 많았다.

출처 : 후생신보(2018. 10. 10).

4) 사회보장에 관한 지역계획 및 운영체계

(1) 지역사회보장에 관한 계획

- 특별시장·광역시장·특별자치시장·도지사·특별자치도지사(이하 '시·도지사') 및 시장·군수·구청장은 4년마다 '지역사회보장계획'을 수립하고 매년 연차별 시행계획을 수립하며, 이 경우 사회보장기본법 제16조에 따른 사회보장에 관한 기본계획과 연계되도록 하여야 한다(제35조).

지역사회보장계획의 내용**(제36조)**

<시·군·구 지역사회보장계획>
1. 지역사회보장 수요의 측정, 목표 및 추진전략
2. 지역사회보장의 목표를 점검할 수 있는 지표(이하 "지역사회보장지표"라 한다)의 설정 및 목표
3. 지역사회보장의 분야별 추진전략, 중점 추진사업 및 연계협력 방안
4. 지역사회보장 전달체계의 조직과 운영
5. 사회보장급여의 사각지대 발굴 및 지원 방안
6. 지역사회보장에 필요한 재원의 규모와 조달 방안
7. 지역사회보장에 관련한 통계 수집 및 관리 방안
8. 지역 내 부정수급 발생 현황 및 방지대책
9. 그 밖에 대통령령으로 정하는 사항

<특별시 · 광역시 · 도 · 특별자치도 지역사회보장계획>
1. 시 · 군 · 구의 사회보장이 균형적이고 효과적으로 추진될 수 있도록 지원하기 위한 목표 및 전략
2. 지역사회보장지표의 설정 및 목표
3. 시 · 군 · 구에서 사회보장급여가 효과적으로 이용 및 제공될 수 있는 기반 구축 방안
4. 시 · 군 · 구 사회보장급여 담당 인력의 양성 및 전문성 제고 방안
5. 지역사회보장에 관한 통계자료의 수집 및 관리 방안
6. 시 · 군 · 구의 부정수급 방지대책을 지원하기 위한 방안
7. 그 밖에 지역사회보장 추진에 필요한 사항

(2) 지역사회보장 운영체계

- 시 · 도지사는 시 · 도 사회보장위원회(제40조)를 두며, 시장 · 군수 · 구청장은 지역의 사회보장을 증진하고 사회보장과 관련된 서비스를 제공하는 관계 기관 · 법인 · 단체 · 시설과 연계 · 협력을 강화하기 위해 지역사회보장협의체를 둔다(제41조).
- (지역사회보장 지원 및 균형발전) 시 · 도 및 시 · 군 · 구 간 사회보장 수준의 차이를 최소화하기 위하여 예산 배분, 사회보장급여의 제공기관 배치 등에 필요한 조치를 하고(제45조), 지역 간 사회보장의 균형발전 지원업무를 효과적으로 수행하기 위한 '지역사회보장균형발전지원센터'를 설치 · 운영할 수 있다(제46조). 중앙행정기관장 또는 시 · 도지사는 영구임대주택단지 등 보건, 복지, 고용, 주거, 문화 등 특정 분야의 서비스가 취약한 지역을 사회보장 특별지원구역으로 선정하여 지원할 수 있다(제48조).

(3) 사회보장사무 전담기구 및 사회복지전담공무원

- (사회보장사무 전담기구) 특별자치시장 및 시장 · 군수 · 구청장은 사회보장에 관한 업무를 효율적으로 수행하기 위하여 관련 조직, 인력, 관계 기관 간 협력체계 등을 마련하며, 필요한 경우 사회보장에 관한 사무를 전담하는 기구를 별도로 설치할 수 있다(제42조).
- (통합사례관리) 보건복지부 장관, 시 · 도지사 및 시장 · 군수 · 구청장은 지원

대상자의 사회보장 수준을 높이기 위하여 지원대상자의 다양하고 복합적인 특성에 따른 상담과 지도, 사회보장에 대한 욕구조사, 서비스 제공 계획 수립 및 그 계획에 따른 보건 · 복지 · 고용 · 교육 등에 대한 사회보장급여와 민간 법인 · 단체 · 시설 등이 제공하는 서비스를 종합적으로 연계 · 제공하는 통합사례관리를 실시할 수 있다. 이러한 통합사례관리를 실시하기 위하여 필요한 경우에는 특별자치시 및 시 · 군 · 구에 "통합사례관리사"를 둘 수 있으며, 보건복지부 장관은 통합사례관리 사업의 전문적인 지원을 위하여 해당 업무를 공공 또는 민간 기관 · 단체 등에 위탁하여 실시할 수 있다(제42조의2).

- (복지전담공무원) 사회복지사업에 관한 업무를 담당하게 하기 위해 시 · 도, 시 · 군 · 구 및 읍 · 면 · 동 또는 사회보장사무 전담기구에 사회복지전담공무원(복지전담공무원)을 둘 수 있다(제43조).

5) 사회보장수급권의 보장

(1) **비밀유지 의무(제49조)** - 사회보장급여의 신청 및 지원대상자 발굴에 따른(제5조에서 제22조) 신청, 조사, 결정, 확인조사, 환수 등 급여의 제공 및 관리 등에 관한 업무와 사회보장정보의 처리 등에 관한 업무에 종사하거나 종사하였던 사람은 직무상 알게 된 비밀을 다른 사람에게 누설하거나 직무상 목적 외의 용도로 이용하여서는 아니 된다.

(2) **사회보장급여의 압류 금지(제50조)** - 사회보장급여로 지급된 금품과 이를 받을 권리는 압류하지 못한다.

(3) **이의신청(제17조)** - 이 법에 따른 처분에 이의가 있는 수급권자 등은 그 처분을 받은 날로부터 90일 이내에 처분을 결정한 보장기관의 장에게 이의신청을 할 수 있다.

3. 사회보장급여법 관련 법령해석례

법제처 16-0179, 2016. 7. 27., 보건복지부 : 「사회보장급여의 이용 · 제공 및 수급권자 발굴에 관한 법률」에 의한 시 · 도사회보장위원회 또는 지역사회복지협의체에 부여된 사회복지법인 외부이사의 추천권을 인정할 수 있는지 여부(사회복지사업법 제28조 등 관련)

(1) 질의의 배경

「사회보장급여의 이용 · 제공 및 수급권자 발굴에 관한 법률」(2015. 7. 시행) 제40조에서는 사회복지사업법에 따른 시 · 도사회복지위원회에 대응하는 기구로서 시 · 도 사회보장위원회를, 「사회보장급여의 이용 · 제공 및 수급권자 발굴에 관한 법률」 제41조에서는 사회복지사업법에 따른 지역사회복지협의체에 대응하는 기구로서 지역사회보장협의체를 각각 규정하고 있음.

보건복지부는 사회복지사업법 제18조에 따른 사회복지법인 외부이사 추천제도의 운영과 관련하여 지역사회보장 운영체계로 개편한 지방자치단체에서 「사회보장급여의 이용 · 제공 및 수급권자 발굴에 관한 법률」에 따른 시 · 도사회보장위원회 및 지역사회보장협의체에 사회복지법인 외부이사의 추천권을 인정할 수 있는지 여부를 명확히 하기 위하여 법제처에 법령해석을 요청함.

(2) 회답과 이유

【회답】 지방자치단체가 사회복지사업법에 따라 설치 · 운영하던 사회복지위원회 및 지역사회복지협의체를 폐지하고 「사회보장급여의 이용 · 제공 및 수급권자 발굴에 관한 법률」에 따른 시 · 도사회보장위원회 및 지역사회보장협의체를 설치하여 운영하는 경우, 지역사회보장협의체는 사회복지사업법 제18조에 따라 지역사회복지협의체에 부여된 사회복지법인 외부이사의 추천권을 행사할 수 있다.

【이유】 사회복지사업법 제7조 제1항에서는 사회복지사업에 관한 중요 사항과 「사회보장급여의 이용·제공 및 수급권자 발굴에 관한 법률」(이하 '사회보장급여법'이라 함)에 따른 지역사회보장계획을 심의하거나 건의하기 위하여 특별시·광역시·도·특별자치도(이하 '시·도'라 함)에 사회복지위원회를 둔다고 규정하고 있고, 같은 법 제7조의2 제1항에서는 관할지역의 사회복지사업에 관한 중요 사항과 사회보장급여법에 따른 지역사회보장계획을 심의하거나 건의하고, 사회복지·보건의료 관련 기관·단체가 제공하는 사회복지서비스 및 보건의료서비스의 연계·협력을 강화하기 위하여 특별자치도 또는 시·군·구에 지역사회복지협의체를 둔다고 규정하고 있으며, 같은 법 제18조 제2항에서는 사회복지법인은 같은 조 제1항에 따른 이사 정수의 3분의 1 이상을 같은 법 제7조에 따른 사회복지위원회(제1호) 또는 같은 법 제7조의2에 따른 지역사회복지협의체(제2호)가 2배수로 추천한 사람 중에서 선임하여야 한다고 규정하고 있다.

한편 사회보장급여법 제40조 제1항에서는 시·도지사는 시·도의 사회보장 증진을 위하여 시·도사회보장위원회를 둔다고 규정하고 있고, 같은 법 제41조 제1항에서는 시장·군수·구청장은 해당 시·군·구에 지역사회보장협의체를 둔다고 규정하고 있으며, 법률 제12935호 「사회보장급여의 이용·제공 및 수급권자 발굴에 관한 법률」 부칙 제4조에서는 사회복지사업법 제7조의2에 따른 지역사회복지협의체는 지역사회보장협의체로 본다고 규정하고 있는바, 이 사안은 지방자치단체가 사회복지사업법에 따라 설치·운영하던 사회복지위원회 및 지역사회복지협의체를 폐지하고 사회보장급여법에 따른 시·도사회보장위원회 및 지역사회보장협의체를 설치하여 운영하는 경우, 시·도사회보장위원회 및 지역사회보장협의체가 사회복지사업법 제18조에 따라 시·도 사회복지위원회 또는 지역사회복지협의체에 부여된 사회복지법인 외부이사의 추천권을 행사할 수 있는지에 관한 것이라 하겠다.

먼저, 사회보장급여법은 지역사회복지에 사회보장기본법에 따른 사회보장제도의 개념을 도입하여 기존에 보건의료·사회복지 부문에 한정되었던 지역사회복지의 범주를 고용 · 주거 · 교육 · 문화 부문 등을 모두 포괄하는 '지역사회보장'의 개념으로 확대하고 그에 상응하는 지역사회보장 운영체계로 기존의 지역사회복지 운영체계를 개편하기 위한 취지에서 마련된 법률로서, 사회복지사업 중심의 서비스 이용 절차와 운영에 한정되어 있어 중앙행정기관과 지방자치단체 간의 유기적인 연계를 통한 지역단위 사회보장을 제대로 이루어 내지 못하는 사회복지사업법의 한계를 보완하고 이를 재정비하기 위한 것으로 볼 수 있다.

그런데 법률 제12935호 「사회보장급여의 이용 · 제공 및 수급권자 발굴에 관한 법률」 부칙 제4조에서는 사회복지사업법에 따른 '지역사회복지협의체'를 사회보장급여법에 따른 '지역사회보장협의체'로 보도록 하는 경과조치를 규정하고 있는바, 이는 지역사회복지협의체와 지역사회보장협의체가 일정한 영역에서 사실상 유사한 역할을 수행하는 협의체임을 고려하여 지역사회복지협의체와 지역사회보장협의체 중 하나만 설치된 경우에는 그 설치된 협의체가 두 협의체의 기능을 통합하여 수행하게 함으로써 사회보장사업의 원활한 수행을 도모하려는 취지라고 할 것이다.

이상과 같은 점을 고려하여 볼 때, 지방자치단체가 사회복지사업법에 따라 설치 · 운영하던 사회복지위원회 및 지역사회복지협의체를 폐지하고 사회보장급여법에 따른 시 · 도사회보장위원회 및 지역사회보장협의체를 설치하여 운영하는 경우, 지역사회보장협의체는 사회복지사업법 제18조에 따라 지역사회복지협의체에 부여된 사회복지법인 외부이사의 추천권을 행사할 수 있다(출처: 국가법령정보센터 law.go.kr).

(3) 시사점

사회보장급여법이 제정(2014. 12)되어 시행(2015. 7)되고 있음에도 불구하고, 2017년 10월 24일 이전까지는 사회복지사업법 또한 사회보장급여법과 병존하여 시행되었다. 특히 이들 두 법률에서 사회복지위원회 및 지역사회복지협의체(사회복지사업법 제7조 및 제7조의2)와 시 · 도사회보장위원회 및 지역사회보장협의체(사회보장급여법 제

40조 및 제41조)를 각각 별도로 규정하고 있는데, 이와 같이 그 내용이 유사하거나 중복되더라도 실제 각 시 · 도와 시 · 군 · 구 지역단위에서 사회보장위원회 체계로 전환되는 것에 필요한 조치(조례의 제개정 및 행정집행)를 취하는 데 일정한 기간이 소요되며 이러한 경과 기간 동안에는 불가피하게 각각의 법률이 유효하게 시행되었음을 알 수 있다.

동 사례를 통해 구법과 신법의 충돌 시 법적 효력에 대한 신법 우선의 원칙이 적용되는 결과를 알 수 있다. 또한 사회복지 행정 현장에서 신법체계가 안착될 수 있도록 일정 기간 경과규정의 불가피성을 이해할 수 있다. 법률 간의 충돌 시 명확성 원칙에 기반한 적극적인 법령해석을 구하는 노력 역시 시사하는 바가 크다.

요 약

- 「사회보장급여의 이용·제공 및 수급권자 발굴에 관한법률(약칭 : 사회보장급여법, 2014. 12. 30. 제정, 2015. 7. 1. 시행)」은 2012년 전면 개정된 사회보장기본법의 세부적 실행방안과 절차를 마련한 법으로, 사회보장급여의 이용 및 제공에 관한 기준과 절차 등 기본적 사항을 규정하고, 지원받지 못하는 지원대상자를 발굴하여 지원하는 것을 목적으로 한다.
- 사회보장급여법은 누구든지 사회보장급여를 신청할 수 있도록 필요한 안내와 상담 및 충분한 급여의 제공, 생애주기별 사회보장급여를 공정, 투명, 적정하게 제공하며, 공적 사회보장기관과 민간복지체계를 효과적으로 연계할 뿐 아니라 지역의 사회보장 수준이 균등하게 실현됨을 기본 원칙으로 제시하고 있다.
- 사회보장급여의 이용은 급여의 신청, 요구의 조사, 수급자격 조사를 거쳐 사회보장급여를 결정하는 절차를 따른다. 복지사각지대를 해소하기 위한 본 법률의 취지에 따라 지원대상자 발견 시 신고해야 할 의무가 있는 범위를 규정하고 있으며, 지원대상자 발굴을 위한 필요한 정보의 제공과 가정 및 지역공동체를 포함한 민관협력의 노력을 제시하고 있다.
- 사회보장급여를 제공받으면서 수급자는 소득이나 재산상태 등의 변동이 있을 시 신고해야 하며, 보장기관은 적정성 확인조사를 통해 사회보장급여의 변경이나 중지 및 부정수급에 대해서 환수를 할 수 있다.
- 지원대상자 발굴 및 사회보장급여의 관리를 위해 광범위한 사회보장정보를 활용하며, 사회보장정보시스템의 이용 및 사회보장정보의 처리와 사회보장정보의 보호 등을 위해 엄격한 규정을 갖추고 있다.
- 사회보장급여법은 특히 지역 중심의 패러다임을 담고 있으며, 시·도사회보장위원회 및 지역사회보장협의체를 운영하고 지역사회보장계획을 수립하도록 의무화하였다. 나아가 지역 간 사회보장 수준 차이를 최소화하기 위해 예산 배분 및 제공기관의 균형 배치를 도모하고, 지역사회보장 균형발전지원센터 설치 및 사회보장 특별지원 구역 선정에 대한 구체적 조치 규정도 담고 있다.

참고문헌

강혜규(2016). 사회보장급여법의 시행과 지역사회보장 발전의 과제. 보건복지포럼(2016. 7), 제 237호. 한국보건사회연구원.

연합뉴스(2018. 5. 21) www.yonhapnews.co.kr/bulletin/2018/05/18/0200000000AKR20180518161300064.HTML?input=1195m

후생신보(2018. 10. 10) www.whosaeng.com/sub_read.html?uid=104960&section=sc1)

한국뉴스통신(2018. 9. 8.) www.newssun.kr/news/articleView.html?idxno=30727

국가법령정보센터 law.go.kr

사회보장급여의 이용 · 제공 및 수급권자 발굴에 관한 법률

Chapter

11

사회복지사업법의 이해

본 장의 목표

사회복지서비스의 일반법적 위치에 있는 사회복지사업법을 형식적 및 내용적 측면과 관련 판례를 통해 통합적으로 접근한다. 본 장을 학습하고 난 뒤 :

- 사회복지사업법의 연혁과 형식체계를 이해한다.
- 사회복지사업법의 목적과 범위, 사회복지법인 및 사회복지시설, 사회복지사업의 실시 등 법의 내용을 파악한다.
- 사회복지사업법 관련 판례를 이해한다.

주요 용어

- 사회복지사업법
- 사회복지시설
- 현물제공
- 지역사회복지
- 사회복지서비스
- 사회복지사 자격증
- 사회복지법인
- 재가복지
- 사회복지서비스 이용권

본 장의 핵심

사회복지사업법은 사회복지사업에 관한 기본적인 사항을 규정하는 법률로서 사회복지서비스 분야의 다른 법률들에 대하여 기본법적·일반법적 지위에 있다. 1970년에 최초 제정된 이후 공적 사회복지전달체계를 규정한 1992년의 전부개정, 사회복지사 자격기준을 규정한 1997년의 전부개정 및 인권규정이 강화된 2012년도의 전부개정에 가까운 일부개정이 있었다. 이후 사회보장급여법 제정에 따라 기존 사회복지사업법상에서의 사회복지서비스 제공 및 지역사회복지 관련 규정들이 사회보장급여법의 '사회보장' 및 '지역사회보장'으로 계승되었고, 2017. 10. 24. 사회복지사업법 개정(시행 2019. 1) 전까지 사회복지사업법과 사회보장급여법이 병존하기도 하였다.

사회복지사업법은 제2조 정의를 통해 사회복지사업에 포함되는 관계 법률을 규정하고 있으며 1983년 5개에서 2012년 25개, 2016년 26개로 증가하다, 2019년 2월 기준 27개의 관계 법률명이 명시되어 있다.

사회복지사업법은 사회복지법인 및 시설의 설립과 운영, 정부의 보조금 지원 근거, 공적 및 민간사회복지전달체계, 사회복지사에 대한 규정 등 사회복지 실천현장에 매우 직접적이며 밀접하게 적용되는 법률이라 할 수 있다.

이러한 사회복지사업법은 그간 생활시설 및 이용시설 중심의 사회복지서비스에 대한 제도적 규제로서 발전되어 왔다. 그러나 최근 성장하고 있는 바우처 방식의 사회서비스 공급체계 및 사회보장기본법에서 정의한 포괄적 사회서비스를 수용하기 어렵다는 한계가 지적되면서 사회복지사업과 사회서비스의 개념 및 이를 관장하는 기본법 체계에 대한 새로운 대안들이 주장되고 있다(김영종, 2014).

Chapter

11 사회복지사업법의 이해

1. 사회복지사업법의 연혁과 형식체계

1) 사회복지사업법의 연혁

사회복지사업법은 1970년 1월 1일 신규 제정(법률 제2191호, 1970. 1. 1. 제정, 1970. 4. 2. 시행)되었으며, 사회복지사업에 관한 기본적인 사항을 규정하여 공정한 운영을 기함으로써 사회복지의 증진을 도모하려는 것을 제정 목적으로 하였다.

그러나 1970년 제정 사회복지사업법은 사회복지서비스를 제공하는 민간단체에 대한 효율적인 관리와 감독의 필요성 및 1960년대 외원단체의 철수에 따른 사회복지사업의 재정을 민간단체의 공동모금을 통해 충당하기 위한 보다 직접적인 배경에 의해 제정되었다는 것이 지배적이다(심재진, 2011; 이상용, 2015).

이러한 배경에서 제정된 사회복지사업법은 사회복지사업을 요구호사업 중심의 제한적 사업으로 정의하며 사회복지법인과 사회복지시설에 대한 조항이 대부분이었던 반면, 사회복지사업에 대한 국가책임에 대한 규정은 부재하였으며 공적 사회복지서비스 전달체계에 대한 규정 역시 전혀 없었다.

최초 제정된 사회복지사업법의 주요 사항은 다음과 같다.

① 사회복지사업의 정의와 범위로 생활보호법 · 아동복리법 · 윤락행위등방지법 등에 의한 보호사업 · 복지사업 · 선도사업 · 복지시설의 운영 등을 목적으로 하는 사업으로 함

② 사회복지사업을 목적으로 하는 사회복지법인을 설립하고자 하는 자는 보건사회부 장관의 인가를 받도록 함
③ 사회복지시설의 설치 · 운영은 국가 · 지방자치단체 및 시 · 도지사의 허가를 받은 사회복지법인 또는 보건사회부 장관의 허가를 받은 기타의 법인에 한함
④ 보건사회부 장관은 공동모금의 목적달성을 위하여 법인인 모금회의 설립을 허가할 수 있도록 함

이후 사회복지사업법은 2019년 현재까지 20여 차례에 걸친 개정이 이루어졌으며 이 중 첫 번째 전부개정은 1992년에 이루어졌다. 1992년 12월 공포된 개정 사회복지사업법은 사회복지행정의 전문성과 효율성을 높이기 위하여 일선행정기관에 사회복지전담공무원을 두고 시 · 군 · 구에는 복지사무전담기구를 설치할 수 있도록 하며, 사회복지사업의 범위를 조정하기 위한 것으로, 사회복지사업 범위의 확대와 공적 사회복지전달체계가 공식화되는 계기였다.

그 후 1997년 8월 사회복지사의 전문성을 제고하기 위하여 사회복지사 1급은 국가시험에 합격한 자로 하고, 현행 사회복지시설 설치 · 운영에 대한 허가제를 신고제로 변경하여 동 시설의 설치 · 운영을 용이하게 하였다. 나아가 개인도 시설을 설치 · 운영할 수 있도록 하고, 사회복지법인과 시설운영의 투명성을 보장할 수 있도록 제도적 장치를 강화하였다. 자원봉사활동을 지원할 수 있는 법적 근거를 마련하는 등 기타 미비한 사항을 정비 · 보완하여 사회복지사업을 활성화하기 위한 두 번째 전문개정이 이루어졌다.

사회복지사업법의 개정 과정에서 주목할 만한 것은 이른바 영화 '도가니'로 우리 사회를 충격으로 빠뜨렸던 사회복지시설의 심각한 인권유린 사건 이후에 개정된 법률(2012. 1. 26)이다. 이때 개정 사유는 일부 사회복지법인 및 시설 대표자의 전횡, 시설 내 이용자 인권 침해, 사적 이익 추구 등이 사회문제로 대두됨에 따라 시설이용자의 인권보호와 사회복지법인 및 시설 운영의 투명성을 강화하며, 사회복지시설 서비스의 최저기준을 마련함으로써 사회복지서비스 이용자들의 인권과 복지를 증진하는 내용이 반영되었다(박윤영, 2013).

사 례 영화 도가니와 사회복지사업법 개정

2005년 광주 인화학교와 인화원에서 청각장애 학생들에 대한 성폭력 사건을 다룬 영화로 2011년 9월 개봉되어 전 국민적 관심은 물론 장애인권단체, 시민단체들이 '도가니대책위원회'를 만들어 법률의 개정을 촉구하였고, 2012년 사회복지사업법의 개정을 이끌어 내었다.

사회복지사업법은 「사회보장급여의 이용·제공 및 수급권자 발굴에 관한 법률」의 제정(2014. 12. 30) 이후 2017년 10월 24일까지 개정을 거듭하며 법률의 내용적 체계에 상당한 변화를 가져왔다. '사회복지사업의 실시'(구 사회복지사업법 제2장의2. 제33조의2~8), '사회복지위원회와 지역사회복지협의체'(구 사회복지사업법 제7조~제8조)는 삭제되었고 이는 사회보장급여법상의 '사회보장급여'(제2장 제5조~제22조) 및 '사회보장에 관한 지역계획 및 운영체계'(제4장 제35조~제43조)로 규정되었다.

그 밖에 2017년 이후 사회복지사업법은 사회복지사 자격취소자의 2년 내 재교부 금지, 전문사회복지사(정신건강·의료·학교) 제도 도입, 서비스 이용자의 선택권 보장 등의 주요 개정이 있었다.

2) 사회복지사업법의 형식적 체계

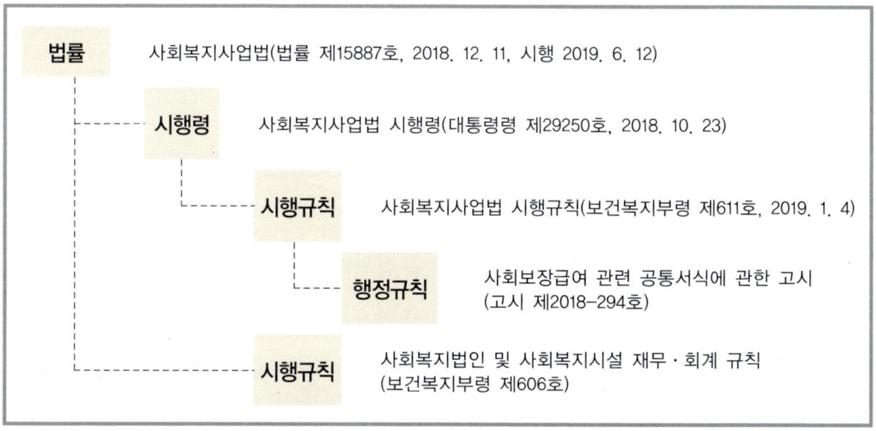

|그림 11-1| 사회복지사업법의 상하위법령 체계

사회복지사업법은 사회보장기본법과 마찬가지로 헌법 제34조의 기본권 이념 실현 및 국가의 사회복지증진 책무를 실현하기 위해 의회를 통해 제정된 법률이다. 또한 사회보장기본법에 대해서는 하위법 위치에 있으며, 사회복지사업과 관련된 개별 사회복지법률에 대해서는 기본법이자 일반법적 지위에 있다. 법 제3조(다른 법률과의 관계) 규정을 통해 사회복지사업의 내용 및 절차에 관하여 제2조(정의) 각 목의 법률에 특별한 경우를 제외하고 이 법에서 정하는 바에 따르며, 개정하는 경우에도 이 법에 부합하여야 함을 명시함으로써 기본법적 지위를 명확히 하고 있다.

그러나 법 제2조(정의)에 포함된 법률들이 한정적으로 열거되면서 일반적으로 사회복지사업 영역에 포함되는 청소년, 가족, 자원봉사 등과 관련된 법이 소관부처가 다르다는 이유로 배제되는 문제가 지적되어 사회복지사업법의 적용을 받는 방안도 제안되고 있다(이형하 외, 2009).

사회복지사업법은 법률에서 위임된 명령으로서 시행령과 시행규칙이 있으며, 법률과 명령의 위임 또는 집행을 위한 다양한 행정규칙(보건복지부 장관)이 마련되어 있다.

2. 사회복지사업법의 내용적 구성

1) 법의 목적과 이념 및 범위

(1) 법의 목적(제1조)

- 사회복지사업에 관한 기본적 사항을 규정하여 사회복지를 필요로 하는 사람에 대한 인간의 존엄성과 인간다운 생활을 할 권리를 보장하고,
- 사회복지의 전문성, 사회복지사업의 공정 · 투명 · 적정을 도모하며,
- 지역사회복지체계 구축과 사회복지서비스 질을 높여 사회복지 증진에 이바지한다.

(2) 법의 이념(제1조의2)

- (평등성) 사회복지를 필요로 하는 사람은 누구든지 자신의 의사에 따라 서비스를 신청하고 제공받을 수 있다.
- (공공성) 사회복지법인 및 사회복지시설은 공공성을 가지며 사회복지사업을 시행하는 데 있어서 공공성을 확보하여야 한다.
- (인권보장) 사회복지사업을 시행하는 데 있어서 사회복지를 제공하는 자는 사회복지를 필요로 하는 사람의 인권을 보장하여야 한다.
- (선택권보장) 사회복지서비스를 제공하는 자는 사회복지서비스를 이용하는 사람의 선택권을 보장하여야 한다.

(3) 사회복지사업의 정의(제2조)

- "사회복지사업"이란, 국민기초생활보장법, 아동복지법, 노인복지법, 장애인복지법 등 27개 개별 법률(가목~퍼목)에 따른 보호·선도 또는 복지에 관한 사업과 사회복지상담, 직업지원, 무료 숙박, 지역사회복지, 의료복지, 재가복지(在家福祉), 사회복지관 운영, 정신질환자 및 한센병력자의 사회복귀에 관한 사업 등 각종 복지사업과 이와 관련된 자원봉사활동 및 복지시설의 운영 또는 지원을 목적으로 하는 사업을 의미한다.
- "지역사회복지"란 주민의 복지증진과 삶의 질 향상을 위하여 지역사회 차원에서 전개하는 사회복지를 말한다.
- "사회복지법인"이란 사회복지사업을 할 목적으로 설립된 법인을 말한다.
- "사회복지시설"이란 사회복지사업을 할 목적으로 설치된 시설을 말한다.
- "사회복지관"이란 지역사회를 기반으로 일정한 시설과 전문인력을 갖추고 지역주민의 참여와 협력을 통하여 지역사회의 복지문제를 예방하고 해결하기 위하여 종합적인 복지서비스를 제공하는 시설을 말한다.
- "사회복지서비스"란 국가·지방자치단체 및 민간 부문의 도움을 필요로 하는 모든 국민에게 사회보장기본법 제3조 제4호에 따른 사회서비스 중 사회복지

사업을 통한 서비스를 제공하여 삶의 질이 향상되도록 제도적으로 지원하는 것을 말한다.

- "보건의료서비스"란 국민의 건강을 보호 · 증진하기 위하여 보건의료인이 하는 모든 활동을 말한다.

2) 책임과 의무

(1) 국가와 지방자치단체의 '복지와 인권증진의 책임'(제4조)

- 인권침해 예방 및 차별금지와 인권 옹호의 책임
- 사회복지서비스와 보건의료서비스 연계 제공 노력
- 사회복지를 필요로 하는 사람에 대한 상담, 작업치료, 직업훈련 실시 및 복지 욕구 조사
- 사회복지시설의 균형 있는 설치 노력
- 민간 부문 사회복지 증진활동 활성화 및 국가 · 지방자치단체 복지사업과의 연계 노력
- 인권이 존중되는 방식으로 사회복지서비스 제공 및 인권교육 강화
- 긴급한 인권침해 상황에 놓인 경우 신속히 대응할 체계 마련
- 시설거주자 또는 보호자의 희망을 반영하여 지역사회보호체계에서 서비스가 제공될 수 있도록 노력
- 사회복지서비스를 필요로 하는 사람들에게 정보 제공
- 사회복지서비스를 제공하는 자로부터 위법 또는 부당한 처분을 받아 권리나 이익을 침해당한 사람을 위하여 간이하고 신속한 구제조치 마련

(2) 복지업무 종사자의 책임

- (인권존중 및 최대봉사의 원칙) 복지업무에 종사하는 사람은 사회복지를 필요로 하는 사람을 위해 인권을 존중하고 차별 없이 최대로 봉사하여야 하며, 국가와 지방자치단체는 복지업무에 종사하는 사람이 인권을 침해하는 행위

를 한 경우 법률에 따라 처분하고 그 사실을 공표하는 등의 조치를 하여야 한다(제5조).

- (비밀누설의 금지) 사회복지사업 또는 사회복지업무에 종사하였거나 종사하고 있는 사람은 그 업무 수행 과정에서 알게 된 다른 사람의 비밀을 누설하여서는 아니 된다(제47조).

(3) 사회복지서비스 제공의 원칙(제5조의2)

- 사회복지서비스 제공은 현물로 제공하는 것을 원칙으로 하며,
- 국가 또는 지방자치단체 외의 자로 하여금 이러한 서비스 제공을 실시하는 경우 보호대상자에게 사회복지서비스 이용권을 지급하여 그 이용권으로 서비스 제공을 받게 할 수 있다.
- 국가와 지방자치단체는 사회복지서비스의 품질향상과 원활한 제공을 위해 필요한 시책을 마련하고, 서비스 품질을 관리하기 위해 제공 기관・법인・시설・단체의 서비스 환경, 서비스 제공 인력의 전문성 등을 평가할 수 있다.

(4) 시설설치의 방해 금지(제6조)

- 누구든지 정당한 이유 없이 사회복지시설의 설치를 방해해서는 안 되며, 시장・군수・구청장은 정당한 이유 없이 사회복지시설의 설치를 지연시키거나 제한하는 조치를 하여서는 아니 된다.

(5) 사회복지 자원봉사활동 지원・육성(제9조)

- 국가와 지방자치단체는 사회복지 자원봉사활동을 지원 육성하기 위해 다음의 사항을 실시하여야 한다.

> 자원봉사활동의 홍보 및 교육, 자원봉사활동 프로그램 개발・보급, 자원봉사활동 중의 재해에 대비한 시책의 개발, 그 밖에 자원봉사활동의 지원에 필요한 사항

3) 사회복지법인의 설립과 운영 및 해산

(1) 법인의 설립(제16~17조)

- 사회복지법인은 시・도지사의 허가를 받아야 한다(제16조 제1항).
- 법인의 정관에 포함되어야 할 사항은 다음과 같다(제17조 제1항).

> 목적, 명칭, 주된 사무소의 소재지, 사업의 종류, 자산 및 회계에 관한 사항, 임원의 임면 등에 관한 사항, 회의에 관한 사항, 수익을 목적으로 하는 사업이 있는 경우 그에 관한 사항, 정관의 변경에 관한 사항, 존립시기와 해산사유를 정한 경우 그 시기와 사유 및 남은 재산의 처리방법, 공고 및 공고방법에 관한 사항

- 정관을 변경하려는 경우 시・도지사의 인가를 받는다(제17조 제2항).

(2) 법인의 임원(제18~22조의4)

- (임원의 구성) 법인은 대표이사를 포함한 이사 7명(임기 3년)이상과 감사 2명(임기 2년) 이상을 두어야 한다.
  - 이사 정수의 3분의 1 이상은 시・도사회보장위원회 또는 지역사회보장협의체에서 3배수로 추천한 사람 중에서 선임하며,
  - 대통령령으로 정하는 특별한 관계에 있는 사람이 이사 현원의 5분의 1을 초과할 수 없다(시행령 제9조 제1항).

> 1. 출연자
> 2. 출연자 또는 이사와의 관계가 다음 각 목의 어느 하나에 해당하는 사람
>   가. 6촌 이내의 혈족
>   나. 4촌 이내의 인척
>   다. 배우자(사실상 혼인관계에 있는 사람을 포함한다)
>   라. 친생자(親生子)로서 다른 사람에게 친양자(親養子)로 입양된 사람 및 그 배우자와 직계비속
> 3. 출연자 또는 이사의 사용인 그 밖에 고용관계에 있는 자
> 4. 출연자 또는 이사의 금전 그 밖의 재산에 의하여 생계를 유지하는 자 및 그와 생계를 함께하는 자
> 5. 출연자 또는 이사가 재산을 출연한 다른 법인의 이사

- (임원의 결격사유) 미성년자, 피성년후견인 또는 피한정후견인, 파산선거를 받고 복권되지 아니한 사람, 법원의 판결에 따라 자격이 상실되거나 정지된 사

람, 금고 이상의 실형을 선고받고 그 집행이 끝나거나 면제된 날부터 3년이 지나지 아니한 사람, 금고 이상의 형의 집행유예를 선고받고 그 유예기간 중에 있는 사람, 「성폭력범죄의 처벌 등에 관한 특례법」 제2조의 성폭력범죄 또는 아동·청소년대상 성범죄를 저지른 사람으로서 형 또는 치료감호 선고 후 그 형 또는 치료감호의 집행이 끝나거나 유예·면제된 날부터 10년이 지나지 아니한 사람, 시·도지사의 해임명령에 따라 5년이 지나지 아니한 자(제22조), 사회복지 분야 6급 이상 공무원으로 퇴직한 지 3년이 경과하지 아니한 자 중 퇴직 전 5년 동안 소속하였던 기초자치단체 관할 법인의 임원이 되고자 하는 자 등은 임원이 될 수 없다(제19조 제1항 제3호).

- (임원의 해임명령) 시·도지사는 정당한 이유 없이 시·도지사의 명령을 이행하지 아니하였을 경우, 회계부정이나 인권침해 등 불법행위 또는 부당행위 발견 시, 고의적인 보고 지연이나 거짓 보고 등의 경우 임원의 해임을 명할 수 있다(제22조).

(3) 법인의 재산과 운영

- (재산의 구분) 법인의 재산은 기본재산과 보통재산으로 구분한다(제23조 제2항).
- (기본재산) 기본재산에 관하여 매도·증여·교환·임대·담보제공 또는 용도변경을 하거나, 보건복지부령으로 정하는 일정 금액 이상을 1년 이상 장기차입하려는 경우 시·도지사의 '허가'를 받아야 한다(제23조 제3항).
- (수익사업) 법인은 목적사업의 경비를 충당하기 위해 필요할 때에는 법인의 설립목적 수행에 지장이 없는 범위에서 수익사업을 할 수 있다(제28조 제1항). 수익은 법인 또는 법인이 설치한 시설의 운영 외의 목적에 사용할 수 없고(제28조 제2항), 수익사업에 관한 회계는 법인의 다른 회계와 구분하여 회계처리하여야 한다(제28조 제3항).
- (회의록 작성 및 공개) 이사회는 일시, 안건, 의사, 출석임원 성명, 표결수 등을 포함한 회의록을 작성하여야 한다(제25조).

(4) 법인의 해산

- (설립허가 취소) 시·도지사는 법인이 거짓이나 그 밖의 부정한 방법으로 설립허가를 받았을 때, 설립허가 조건 위반, 목적사업 외의 사업을 하거나 목적 달성이 불가능하게 되었을 때, 법인이 운영하는 시설에서 반복적 또는 집단적 성폭력범죄가 발생한 때(관련 판례 참조), 법인 설립 후 기본재산을 출연하지 아니한 때에는 설립허가를 취소하여야 한다(제26조 제1항 제1~11호).
- (남은 재산의 처리) 해산한 법인의 남은 재산은 국가 또는 지방자치단체에 귀속된다(제27조 제1항).

4) 사회복지시설의 설치와 운영 및 폐쇄

(1) 사회복지시설의 설치

- 국가나 지방자치단체는 사회복지시설을 설치·운영할 수 있다(제34조 제1항).
- 국가 또는 지방자치단체 '외'의 자가 시설을 설치 운영하려는 경우 시·군·구청장에게 신고하여야 한다. 단, 폐쇄명령을 받고 3년이 지나지 아니한 자는 설치운영 신고를 할 수 없다(제34조 제2항).
- 각 시설의 수용인원은 300명을 초과할 수 없다(제41조).

(2) 사회복지시설의 운영

- (보험가입 의무) 시설의 운영자는 화재 및 화재 외 안전사고에 대한 손해배상 책임보험 및 한국사회복지공제회 책임공제에 가입하여야 한다(제34조의3).
- (시설의 안전점검 등) 시설의 장은 정기 및 수시 안전점검을 실시하여 그 결과를 시·군·구청장에게 제출하여야 한다. 국가 및 지방자치단체는 안전점검 및 시설의 보완과 개보수 비용의 전부 또는 일부를 보조할 수 있다(제34조의4).
- (시설 운영위원회) 시설운영계획의 수립 및 평가, 사회복지 프로그램 개발 및 평가, 시설 종사자와 거주자의 생활환경 개선, 인권보호, 시설과 지역사회의

협력에 관한 사항을 심의하기 위해 시설에 운영위원회를 두어야 한다(제36조).

- (시설의 서비스 최저 기준) 보건복지부 장관은 시설에서 제공하는 서비스의 최저기준을 마련하고(제43조 제1항), 시설 운영자는 이 최저기준 이상으로 서비스 수준을 유지하여야 한다(제43조 제2항).
- (시설의 평가) 보건복지부 장관과 시・도지사는 시설을 정기적으로 평가하고 그 결과를 공표하거나 시설의 감독 지원 등에 반영할 수 있으며 시설 거주자를 다른 시설로 보내는 등의 조치를 할 수 있다(제43조의2).
- (보조금 등) 국가나 지방자치단체는 사회복지사업을 하는 자 중 필요한 비용의 전부 또는 일부를 보조할 수 있다(제42조 제1항). 그러나 보조금을 받은 자가 거짓이나 부정한 방법으로 보조금을 받았을 때, 사업목적 외의 용도에 보조금을 사용하였을 때, 이 법 또는 이 법에 따른 명령을 위반하였을 때에는 보조금 반환을 명해야 한다(제42조 제3항).
- (후원금의 관리) 법인과 시설의 장은 후원금 수입, 지출 내용을 공개하고 관리의 명확성이 확보되도록 하여야 한다(제45조).
- (사회복지시설 업무의 전자화) 보건복지부 장관은 사회복지법인 및 사회복지시설의 종사자, 거주자 및 이용자에 관한 자료 등 운영에 필요한 정보의 효율적 처리와 기록・관리 업무의 전자화를 위하여 정보시스템을 구축・운영할 수 있다. 지방자치단체의 장은 사회복지사업을 수행할 때 관할 복지행정시스템과 사회복지시설 정보시스템을 전자적으로 연계하여 활용하며, 사회복지법인과 사회복지시설은 국가와 지방자치단체가 실시하는 사회복지업무의 전자화 시책에 협력하여야 한다(제6조의2).

(3) 시설의 장 및 종사자

- (시설의 장) 시설의 장은 상근이어야 하며, 이 법 제19조 제1항 제1호, 제1호의2부터 제1호의8까지 및 제2호의2부터 제2호의4까지의 어느 하나에 해당하는 사람은 시설의 장이 될 수 없다(제35조 제1항 및 제2항).

- (종사자 채용) 사회복지법인 및 사회복지시설을 설치·운영하는 자는 시설에 근무할 종사자를 채용할 수 있다(제35조의2 제1항). 종사자를 채용할 때는 채용광고의 내용을 종사자가 되려는 사람에게 불리하게 변경하여 채용하여서는 안 되며, 채용한 후에도 정당한 사유 없이 채용광고에서 제시한 근로조건을 불리하게 변경하여 적용하여서는 안 된다(제35조의3 제1항 및 제2항).
- (종사자 채용금지) 그러나 다음에 해당하는 자는 사회복지시설 종사자로 채용할 수 없게 된다(제35조의2 제2항).
  - 사회복지사업 또는 아동복지법과 「보조금 관리에 관한 법률」 및 형법상의 죄를 범하여 100만 원 이상의 벌금형을 선고받고 그 형이 확정된 후 5년이 지나지 않은 사람, 형의 집행유예를 선고받고 그 형이 확정된 후 7년이 지나지 아니한 사람, 징역형을 선고받고 그 집행이 끝나거나 집행이 면제된 날부터 7년이 지나지 아니한 사람(제19조 제1항 1의7),
  - 「성폭력범죄의 처벌 등에 관한 특례법」 제2조의 성폭력범죄 및 「아동·청소년의 성보호에 관한 법률」 제2조 제2호에 따른 아동·청소년 대상 성범죄를 저질러 금고 이상의 형 또는 치료감호를 선고받고 그 형이 확정된 사람으로서 10년이 지나지 아니한 사람은 채용할 수 없다(제19조 제1항 1의8).

(4) 사회복지시설의 개선과 폐쇄

- (시설의 휴지·재개·폐지 신고 등) 시설의 운영자는 그 운영을 일정 기간 중단하거나 다시 시작하거나 시설을 폐지하려는 경우 시·군·구청에 신고하여야 하며, 휴지 및 폐지에 따른 시설 거주자의 권익을 보호하기 위한 조치를 취하여야 한다(제38조).
- (시설의 개선, 사업의 정지, 시설의 폐쇄 등) 보건복지부 장관, 시·도지사 또는 시·군·구청장은 시설이 다음 각 호의 어느 하나에 해당할 때 시설의 개선, 사업의 정지, 시설의 장 교체를 명하거나 시설의 폐쇄를 명할 수 있다(제40조).

1. 시설이 설치기준에 미달하게 되었을 때
2. 사회복지법인 또는 비영리법인이 설치·운영하는 시설의 경우 그 사회복지법인 또는 비영리법인의 설립허가가 취소되었을 때
3. 설치 목적이 달성되었거나 그 밖의 사유로 계속하여 운영될 필요가 없다고 인정할 때
4. 회계부정이나 불법행위 또는 그 밖의 부당행위 등이 발견되었을 때
5. 제34조 제2항에 따른 신고를 하지 아니하고 시설을 설치·운영하였을 때
6. 제36조 제1항에 따른 운영위원회를 설치하지 아니하거나 운영하지 아니하였을 때
7. 정당한 이유 없이 제51조 제1항에 따른 보고 또는 자료 제출을 하지 아니하거나 거짓으로 하였을 때
8. 정당한 이유 없이 제51조 제1항 및 제2항에 따른 검사·질문·회계감사를 거부·방해하거나 기피하였을 때
9. 시설에서 「성폭력범죄의 처벌 등에 관한 특례법」 제2조 제1항 제3호부터 제5호까지의 성폭력범죄 또는 「아동·청소년의 성보호에 관한 법률」 제2조 제3호의 아동·청소년대상 성폭력범죄가 발생한 때
10. 1년 이상 시설이 휴지상태에 있어 시장·군수·구청장이 재개를 권고하였음에도 불구하고 재개하지 아니한 때

(5) 재가복지서비스

- 국가나 지방자치단체는 보호대상자로 하여금 가정봉사서비스 또는 주간·단기보호서비스 등 재가복지서비스를 제공할 수 있으며, 시설 입소에 우선하여 재가복지서비스를 제공하도록 한다(제41조의2).
- 국가나 지방자치단체는 재가복지서비스를 필요로 하는 가정 또는 시설에서 보호대상자가 일상생활을 하기 위하여 필요한 각종 편의를 제공하는 가정봉사원을 양성하도록 노력하여야 한다(제41조의4).

5) 사회복지의 전문성 지원

(1) 사회복지사의 자격

- (사회복지사 자격증) 보건복지부 장관은 사회복지에 관한 전문지식과 기술을 가진 사람에게 사회복지사 자격증을 발급할 수 있다(제11조 제1항). 사회복지사의 등급은 1급·2급으로 하되, 정신건강·의료·학교 영역에 대해서는 영역별로 정신건강사회복지사·의료사회복지사·학교사회복지사의 자격을 부여할 수 있다(제11조 제2항).

- (사회복지사 1급 및 전문사회복지사) 사회복지사 1급 자격은 국가시험에 합격한 사람에게 부여하고, 정신건강사회복지사 · 의료사회복지사 · 학교사회복지사의 자격은 1급 사회복지사의 자격이 있는 사람 중에서 보건복지령으로 정하는 수련기관에서 수련을 받은 사람에게 부여한다(제11조 제3항).
- (사회복지사 결격사유) 피성년후견인 또는 피한정후견인, 금고 이상의 형을 선고받고 그 집행이 끝나지 아니하였거나 집행정지가 확정되지 아니한 사람, 법원의 판결에 따라 자격이 상실되거나 정지된 사람, 마약 · 대마 또는 향정신성의약품의 중독자는 사회복지사가 될 수 없다(제11조의2).
- (사회복지사 자격취소 등) 보건복지부 장관은 사회복지사가 거짓이나 부정한 방법으로 자격을 취득한 경우, 사회복지사 결격사유에 해당하는 경우, 자격증을 대여 · 양도 또는 위조 · 변조한 경우, 업무수행 중 고의나 중대한 과실로 다른 사람에게 손해를 입힌 경우, 자격정지 처분을 3회 이상 받았거나 정지기간 종료 후 3년 이내에 다시 자격정지 처분에 해당하는 행위를 한 경우 등에 대해서는 그 자격을 취소하거나 1년의 범위에서 정지시킬 수 있으며(제11조의3 제1항), 자격이 취소된 사람에게는 2년 이내에 자격증을 재교부하지 못한다(제11조의3 제3항).

(2) 사회복지사의 채용 및 교육

- (채용) 사회복지법인 및 사회복지시설을 설치 · 운영하는 자는 대통령령이 정하는 바에 따라 사회복지사를 그 종사자로 채용하고, 보고방법 · 보고주기 등 보건복지부령으로 정하는 바에 따라 시 · 도지사 또는 시장 · 군수 · 구청장에게 사회복지사의 임면에 관한 사항을 보고하여야 한다. 단, 대통령령으로 정하는 시설은 그러하지 아니하다(제13조 제1항).

시행령 제6조(사회복지사의 채용) ① 사회복지법인 또는 사회복지시설을 설치·운영하는 자는 다음 각 호에 해당하는 업무에 종사하는 자를 사회복지사로 채용하여야 한다.
1. 사회복지 프로그램의 개발 및 운영 업무
2. 시설거주자의 생활지도 업무
3. 사회복지를 필요로 하는 사람에 대한 상담 업무

위 단서조항의 사회복지사의 임면에 관한 사항을 보고하지 않아도 되는 시설을 시행령 6조에서 확인할 수 있다.

시행령 제6조(사회복지사의 채용) ② 법 제13조 제1항 단서에서 "대통령령으로 정하는 사회복지시설"이란,
1. 노인복지법에 따른 노인여가복지시설(노인복지관은 제외한다)
2. 장애인복지법에 따른 지역사회재활시설 중 수화통역센터, 점자도서관과 점자도서 및 녹음서 출판시설
3. 영유아보육법에 따른 어린이집
4. 「성매매방지 및 피해자보호 등에 관한 법률」 제9조에 따른 성매매피해자 등을 위한 지원시설 및 같은 법 제17조에 따른 성매매피해상담소
5. 「정신건강증진 및 정신질환자 복지서비스 지원에 관한 법률」 제3조 제6호 및 제7호에 따른 정신요양시설 및 정신재활시설
6. 「성폭력방지 및 피해자보호 등에 관한 법률」에 따른 성폭력피해상담소

- (보수교육) 사회복지법인 또는 사회복지시설 종사자는 사회복지사 자질 향상에 필요한 교육 및 인권에 관한 내용이 포함된 정기적인 보수교육을 받아야 한다(제13조 제2항).
- (사회복지의 날) 국민의 사회복지에 대한 이해를 증진하고 사회복지사업 종사자의 활동을 장려하기 위해 매년 9월 7일을 사회복지의 날로 하고 1주간을 사회복지주간으로 한다(제15조의2).

3. 사회복지사업법 관련 판례

1) 2012헌마1030 : 사회복지사업법 제35조의2 위헌확인

(1) 사건개요

청구인은 2010. 4. 12.부터 전주시 완산구에 있는 사회복지시설 '○○'에서 재활복지2팀장으로 근무하는 사람으로, 이전에 근무하던 사회복지시설에서 업무상 횡령죄(정신요양시설의 사무국장으로 근무하면서 원장, 경리직원과 공모하여 국가보조금, 식비 등 합계 9,500여만 원을 횡령)로 징역 1년에 집행유예 2년을 선고받아(전주지방법원 2006고단1001) 2007. 2. 15. 그 형이 확정된 사람이다.

그런데 2012. 1. 26. 신설된 사회복지사업법 제35조의2 제2항 제1호가 "사회복지사업 또는 그 직무와 관련하여 횡령죄 등으로 집행유예의 형이 확정된 후 7년이 지나지 아니한 사람은 사회복지시설의 종사자가 될 수 없다"고 규정함으로써, 청구인은 그 시행일 이후부터 위 사회복지시설에서 더 이상 근무할 수 없게 되었다.

이에 청구인은 위 조항 신설 전부터 사회복지시설에서 근무하던 단순 종사자에게까지 위 조항이 적용됨으로 인해 청구인의 직업선택의 자유와 평등권이 침해되었다고 주장하면서, 2012. 12. 31. 이 사건 헌법소원심판을 청구하였다.

(2) 판시사항

가. 사회복지사업 또는 그 직무와 관련하여 횡령죄 등을 저질러 집행유예의 형이 확정된 후 7년이 경과하지 아니한 사람은 사회복지시설의 종사자가 될 수 없도록 규정한 사회복지사업법(2012. 1. 26. 법률 제11239호로 개정된 것) 제35조의2 제2항 제1호 중 제7조 제3항 제7호 나목 부분(이하 '심판대상조항'이라 한다)이 과잉금지원칙 및 신뢰보호원칙에 위배되어 직업선택의 자유를 침해하는지 여부(소극)

나. 심판대상조항이 평등권을 침해하는지 여부(소극)

(3) 결정요지

가. 심판대상조항은 사회복지사업 종사자의 자질을 일정 수준으로 담보하도록 하여 사회복지서비스를 이용하는 자들을 보호하고 궁극적으로 사회복지사업의 공정·투명·적정을 도모하기 위한 것으로서, 목적의 정당성 및 수단의 적절성이 인정된다. 또한 모든 범죄전력을 결격사유로 정해놓은 것이 아니라 사회복지사업 또는 그 직무와 관련하여 아동학대, 횡령·배임 등의 범죄를 범한 고의범으로 그 대상을 한정하고 있고, 선고형에 따라 사회복지시설의 종사자가 될 수 없는 제한기간을 달리한 점 등을 고려하면, 심판대상조항은 침해의 최소성 요건을 갖추었고, 직업선택의 자유를 제약받는 불이익보다는 사회복지사업의 공정하고 투명한 운영 및 사회복지서비스를 이용하는 자들의 인권보호라는 공익이 훨씬 크다고 할 것이므로 법익의 균형성도 인정된다. 한편 청구인이 사회복지시설의 종사자로 근무함에 있어 국가나 법령이 특별한 신뢰이익을 부여하면서 사회복지시설의 종사자로 근무하도록 유인한 객관적인 사정이 있다고 보기 어렵고, 그러한 종사자가 입게 되는 불이익은 영구적인 것이 아니라 법률이 정한 기간경과 전까지 사회복지시설의 종사자가 될 수 없는 것에 불과하여 신뢰이익의 침해 정도가 비교적 크지 아니하다.

그렇다면 심판대상조항이 과잉금지원칙과 신뢰보호원칙에 위배되어 직업선택의 자유를 침해한다고 볼 수 없다.

나. 심판대상조항은 직무 관련 범죄 등을 이유로 하는 결격사유의 경우 사회복지법인의 임원 및 시설의 장과 그 종사자를 차별하여 취급하고 있지 아니하므로 평등권을 침해한다고 볼 수 없다.

(4) 판례의 의의

본 판례는 사회복지사업법 제35조의2 규정에 따라 위법한 행위에 대한 형의 확정을 받은 경우 선고형에 따라 각각 일정 기간 동안 종사자로 채용을 금지한 규정이 위헌인지 여부에 대한 확인을 구하는 헌법소원이다.

이 판례는 사회복지법의 구조적 맥락에서 헌법과 사회복지법의 관계를 이해함에 있어 헌법의 기본권은 공공의 이익과 최소 침해의 원칙에 따라 제한될 수 있다는 사실을 확인시키고 있다. 또한 사회복지사업법은 사회복지사업에 종사하는 사람이라면 누구나 사회복지사가 아닌 단순 시설 종사자라 해도 이 법에 의해 규율되는 강력한 행위규범으로서의 역할을 하고 있음을 보여준다. 무엇보다 사회복지사업에 종사하는 모든 종사자들은 법률이 규정한 금지행위 및 처벌 등에 대한 법적 지식을 알고 이러한 행위가 발생하지 않도록 준수하여야 할 필요성 역시 시사한다.

2) 부산고법 2015누20336 : 설립허가취소결정 및 시설폐쇄 처분취소 소송

(1) 사건의 개요

원고는 1986. 8. 16. 아동복지시설의 설치 및 운영 등을 목적으로 설립된 사회복지법인(이하 甲 사회복지법인)으로, 김해시(주소 1 생략)에 소재한 아동보호치료시설 '○○'(이하 '이 사건 시설'이라 한다)를 운영하고 있다. 이 사건 시설에서 생활하던 원생 3명(이하 '가해자들'이라 한다)이 2013. 7. 중순경부터 같은 해 12. 28.경까지 이 사건 시설에서 생활하던 지적장애 장애인인 소외 1(이하 '피해자'라 한다)을 9회에 걸쳐 간음하였다는 범죄사실(이하 '이 사건 성폭력범죄'라 한다) 등으로 기소되어 2014. 6. 3. 창원지방법원 2014고합9, 56, 63, 74, 99(병합)호로 각 징역형을 선고받았다(이후 이 사건 성폭력범죄는 항소심에서도 유죄로 인정되었고, 항소심 판결은 2014. 11. 14. 그대로 확정되었다).

피고 부산광역시장(이하 '피고 시장'이라 한다)은 원고에 대한 청문절차를 거친 후, 2014. 7. 16. 원고에 대하여 이 사건 시설에서 반복적 · 집단적 성폭력범죄가 발생하였음을 이유로 사회복지사업법 제26조 제1항 제6호에 근거하여 사회복지법인 설립허가를 취소하는 처분(이하 '이 사건 제1처분'이라 한다)을 하였다. 피고 부산광역시 강서구청장(이하 '피고 구청장'이라 한다) 역시 원고에 대한 청문절차를 거친 후, 2014. 7. 25. 원고에 대하여 피고 시장이 사회복지법인 설립허가 취소결정을 하였고, 시설거주자 사이의 반복적 · 집단적 성폭력범죄가 발생하였음을 이유로 사회복지사업법 제40조 제1항 제2호 및 제9호에 근거하여 이 사건 시설의 폐쇄를 명하는 처분(이하 '이 사건 제2처분'이라 한다)을 하였다.

원고는 중앙행정심판위원회에 이 사건 제1처분의 취소를 구하는 행정심판을 제기하였으나, 중앙행정심판위원회는 2014. 9. 18. 원고의 청구를 기각하였다.

(2) 판시사항

甲 사회복지법인이 운영하는 아동보호치료시설에서 반복적 · 집단적 성폭력범죄가 발생하였다는 이유로 甲 법인에 대하여 관할 시장이 사회복지법인 설립허가를 취소하는 처분을, 관할 구청장이 시설의 폐쇄를 명하는 처분을 한 사안에서, 위 처분들은 적법하고 재량권을 일탈 · 남용한 위법이 없다고 판결하였다.

(3) 판결요지

甲 사회복지법인이 운영하는 아동보호치료시설에서 반복적 · 집단적 성폭력범죄가 발생하였다는 이유로 甲 법인에 대하여 관할 시장이 사회복지법인 설립허가를 취소하는 처분(제1처분)을, 관할 구청장이 시설의 폐쇄를 명하는 처분(제2처분)을 한 사안에서, 甲 법인의 대표이사 등은 가족 중심의 족벌체제를 구축하여 지배 · 운영하고 있고, 아동보호치료시설을 정상적으로 운영하는 데 관심이 있는 것이 아니라 개인 혹은 가족들의 특혜와 특권을 유지 · 확대하는 데 주된 관심이 있는 점 등에 비추어 보면, 甲 법인은 사회복지사업법 제26조 제2항의 '다른 방법으로 감독 목적을 달성할 수 없는 경우'에 해당하므로 제1처분은 설립허가 취소의 요건을 갖추었고, 처분으로 달성하고자 하는 공익 목적이 이로 인하여 원고가 입게 될 불이익보다 가볍다고 볼 수 없으므로 재량의 범위 내에서 이루어진 적법한 처분이며, 제1처분이 적법한 이상 같은 법 제40조 제1항 제2호에 따른 제2처분 역시 적법하고, 사회복지사업법 제40조 제3항 및 같은 법 시행규칙 제26조의2 [별표 4]에 의하면 사회

복지법인이 설치 · 운영하는 시설의 경우 사회복지법인의 설립허가가 취소된 때에는 구청장 등은 시설폐쇄를 명하도록 규정하고 있는 점 등에 비추어 보면 재량권을 일탈 · 남용한 위법이 없다.

(4) 판례의 의의

본 판례는 사회복지사업법 규정에 의하여 관할 행정기관이 사회복지법인 및 사회복지시설에 대해 갖는 일상적 관리감독 책임뿐 아니라 위법행위에 대한 법인설립허가 취소 및 시설폐쇄명령의 권한이 실제 행정처분으로 이루어지고 있다는 사실을 보여주고 있다. 또한 사회복지사업법이 사회복지법인과 사회복지시설에 대해 의무와 책임 및 금지행위와 벌칙을 규정하는 강제적 행위규범으로 작용하고 있음을 보여준다.

한편 사회복지법인 또는 시설은 행정기관에 대해 일정한 법적 권리를 갖는 당사자로서 행정기관이 내린 처분에 대해 이의나 권리침해가 있다고 판단될 경우 행정심판 및 행정소송을 제기할 수 있는 주체가 될 수 있음을 보여준다. 본 판례는 행정심판인 중앙행정심판위원회의 재결을 거쳐 그 결과에 불복한 사회복지시설이 고등법원에 행정기관이 내린 행정처분의 취소를 구하는 행정소송을 제기한 판례에 해당한다.

요 약

- 사회복지사업법은 사회복지사업에 관한 기본적인 사항을 규정하는 법률로서 사회복지서비스 분야의 다른 법률들에 대하여 기본법적 · 일반법적 지위에 있다. 1970년에 최초 제정된 이후 공적사회복지전달체계를 규정한 1992년의 전부개정과 사회복지사 자격기준을 규정한 1997년의 전부개정 및 인권규정이 강화된 2012년도의 전부개정에 가까운 일부개정이 있었으며, 2014년 사회보장급여법 제정과 시행 이후 사회복지사업법의 내용체계상에 지속적인 개정이 있어왔다.
- 사회복지사업법은 제2조 정의를 통해 사회복지사업에 포함되는 관계법을 규정하고 있으며 이에 해당하는 개별 사회복지법률은 1983년 5개에서 2012년 25개, 2019년은 27개로 증가하였다.
- 사회복지사업법은 헌법과 사회보장기본법을 상위법으로 하며, 시행령과 시행규칙 및 법률과 명령에서 위임한 행정규칙의 형식적 법령체계를 갖추고 있다.
- 사회복지사업법은 평등성과 공공성 및 인권보장과 선택권 보장을 주요 이념으로 하며, 국가와 지방자치단체의 복지와 인권증진의 책임, 복지업무 종사자의 인권존중 및 최대봉사의 원칙과 비밀누설의 금지, 일반 국민의 시설설치 방해 금지 등을 규정하고 있다.
- 사회복지법인은 시 · 도지사의 허가를 받아 설립된다. 사회복지시설은 국가나 지방자치단체가 설치 운영할 수 있으며 이 외의 자가 설치 운영하는 경우 시 · 군 · 구청장에게 신고하여야 한다. 법인의 임원과 시설의 장 및 종사자의 자격 기준을 세부화하여 엄격히 강화하였다.
- 사회복지사업법은 사회복지사의 자격(1, 2급 및 전문사회복지사) 및 결격사유, 사회복지사의 채용 및 보수교육 등의 규정을 담고 있다.

참고문헌

김영종(2014). 한국의 사회서비스와 「사회복지사업법」: 규제 관계의 분석. **사회보장연구**, 30(4), 57-83.

박윤영(2013). 사회복지사업법 개정과정 연구 : 2012년 1월 26일 개정법을 중심으로. **비판사회정책**, 40, 74-117.

심재진(2011). 사회복지사업법 제정사 연구. **사회보장연구**, 27(2), 279-307.

이상용(2015). 사회복지사업법 개정의 시사점－사회복지법인 및 시설을 중심으로. **보건복지포럼**, **통권220호**, 102-114.

이형하 · 김재곤 · 오영란 · 김형수 · 조원탁 · 조 준(2009). 사회복지사업법 제2조의 사회복지사업에 포함되는 법률에 관한 연구. **사회복지정책**, 36(4), 369-392.

법제처 홈페이지 www.moleg.go.kr

사회복지사업법

사회복지사업법 시행령

Chapter 12

국민기초생활보장법의 이해

본 장의 목표

1999년 9월 제정된 국민기초생활보장법은 2014년 12월에 맞춤형 급여체계를 핵심으로 개정되어 급여보장을 더욱 강화하는 방향으로 보완되고 있다. 가장 최근인 2019 시행 국민기초생활보장법을 중심으로 법의 형식적 구조와 내용적 측면 및 관련 판례를 통해 통합적으로 접근한다. 본 장을 학습하고 난 뒤 :

- 국민기초생활보장법의 연혁과 형식체계를 이해한다.
- 목적과 정의, 급여의 기본 원칙과 급여의 실시, 보장기관 및 보장시설 등 법의 내용을 파악한다.
- 국민기초생활보장법 관련 판례를 이해한다.

주요 용어

- 최저생계비
- 보장기관
- 주거급여법
- 이의신청
- 기준 중위소득
- 보장시설
- 의료급여법
- 생활보장위원회
- 부양의무자
- 자활센터
- 보장비용
- 차상위계층
- 최저보장수준
- 초과조례
- 부정수급자
- 한국자활복지개발원

본 장의 핵심

국민기초생활보장법은 생활이 어려운 사람에게 필요한 급여를 실시하여 이들의 최저생활을 보장하고 자활을 돕고자 하는 목적으로 제정된 대표적인 공공부조법의 하나이다. 우리나라 사회복지 입법 역사상 가장 초기인 1961년 제정된 생활보호법이 40여 년간 유지되어 왔었다. 이후 IMF 경제위기를 겪으며 출범한 국민의 정부(김대중 대통령) 당시 생산적 복지이념에 기반하여 1999년 국민기초생활보장법이 새롭게 제정된 것이다. 그리고 2014년 송파 세 모녀 자살 사건 등을 계기로 그동안 지속적으로 제기되어 온 법의 사각지대 문제 등을 해소하기 위해 맞춤형 급여체계로의 전환을 특징으로 하는 국민기초생활보장법 개정(2014. 12)이 이루어지게 되었다.

개정된 국민기초생활보장법은 급여 종류별 선정기준과 최저보장수준을 달리하고 있으며, 주거급여법 및 「사회보장급여의 이용 · 제공 및 수급권자 발굴에 관한 법률」 등 신규 제정된 관계법령과 밀접한 관련성 속에서 시행되는 체제를 갖추었다. 부양의무제 폐지에 대한 논란, 법 규정이 적용되기 어려운 정책 시행 현장에서 나타나는 사례, 행정심판과 행정소송 및 헌법소원에 이르는 다양한 판례가 국민기초생활보장법을 둘러싸고 나타나고 있다.

본 장에서는 국민기초생활보장법의 주요 내용을 파악하며 법률 규정에 기반하여 실제 정책화되고 있는 모습과 정책현장의 이슈들, 그리고 다양한 유형의 판례를 통해 통합적으로 접근하고자 한다.

Chapter

12 국민기초생활보장법의 이해

1. 국민기초생활보장법의 연혁과 형식체계

1) 국민기초생활보장법의 연혁

국민기초생활보장법은 1961년 제정되어 40여 년간 유지되어 온 생활보호법을 폐지하고 1999년 9월 7일[1] 법률 제6024호로 제정되어 이듬해인 2000년 10월 1일부터 시행되었다. IMF 경제위기를 경험하며 저소득 국민, 영세 도시 빈민, 실업자 등을 지원하여 빈곤 문제에 대한 사회안전망의 기초를 튼튼히 하는 한편, 빈곤 가구별로 자활지원계획을 수립하고 그에 맞는 자활급여를 실시함으로써 빈곤의 장기화를 방지하려는 것이 법 제정의 주 목적이었다. 국민기초생활보장법 제정을 통해 수급자를 선정함에 있어 소득인정액이 최저생계비 이하인 국민은 누구나 국가로부터 지원을 받을 수 있도록 하였다. 또한 근로능력이 있는 수급자에 대하여는 자활에 필요한 사업에 참가하는 것을 조건으로 하여 생계급여를 지급할 수 있도록 하였다. 그러나 2000년 10월 종합적인 빈곤대책으로 국민기초생활보장법이 시행된 이후, 소득인정액이 최저생계비 이하인 경우에는 각종 급여가 지급되는 반면, 탈수급의 경우 지원이 전무한 상황이 발생하는 등 제도의 한계로 인하여 다양한 복지욕구에 대응하지 못하여 사각지대가 발생하고 탈수급을 저해하는 문제가 발생하였다.

---

1) 국민기초생활보장법은 40여 년간 유지되어 온 생활보호법을 폐지하고 생존권 보장을 실현하기 위해 제정된 법률로서 그 역사적 의미를 기리기 위해 본 법 제정일인 9월 7일을 사회복지의 날로 정하게 된 배경이 되었다.

이에 기초생활보장제도를 효과적이고 효율적인 맞춤형 빈곤정책으로 전환하여 지원대상을 확대하고, 일할수록 유리한 급여체계를 마련함으로써 탈수급 유인을 촉진하고 빈곤예방기능을 강화하는 한편, 현행 제도의 운영상 나타난 미비점을 전반적으로 개선·보완하기 위해 2014년 12월 30일 법이 개정(시행 2015년 7월)되었다(법제처).

개정 법률의 가장 큰 특징은 '맞춤형 급여체계로의 개편'이라 할 수 있다. 이를 위해 최저보장수준과 기준 중위소득을 정의하고, 급여의 종류별로 보건복지부 장관 또는 소관 중앙행정기관의 장이 급여의 기준을 정하도록 하였다. 급여체계 개편에 따라 수급권자의 범위는 급여의 종류별로 별도로 규정하게 되므로 기존 수급권자의 범위는 삭제되었으며, 급여의 종류별 수급자 선정기준과 최저보장수준을 결정하도록 하였다. 또한 주거급여는 국토교통부로 시행주체가 변경되어 주거급여법에 관련 규정을 신설하였고, 교육급여는 교육부 장관의 소관으로 명확히 하였다.

법 개정을 통해 기준 중위소득과 소득인정액의 산정 방식, 부양의무자가 있어도 부양능력이 없거나 부양을 받을 수 없는 경우에 해당하는 구체적인 기준 마련, 보장시설의 종류를 법률로써 구체적으로 명시하였다는 특징이 있다. 또한 광역 및 지역자활센터의 신청·지정 기관으로 사회적 협동조합이 추가될 수 있도록 근거를 마련하였다.

〈표 12-1〉 국민기초생활보장법 개정(2014) 전·후 비교

구 분	개정 전 국민기초생활보장법	개정 후 국민기초생활보장법
제·개정일	1999년 9월 7일 제정 2000년 10월 시행	2014년 12월 30일 개정 2015년 7월 시행
급여의 종류	생계급여, 주거급여, 의료급여, 교육급여, 해산급여, 장제급여, 자활급여	생계급여, 주거급여, 의료급여, 교육급여, 해산급여, 장제급여, 자활급여
보장수준	건강하고 문화적인 생활 유지에 필요한 최저 비용	건강하고 문화적인 생활 유지에 필요한 최저 비용 (국민소득, 지출 수준과 수급권자의 가구 유형 등 생활실태, 물가상승률 등 고려) * 최저보장수준 공포

수급자 선정기준	• 부양의무자 및 소득인정액 기준 일괄 적용 * 최저생계비 이하	• 부양의무자 및 '급여별' 수급자 선정기준 - 생계급여 : 기준 중위소득의 100분의 30 이상 - 주거급여 : 기준 중위소득의 100분의 43 이상 - 의료급여 : 기준 중위소득의 100분의 40 이상 - 교육급여 : 기준 중위소득의 100분의 50 이상 - 해산 · 장제급여 : 생계, 의료, 주거급여 중 하나 이상 수급자 - 자활급여 : 근로능력 있는 수급자, 조건부 수급자, 차상위계층 * 기준 중위소득 이하
보장기관 (중앙행정기관)	• 보건복지부 • 교육부	• 보건복지부(생계 · 의료 · 해산 · 장제 · 자활 등) • 국토교통부(주거급여) • 교육부(교육급여)
보장시설	사회복지사업법에 따른 사회복지시설	법률에서 구체적 명시
자활지원	지역자활센터(사회복지법인 등 비영리법인과 단체)	광역 및 지역자활센터 신청 · 지정(사회복지법인, 사회적 협동조합 등 비영리법인과 단체)

이후 기초생활수급자의 권리를 보호하고 합리적인 조사가 이루어지게 하기 위한 추가 조치 규정(2016. 2. 3)과 부가급여 자체가 압류의 대상이 될 수 없도록 하여 수급자 보호 규정을 강화(2018. 12. 11)하는 내용을 골자로 하는 개정이 있었고, 기존의 중앙자활센터를 '한국자활복지개발원'으로 변경하여 조직과 업무 등을 상세히 규정한 내용의 최근 법률개정(2019. 1. 15)이 이루어졌다.

2) 국민기초생활보장법의 형식적 체계

국민기초생활보장법은 헌법 제34조 제1항 모든 국민의 인간다운 생활을 할 권리와 제2항 국가의 사회보장 · 사회복지의 증진 노력 의무 및 제5항 신체장애자 및 질병 · 노령 기타의 사유로 생활능력이 없는 국민에 대해 법률이 정하는 바에 의하여 국가의 보호를 받는다는 규정으로부터 직접적으로 도출된 법률이라 할 수 있다. 또한 사회보장기본법을 상위법으로 하며 사회복지사업법에 규정된 사회복지사업의 범위에 해당하는 법률이다.

법률과 시행령 및 시행규칙을 비롯하여 각 입법 수준에서 위임된 사항을 규정한 행정규칙이 다수 존재한다. 예를 들어, 국민기초생활보장제도 시행에 있어 핵심이 되는 대상자 선정 및 급여제공 수준과 관련하여 기준 중위소득 및 급여별 선정기준, 최저생계비 및 최저보장수준, 재산의 소득환산율, 근로능력평가 기준 등이 보건복지부 고시로 공표되는 등 행정규칙은 국민기초생활보장 수급권자의 권리보장에 직접적인 영향을 미치는 중요한 기능을 한다.

또한 국민기초생활보장법에 규정된 사회복지위원회, 사회복지기금, 자활기금 및 본 법에 규정된 급여의 범위나 수준을 초과하여 급여를 실시하고자 하는 자치단체는 관련한 구체적인 사항을 자치법규로 제정하고 있다.

- **법률** 국민기초생활보장법(법률 제16239호, 시행 2019. 7. 16)
  - **시행령** 국민기초생활보장법 시행령(대통령령 제29180호, 시행 2018. 9. 21)
    - **시행규칙** 국민기초생활보장법 시행규칙 (보건복지부령 제615호, 시행 2019. 2. 8)
      - **행정규칙**
        - 사회보장급여 관련 공통서식에 관한 고시(고시 2018-294호, 시행 2019. 1. 1)
      - **자치법규**
        - 고양시 자활사업 지원에 관한 조례
        - 서울특별시 강남구 자활기관협의체 구성 및 운영조례 등
    - **행정규칙**
      - 2019년 기준 중위소득 및 생계급여 선정기준과 최저보장수준
      - 국기초생활생활보장법상 재산의 소득환산액 고시
      - 근로능력평가의 기준 등에 관한 고시
      - 기초생활 부양의무자 재산의 소득환산액 기준 및 소득 차감금액
      - 조건부수급자 선정관련 소득기준에 관한 고시
      - 차상위계층의 소득인정액 산정 시 적용하는 이전소득의 범위기본재산액 및 재산의 소득산율 고시
  - **행정규칙**
    - 2019년 교육급여의 선정기준 및 최저보장수준 고시
    - 2019년 기준 중위소득 및 생계의료급여 선정기준과 최저보장수준 고시
    - 2019년 주거급여 선정기준 및 최저보장수준
  - **자치법규**
    - 서울특별시 저소득주민의 생활안정 지원에 관한 조례
    - 거제시 자활기금 설치 및 운용 조례
    - 광주시 생활보장 등 심의위원회 조례
    - 구리시 사회복지기금 설치·운영조례
    - 삼척시 저소득주민 행복 돌범 지원 조례 등

|그림 12-1| 국민기초생활보장법의 상하위법령 체계

2. 국민기초생활보장법의 내용적 구성

1) 법의 목적과 용어의 정의

(1) 법의 목적

국민기초생활보장법의 목적은 생활이 어려운 사람에게 필요한 급여를 실시하여 이들의 최저생활을 보장하고 자활을 돕는 것이다(제1조).

(2) 용어의 정의(제2조)

- "수급권자"란 이 법에 따른 급여를 받을 수 있는 자격을 가진 사람을 말한다.
- "수급자"란 이 법에 따른 급여를 받는 사람을 말한다.
- "수급품"이란 이 법에 따라 수급자에게 지급하거나 대여하는 금전 또는 물품을 말한다.
- "보장기관"이란 이 법에 따른 급여를 실시하는 국가 또는 지방자치단체를 말한다.
- "부양의무자"란 수급권자를 부양할 책임이 있는 사람으로서 수급권자의 1촌의 직계혈족 및 그 배우자를 말한다. 다만, 사망한 1촌의 직계혈족의 배우자는 제외한다.
- "최저보장수준"이란 국민의 소득 · 지출 수준과 수급권자의 가구 유형 등 생활실태, 물가상승률 등을 고려하여 이 법에서 정하는 급여의 종류별로 공표하는 금액이나 보장수준을 말한다.

  보건복지부 장관 또는 소관 중앙행정기관의 장은 급여의 종류별 수급자 선정기준 및 최저보장수준을 결정하여야 하며, 매년 8월 1일까지 다음 연도의 급여 종류별 수급자 선정기준 및 최저보장수준을 공표하여야 한다(제6조).
- "최저생계비"란 국민이 건강하고 문화적인 생활을 유지하기 위하여 필요한 최소한의 비용으로서 보건복지부 장관의 3년마다 실태조사를 통해 계측하는

금액을 말한다.

- "개별가구"란 이 법에 따른 급여를 받거나 이 법에 따른 자격요건에 부합하는지에 관한 조사를 받는 기본단위로서 수급자 또는 수급권자로 구성된 가구를 말한다. 이 경우 개별가구의 범위 등 구체적인 사항은 대통령령으로 정한다.
- "소득인정액"이란 보장기관이 급여의 결정 및 실시 등에 사용하기 위하여 산출한 개별가구의 소득평가액과 재산의 소득환산액을 합산한 금액을 말한다. 개별가구의 '소득평가액'은 근로소득, 사업소득, 재산소득, 이전소득을 합한 개별가구의 실제소득에서 장애・질병・양육 등 가구 특성에 따른 지출요인, 근로 유인 요인, 추가 지출요인에 해당하는 금액을 감하여 산정한다(제6조의3 제1항).

  '소득환산액'은 개별가구의 재산가액에서 기본재산액(기초생활 유지에 필요하다고 보건복지부 장관이 고시로 정하는 재산액) 및 부채를 공제한 금액에 소득환산율을 곱하여 산정한다. 소득으로 환산하는 재산의 범위는 일반재산, 금융재산, 자동차이다(제6조의3 제2항).
- "차상위계층"이란 수급권자에 해당하지 아니하는 계층으로서 소득인정액이 대통령령으로 정하는 기준 이하인 계층을 말한다.
- "기준 중위소득"이란 보건복지부 장관이 급여의 기준 등에 활용하기 위하여 중앙생활보장위원회의 심의・의결을 거쳐 고시하는 국민 가구소득의 중위값을 말한다.

  기준 중위소득은 통계청이 공표하는 통계자료의 가구 경상소득(근로소득, 사업소득, 재산소득, 이전소득을 합산한 소득)의 중간값에 최근 가구소득 평균 증가율, 가구규모에 따른 소득수준의 차이 등을 반영하여 가구규모별로 산정한다(제6조의2).

사 례 2019년 기준 중위소득 및 생계·의료급여 선정기준과 최저보장수준
[시행 2019. 1. 1] [보건복지부 고시 제2018-144호, 2018. 7. 24]

1. 기준 중위소득

국민기초생활보장법 제2조 제11호에 따라 급여의 기준 등에 활용하는 '기준 중위소득'을 다음과 같이 정한다.

구 분	1인가구	2인가구	3인가구	4인가구	5인가구	6인가구	7인가구
금액(원/월)	1,707,008	2,906,528	3,760,032	4,613,536	5,467,040	6,320,544	7,174,048

* 8인 이상 가구의 기준 중위소득 : 1인 증가 시마다 853,504원씩 증가(8인가구: 8,027,552원)

2. 생계급여의 선정기준 및 최저보장수준

국민기초생활보장법 제6조 및 제8조 제4항에 따른 '생계급여의 선정기준 및 최저보장수준'을 다음과 같이 정한다.

1) 선정기준

구 분	1인가구	2인가구	3인가구	4인가구	5인가구	6인가구	7인가구
금액(원/월)	512,102	871,958	1,128,010	1,384,061	1,640,112	1,896,163	2,152,214

* 8인 이상 가구의 기준 중위소득 : 1인 증가 시마다 256,051원씩 증가(8인가구: 2,408,265원)

2) 최저보장수준

생계급여의 최저보장수준은 생계급여와 소득인정액을 포함하여 생계급여 선정기준 이상이 되도록 한다.

생계급여액 = 생계급여 최저보장수준(대상자 선정기준) - 소득인정액

3. 의료급여의 선정기준 및 최저보장수준

국민기초생활보장법 제6조 및 제12조의3에 따른 '의료급여의 선정기준'은 다음과 같이 정한다. 또한 '최저보장수준'은 의료급여법 및 관련 법령에 따른다.

구 분	1인가구	2인가구	3인가구	4인가구	5인가구	6인가구	7인가구
금액(원/월)	682,803	1,162,611	1,504,013	1,845,414	2,186,816	2,528,218	2,869,619

* 8인 이상 가구의 기준 중위소득 : 1인 증가 시마다 341,401원씩 증가(8인가구: 3,211,020원)

2) 급여의 기본 원칙과 급여의 실시

(1) 급여의 기본 원칙(제3조)

- (자립노력의 원칙) 이 법에 따른 급여는 수급자가 자신의 생활의 유지・향상을 위하여 그의 소득, 재산, 근로능력 등을 활용하여 최대한 노력하는 것을 전제로 이를 보충・발전시키는 것을 기본 원칙으로 한다(제3조 제1항).
- (보충성의 원칙) 부양의무자의 부양과 다른 법령에 따른 보호는 이 법에 따른 급여에 우선하여 행하여지는 것으로 한다. 다만, 다른 법령에 따른 보호의 수준이 이 법에서 정하는 수준에 이르지 아니하는 경우 나머지 부분에 관하여 이 법에 따른 급여의 권리를 잃지 아니한다(제3조 제2항).

사 례 보충성 원칙 적용 헌재판례

2011헌마123(2012. 2. 23) 수형자 보험급여정지 위헌 확인 : 기각

생활이 어려운 국민에게 필요한 급여를 행하여 이들의 최저생활을 보장하기 위해 제정된 '국민기초생활보장법'은 부양의무자에 의한 부양과 다른 법령에 의한 보호가 이 법에 의한 급여에 우선하여 행하여지도록 하는 보충급여의 원칙을 채택하고 있는바, '형의 집행 및 수용자의 처우에 관한 법률' 및 치료감호법에 의한 구치소・치료감호시설에 수용 중인 자는 당해 법률에 의하여 생계유지의 보호와 의료적 처우를 받고 있으므로 이러한 구치소・치료감호시설에 수용 중인 자에 대하여 '국민기초생활보장법'에 의한 중복적인 보장을 피하기 위하여 개별가구에서 제외하기로 한 입법자의 판단이 헌법상 용인될 수 있는 재량의 범위를 일탈하여 인간다운 생활을 할 권리와 보건권을 침해한다고 볼 수 없다.

(2) 급여의 기준(제4조)

- (건강하고 문화적인 최저생활 유지) 이 법에 따른 급여는 건강하고 문화적인 최저생활을 유지할 수 있는 것이어야 하며(제4조 제1항),
- (맞춤형 급여) 급여의 기준은 수급자의 연령, 가구규모, 거주지역, 그 밖의 생활여건 등을 고려하여 급여의 종류별로 정한다(제4조 제2항).
- (개별가구 단위) 급여는 개별가구 단위로 실시하되, 필요하다고 인정하는 경우 개인단위로 실시할 수 있다(제4조 제3항).

- (초과조례) 지방자치단체인 보장기관은 조례로 정하는 바에 따라 이 법에 따른 급여의 범위 및 수준을 초과하여 급여를 실시할 수 있으며, 이 경우 해당 보장기관은 보건복지부 장관 및 소관 중앙행정기관의 장에게 알려야 한다(제4조 제4항).

사 례 **서울특별시 저소득주민의 생활안정 지원에 관한 조례[서울특별시 조례 제5712호]**

제1조(목적) 이 조례는 국민기초생활보장법에 의한 수급권자 등 저소득 주민의 생활안정을 위한 지원에 관하여 필요한 사항을 규정함을 목적으로 한다.

… 중략 …

제2조(지원대상자) 시장은 시에 거주하는 다음 각 호의 어느 하나에 해당하는 사람의 생활안정을 위하여 금전 또는 물품 등을 지원할 수 있다.

1. 국민기초생활보장법에 의한 수급권자 및 차상위계층
2. 사회복지사업법에서 정하는 사회복지시설에서 보호를 받는 사람 또는 같은 시설을 이용하는 사람

… 중략 …

제3조(지원내용) ① 지원대상자에 대한 지원내용은 다음 각 호와 같다. 다만, 다른 법령의 규정에 의하여 같은 지원이 되는 사람에 대하여는 그러하지 아니하다.

1. 급식 관련 경비 지원
2. 교육 관련 경비 지원
3. 문화체육활동경비 지원
4. 명절보상품 지원

… 이하 생략 …

(3) 급여의 실시(제4장)

- (급여의 신청) 수급권자와 그 친족, 그 밖의 관계인은 관할 시장 · 군수 · 구청장에게 수급권자에 대한 급여를 신청할 수 있다. 사회복지전담공무원은 급여를 필요로 하는 사람이 누락되지 아니하도록 수급권자의 동의를 구하여 직권으로 신청할 수 있다(제21조).

  수급권자 등이 급여를 신청할 경우 사회복지전담공무원은 신청한 사람에게 수급권자 선정기준, 급여의 내용 및 신청방법 등을 알기 쉽게 설명하여야 하며(제21조 제4항), 시 · 군 · 구청장은 신청자에게 급여 신청의 철회나 포기를 유

도하는 행위를 하여서는 안 된다(제21조 제5항).

- (신청에 대한 조사) 급여신청이 있는 경우 사회복지전담공무원으로 하여금 급여의 결정 및 실시 등에 필요한 사항을 조사하거나 의료기관에서 검진을 받게 할 수 있다(제22조).

〈조사내용 : 제22조 제1항 각 호〉

1. 부양의무자의 유무 및 부양능력 등 부양의무자와 관련된 사항
2. 수급권자 및 부양의무자의 소득 · 재산에 관한 사항
3. 수급권자의 근로능력, 취업상태, 자활욕구 등 자활지원계획 수립에 필요한 사항
4. 그 밖에 수급권자의 건강상태, 가구 특성 등 생활실태에 관한 사항

- 시장 · 군수 · 구청장은 급여를 신청한 수급권자 또는 그 부양의무자의 소득, 재산 및 건강상태 등을 확인하기 위해 필요한 자료를 확보하기 어려운 경우 자료 제출을 요구할 수 있으며(제22조 제2항), 이에 따른 조사나 자료제출 요구를 2회 이상 거부, 방해 또는 기피하거나 검진 지시에 따르지 아니하면 급여신청을 각하할 수 있다(제22조 제8항).
- 조사를 하는 사회복지전담공무원은 그 권한을 표시하는 증표 및 조사기간, 조사범위, 조사담당자, 관계 법령 등이 기재된 서류를 지니고 이를 관계인에게 보여주어야 한다(제22조 제5항).
- 보장기관은 조사에 필요한 금융 · 국세 · 지방세 · 토지 · 건물 · 자동차 · 보험 · 출입국 · 병무 · 교정 등 관련 전산망 또는 자료를 이용하려는 경우 관계기관의 장에게 협조요청 하며(제22조 제4항), 조사과정에서 얻은 정보와 자료를 보장목적 외의 다른 용도로 사용하거나 다른 사람 또는 기관에게 제공할 수 없다(제22조 제6항).

- (급여의 결정) 신청에 대한 조사를 하였을 경우 지체 없이 급여 실시 여부와 급여의 내용을 결정하고(제26조 제1항), 그 결정의 요지, 급여의 종류와 방법 및 급여의 개시 시기 등을 서면으로 신청일부터 30일 이내에 통지하여야 한다(제26조 제3항, 제4항).

- (급여의 실시) 급여가 결정된 수급자에 대한 급여는 신청일로부터 시작하며(제27조 제1항), 긴급 지원이 필요하다고 인정될 때에는 급여 결정 이전이라도 급여의 일부를 실시할 수 있다(제27조 제2항). 급여를 금전으로 지급할 때에는 수급자 명의의 지정된 계좌로 입금하여야 하며(제27조의2 제1항), 급여수급계좌의 해당 금융기관은 이 법에 따른 급여와 지방자치단체가 실시하는 급여만이 급여수급계좌에 입금되도록 관리하여야 한다(제27조의2 제2항).
- (확인 조사 및 차상위계층 조사) 시장 · 군수 · 구청장은 수급자 및 수급자에 대한 급여의 적정성을 확인하기 위하여 매년 연간조사계획을 수립하고 매년 1회 이상 정기적으로 조사하여야 한다(제23조). 또한 급여의 종류별 수급자 선정기준의 변경 등에 의해 수급권자의 범위가 변동함에 따라 다음 연도에 급여가 필요할 것으로 예측되는 수급권자의 규모를 조사하기 위해 차상위계층에 대하여 조사할 수 있다(제24조).
- (급여의 변경과 중지) 보장기관은 수급자의 소득 · 재산 · 근로능력 등이 변동된 경우에는 직권으로 또는 수급자나 그 친족의 신청에 의하여 급여의 종류 · 방법 등을 변경할 수 있으며 서면으로 그 이유를 구체적으로 밝혀 통지하여야 한다(제29조). 한편 보장기관은 수급자에 대한 급여의 전부 또는 일부가 필요 없게 된 경우나, 수급자가 거부한 경우 급여의 전부 또는 일부를 중지한다(제30조 제1항). 또한 근로능력이 있는 수급자가 자활에 필요한 사업에 참가하는 조건을 이행하지 않을 경우 이를 이행할 때까지 생계급여의 전부 또는 일부를 지급하지 아니할 수 있다(제30조 제2항).

3) 급여의 종류와 방법

본 법에 의해 보건복지부 장관 또는 소관 중앙행정기관의 장은 '급여의 종류별' 수급자 선정기준과 최저보장수준을 결정하여야 한다(제6조). 국민기초생활보장법에 의해 제공되는 급여의 종류는 1. 생계급여, 2. 주거급여, 3. 의료급여, 4. 교육급여, 5. 해산급여, 6. 장제급여, 7. 자활급여이며, 수급자의 필요에 따라 위 일곱 가지 급여의 전부 또는 일부를 실시하게 된다. 차상위자에 대해서는 생계급여와 해산급여를 제외한 급여의 전부 또는 일부를 실시할 수 있다(제7조).

이에 따른 급여의 종류별 선정기준과 급여의 내용 및 제공방식은 다음과 같다.

(1) 생계급여

① 선정기준

- 생계급여 수급권자는 ① 부양의무자가 없거나 부양의무자가 있어도 부양능력이 없거나 부양을 받을 수 없는 사람으로서, ② 소득인정액이 '생계급여 선정기준'(기준 중위소득의 100분의 30 이상으로 결정) 이하인 사람으로 한다(제8조 제2항).
- 부양의무자의 부양능력이 없는 경우(제8조의2 제1항 각 호)

1. 기준 중위소득 수준을 고려하여 대통령령으로 정하는 소득·재산기준 미만
2. 직계존속 또는 장애인연금법 제2조 제1호의 중증장애인인 직계비속을 자신의 주거에서 부양하는 경우로서 보건복지부 장관이 정하여 고시하는 경우
3. 그 밖에 질병, 교육, 가구 특성 등으로 부양능력이 없다고 보건복지부 장관이 정하는 경우

- 부양의무자로부터 부양을 받을 수 없는 경우(제8조의2 제2항 각 호)

1. 부양의무자가 병역법에 따라 징집되거나 소집된 경우
2. 부양의무자가 해외이주법 제2조의 해외이주자에 해당하는 경우
3. 부양의무자가 「형의 집행 및 수용자의 처우에 관한 법률」 및 치료감호법 등에 따른 교도소, 구치소, 치료감호시설 등에 수용 중인 경우
4. 부양의무자에 대하여 실종선고 절차가 진행 중인 경우
5. 부양의무자가 제32조의 보장시설에서 급여를 받고 있는 경우
6. 부양의무자의 가출 또는 행방불명으로 경찰서 등 행정관청에 신고된 후 1개월이 지났거나 가출 또는 행방불명 사실을 특별자치시장·특별자치도지사·시장·군수·구청장이 확인한 경우
7. 부양의무자가 부양을 기피하거나 거부하는 경우
8 그 밖에 부양을 받을 수 없는 것으로 보건복지부 장관이 정하는 경우

사 례 부양의무자 관련 사례 : 기초생활수급신청을 위한 친생자 존부확인의 소 제기

1. 사실관계

○○ 씨는 동생들 집을 전전하며 기초생활수급비로 생활하는 노인임

- 가족관계등록부상에는 전남편의 전처 소생의 자녀들이 친자로 등록되어 부양의무자가 있다고 하여 확인조사 시마다 노심초사하고 있는 실정임
- 동주민센터의 수급담당자가 우리 지원단(서울사회복지공익법센터)을 소개해 주어 전화 및 내방상담이 이루어짐

2. 쟁점정리

전남편의 전처 소생의 자녀 3명에 대한 가족관계를 정정하여 부양의무자에서 제외되도록 할 수 있는지 여부

3. 문제해결

- 실제로는 친자관계가 아님에도 서류상 친생자로 등록되어 있으므로 이는 친생자관계존부확인의 소로써 친생자관계를 규명해야 함
- 위 자녀들의 생사 여부 및 거주지 등을 전혀 알 수가 없어 유전자감정 등의 방법이 불가능한 상태임
- 다행히 내담자가 예전 제적등본 및 이혼 후 친자와 집을 나온 당시의 주민등록등본을 소지하고 있어 이를 근거로 친생자관계존부확인의 소를 제기할 수 있었음

출처 : 서울사회복지공익법센터.

② 생계급여의 내용 및 방법

- 생계급여는 수급자에게 의복, 음식물 및 연료비와 그 밖에 일상생활에 기본적으로 필요한 금품을 지급하여 그 생계를 유지하게 하는 것이다(제8조 제1항).
- 생계급여는 금전을 지급하는 것을 원칙으로(제9조 제1항), 매월 정기적으로(제9조 제2항), 수급자에게 직접 지급하며(제9조 제3항), 수급자의 소득인정액 등을 고려하여 차등지급할 수 있다(제9조 제4항). 또한 생계급여는 수급자의 주거에서 실시하며, 다만 주거가 없거나 있어도 생계급여의 목적을 달성할 수 없는 경우 보장시설이나 타인의 가정에 위탁하여 급여를 실시할 수 있다(제10조).
- 보장시설이나 타인의 가정에 위탁하여 생계급여를 실시할 경우 위탁받은 사람에게 지급할 수 있으며(제9조 제3항), 근로능력이 있는 수급자에게는 자활에 필요한 사업에 참가할 것을 조건으로 생계급여를 실시할 수 있다(제9조 제5항).

(2) 주거급여

주거급여는 수급자에게 주거 안정에 필요한 임차료, 수선유지비, 그 밖의 수급품을 지급하는 것으로(제11조 제1항), 주거급여에 관하여 필요한 사항을 별도의 주거급여법([시행 2015. 1. 1] [법률 제12333호, 2014. 1. 24. 제정], 국토교통부 소관)을 통해 정하고 있다. 이하 주거급여 대상자 선정기준 및 주거급여 실시 방법에 대해서는 주거급여법의 내용을 토대로 소개한다.

① 선정기준

- 주거급여 수급권자는 ① 부양의무자가 없거나 부양의무자가 있어도 부양능력이 없거나 부양을 받을 수 없는 사람으로서, 소득인정액이 주거급여 선정기준(기준 중위소득의 100분의 43 이상) 이하인 자(주거급여법 제5조 제1항).
- 주거급여의 신청은 국민기초생활보장법에 따르며, 임차료 지급 신청에 따른 해당 주택 등의 임대차계약에 관한 사항, 수선유지비 결정에 필요한 해당 주택의 구조안전성, 방수, 단열 등 물리적 상태 등에 대한 사항 등에 대해 조사한다(주거급여법 제10조).

② 주거급여의 내용 및 방법

- (임차료 지급) 주거안정에 필요한 임차료의 지급기준은 수급자의 가구규모, 소득인정액, 거주형태, 임차료 부담수준 및 지역별 기준임대료 등을 고려하여 정하며(주거급여법 제7조), 수급자 명의의 지정된 계좌로 지급한다(주거급여법 제7조 제2항, 제4항).
- (수선유지비 지급) 주택 등을 소유하고 그 주택 등에 거주하는 사람에게 지급하여 현금을 지급하는 경우 수급자 명의의 계좌로 지급한다(주거급여법 제8조).

〈표 12-2〉 주거급여법 시행(2015)에 따른 정책의 변화

구 분	개편 전 주거급여	개편 후 주거급여
근거법	국민기초생활보장법	주거급여법 + 국민기초생활보장법
소관부처	보건복지부	국토교통부
지급대상	소득인정액이 현금급여기준선 (중위소득 33%) 이하	소득인정액이 중위소득 43% 이하
	70만 가구	97만 가구(27만 가구 증가 추정)
지원기준	(현금급여기준액 - 소득인정액)의 약 22%	거주형태, 주거비 부담 등을 종합 고려하여 지급
임차	주거급여액 전액 현금 지급	좌 동
자가	주거급여액 중 일부만 현금, 일부는 공제하여 주택개량 지원	주택개량 강화
소요예산	7,285억 원	약 1조 원
가구당 평균 월지급액	9만 원	약 11만 원
전달 체계	지방자치단체	좌동 (주택조사는 LH에 의뢰)

출처 : 주거급여 홈페이지(www.myhome.go.kr).

(3) 교육급여

① 선정기준

- 교육급여 수급권자는 부양의무자가 없거나 부양의무자가 있어도 부양능력이 없거나 부양을 받을 수 없는 사람으로서 소득인정액이 '교육급여 선정기준'(기준 중위소득의 100분의 50 이상으로 결정)(제12조 제3항) 이하인 사람으로 한다.

② 교육급여의 내용 및 방법

- 교육급여는 수급자에게 입학금, 수업료, 학용품비, 그 밖의 수급품을 지급하는 것으로(제12조 제1항),
- 교육부 장관의 소관으로 하며, 신청 및 지급 등에 대해서는 초·중등교육법에 따른 교육비 지원절차를 준용한다(제2조 제2항, 제4항).

(4) 의료급여

① 선정기준

- 의료급여 수급권자는 부양의무자가 없거나 부양의무자가 있어도 부양능력이 없거나 부양을 받을 수 없는 사람으로서 소득인정액이 '의료급여 선정기준'(기준 중위소득의 100분의 40 이상으로 결정) 이하인 사람으로 한다(제12조의3 제2항). 의료급여 수급자에게는 의료급여법에 따라 의료급여증이 발급된다(의료급여법 제8조).

② 의료급여의 내용 및 방법

- 의료급여는 수급자에게 건강한 생활을 유지하는 데 필요한 각종 검사 및 치료 등을 지급하는 것이다(제12조의3). 의료급여에 필요한 사항은 의료급여법에 따른다.

> **의료급여법 제7조**(의료급여의 내용 등) ① 이 법에 따른 수급권자의 질병·부상·출산 등에 대한 의료급여의 내용은 다음 각 호와 같다.
> 1. 진찰·검사
> 2. 약제(藥劑)·치료재료의 지급
> 3. 처치·수술과 그 밖의 치료
> 4. 예방·재활
> 5. 입원
> 6. 간호
> 7. 이송과 그 밖의 의료목적 달성을 위한 조치

- 시·군·구 의료급여신청, 조사 및 결정 등의 절차는 국민기초생활보장법에 따른다(의료급여법 제3조의3). 의료급여의 보장기관은 특별시장·광역시장·도지사와 시장·군수·구청장이며(의료급여법 제5조), 비용은 의료급여기금에서 부담한다(의료급여법 제10조).

(5) 해산 및 장제급여

① 해산급여

- 해산급여는 생계 · 의료 · 주거급여 중 하나 이상의 급여를 받는 수급자에게 지급하는 것으로, 조산, 분만전 · 후에 필요한 조치와 보호에 필요한 급여를 지원한다(제13조 제1항).
- 해산급여는 수급자나 그 세대주 또는 세대주에 준하는 사람에게 지급하며, 의료기관에 위탁하는 경우에는 의료기관에 지급할 수 있다(제13조 제3항).

② 장제급여

- 장제급여 역시 생계 · 의료 · 주거급여 중 하나 이상의 급여를 받는 수급자에게 지급하는 것으로, 사체의 검안 · 운반 · 화장 또는 매장 등의 장제조치를 하는 것이다(제14조 제1항).
- 장제급여는 실제로 장제를 실시하는 사람에게 비용을 지급하는 것이나, 비용을 지급할 수 없거나 적당하지 아니할 경우 물품을 지급할 수 있다(제14조 제2항).
- 사망자에게 부양의무자가 없을 때에는 시장 · 군수 · 구청장이 사망자가 유류한 금전 또는 유가증권으로 그 비용을 충당하고 그 부족액은 유류물품의 매각대금으로 충당할 수 있다(제45조).

(6) 자활급여

① 자활급여의 내용

자활급여란 수급자의 자활을 돕기 위하여 1. 자활에 필요한 금품의 지급 또는 대여, 2. 자활에 필요한 근로능력의 향상 및 기능습득의 지원, 3. 취업알선 등 정보의 제공, 4. 자활을 위한 근로기회의 제공, 5. 자활에 필요한 시설 및 장비의 대여, 6. 창업교육, 기능훈련 및 기술 · 경영 지도 등 창업지원, 7. 자활에 필요한 자산형성 지원 등 자활을 위한 각종 지원을 실시하는 것이다(제15조 제1항).

② **자활지원 체계**

- (한국자활복지개발원) 수급자 및 차상위자의 자활촉진에 필요한 사업을 수행하기 위하여 한국자활복지개발원을 법인으로 설립한다(제15조의2). 자활복지개발원은 자활지원을 위한 사업, 자활지원을 위한 조사・연구 및 홍보, 지역자활센터 및 자활기업의 기술・경영 지도 및 평가, 자활 관련 기관 간의 협력체계 및 정보네트워크 구축・운영, 취업・창업을 위한 자활촉진 프로그램 개발 지원, 고용지원서비스 연계 및 사회복지서비스 지원대상자 관리, 자활관련기관의 종사자 및 참여자에 대한 교육・훈련 및 지원 업무를 수행한다(제15조의3).
- (광역 및 지역자활센터) 보장기관은 수급자 및 차상위자의 자활촉진에 필요한 사업을 수행하기 위하여 사회복지법인, 사회적협동조합 등 비영리법인과 단체 등의 신청을 받아, '시・도' 단위의 광역자활센터로 지정하며(제15조의10), 지역자활센터를 지정할 수 있다(제16조 제1항). 시장・군수・구청장은 자활지원사업의 효율적인 추진을 위해 지역자활센터, 직업안정기관, 사회복지시설의 장 등과 상시적인 협의체계를 구축하여야 한다(제17조).
- (자활기업) 수급자 및 차상위자는 자활기업을 설립・운영할 수 있으며, 자활기업은 조합 또는 부가가치세법상의 사업자로 한다. 보장기관은 자활기업에게 직접 또는 자활복지개발원, 광역자활센터 및 지역자활센터를 통해 자활을 위한 사업자금 융자, 국유지・공유지 우선 임대, 국가나 지방자치단체가 실시하는 사업의 우선 위탁, 국가나 지방자치단체의 조달구매 시 자활기업 생산품의 우선 구매 등 수급자의 자활촉진을 위한 각종 사업을 지원할 수 있다(제18조).
- (고용촉진 및 자활기금) 보장기관은 수급자 및 차상위자의 고용을 촉진하기 위해 상시근로자의 일정 비율 이상을 수급자 및 차상위자로 채용하는 기업에 대해 지원할 수 있다(제18조의2). 자활지원사업의 원활한 추진을 위하여 자활기금을 적립하며, 자활기금의 관리・운영은 자활복지개발원 또는 자활지원사업을 수행하는 비영리법인에 위탁할 수 있다(제18조의3).

- (자산형성지원 및 자활 교육 등) 보장기관은 수급자 및 차상위자가 자활에 필요한 자산을 형성할 수 있도록 재정적인 지원을 할 수 있으며, 이렇게 형성된 자산은 수급자의 재산의 소득환산액 산정 시 포함하지 않는다(제18조의4). 이 외에 보건복지부 장관과 시・도지사, 시・군・구청은 자활촉진을 위한 교육을 실시할 수 있다(제18조의5).
- (자활지원사업 통합정보전산망의 구축・운영 등) 보건복지부 장관은 근로능력이 있는 수급자 등 자활지원사업 참여자의 수급이력 및 근로활동 현황 등 자활지원사업의 수행・관리 및 효과분석에 필요한 각종 자료 및 정보를 효율적으로 처리하고 기록・관리하는 자활지원사업 통합정보전산망을 구축・운영할 수 있으며(제18조의6 제1항), 사업자등록부, 국민건강보험 등 사회보험 가입 여부, 소득정보, 사회보장급여 수급이력, 국가기술자격 취득 정보 등과 관련된 자료제공 및 관계 전산망 이용을 요청할 수 있다(제18조의6 제2항). 보건복지부 장관은 자활사업의 수행・관리 및 효과분석 목적을 달성한 경우 참여자의 개인정보를 제외한 참여자의 특성 및 사업참여 이력과 종료 이후 취업 이력에 대한 정보는 지체 없이 파기한다(제18조의7).

4) 보장기관과 보장시설

(1) 보장기관

국민기초생활보장법에 따른 급여는 수급권자 또는 수급자의 거주지를 관할하는 시・도지사와 시장・군수・구청장(교육급여인 경우 시・도교육감)이 실시한다(제19조).

(2) 생활보장위원회

국민기초생활보장사업의 기획・조사・실시 등에 관한 사항을 심의・의결하기 위하여 보건복지부와 시・도 및 시・군・구에 각각 생활보장위원회를 둔다(제20조 제1항).

〈중앙생활보장위원회(보건복지부)의 심의 · 의결 사항(제20조 제2항)〉

1. 기초생활보장 종합계획의 수립
2. 소득인정액 산정방식과 기준 중위소득의 결정
3. 급여의 종류별 수급자 선정기준과 최저보장수준의 결정
4. 급여기준의 적정성 등 평가 및 실태조사에 관한 사항
5. 급여의 종류별 누락 · 중복, 차상위계층의 지원사업 등에 대한 조정
6. 자활기금의 적립 · 관리 및 사용에 관한 지침의 수립
7. 그 밖에 위원장이 회의에 부치는 사항

(3) 기초생활보장계획의 수립 및 평가

- 소관 중앙행정기관의 장은 3년마다 소관별로 기초생활보장 기본계획을 수립하여 보건복지부 장관에게 제출하여야 한다(제20조의2 제1항).
- 보건복지부 장관은 수급권자, 수급자 및 차상위계층 등의 규모 · 생활실태 파악, 최저생계비 계측 등을 위하여 3년마다 실태조사를 실시 · 공표하여야 한다(제20조의2 제4항).
- 보건복지부 장관 및 소관 중앙행정기관의 장은 관계 행정기관, 지방자치단체, 「공공기관의 운영에 관한 법률」에 따른 공공기관 등에 대하여 평가에 관한 의견 또는 자료의 제출을 요구할 수 있다(제20조의2 제5항).

(4) 보장시설

- 보장시설이란 이 법 제7조에 규정된 급여를 실시하는 사회복지사업법에 따른 사회복지시설로서 다음 각 호의 시설 중 보건복지부령으로 정하는 시설을 말한다(제32조).

1. 장애인복지법의 장애인 거주시설
2. 노인복지법의 노인주거복지시설 및 노인의료복지시설
3. 아동복지법의 아동복지시설 및 통합 시설
4. 「정신건강증진 및 정신질환자 복지서비스 지원에 관한 법률」의 정신요양시설 및 정신재활시설
5. 「노숙인 등의 복지 및 자립지원에 관한 법률」의 노숙인재활시설 및 노숙인요양시설
6. 「가정폭력방지 및 피해자보호 등에 관한 법률」의 가정폭력피해자 보호시설
7. 「성매매방지 및 피해자보호 등에 관한 법률」의 성매매피해자 등을 위한 지원시설
8. 「성폭력방지 및 피해자보호 등에 관한 법률」의 성폭력피해자 보호시설
9. 한부모가족지원법의 한부모가족복지시설
10. 사회복지사업법의 사회복지시설 중 결핵 및 한센병요양시설
11. 그 밖에 보건복지부령으로 정하는 시설

- (보장시설의 장의 의무) 보장시설의 장은 보장기관으로부터 수급자에 대한 급여를 위탁받은 경우 정당한 사유 없이 거부하여서는 아니 되며, 최저기준 이상의 급여를 실시하여야 하고, 성별 · 신앙 또는 사회적 신분 등을 이유로 한 차별대우와 종교상의 행위 강제를 금지하며, 수급자의 자유로운 생활을 보장하여야 한다(제33조).

5) 국민기초생활보장 수급권과 권리구제

(1) 수급권의 특성

- (수급권 보호) 수급자에 대한 급여는 정당한 사유 없이 수급자에게 불리하게 변경할 수 없으며(제34조), 지급된 수급품과 이를 받을 권리 및 지정된 급여수급계좌의 예금에 관한 채권은 압류할 수 없고(제35조), 급여를 받을 권리를 타인에게 양도할 수 없다(제36조).
- (신고의무) 한편 수급자는 거주지역, 세대의 구성 또는 임대차 계약내용이 변동되거나 급여신청 당시 조사된 사항이 변동되었을 때 보장기관에 신고하여야 할 의무가 있다(제37조).
- (급여의 변경) 보장기관은 수급자의 소득 · 재산 · 근로능력 등이 변동된 경우 직권으로 또는 수급자나 그 친족 등의 신청에 의하여 급여의 종류와 방법

등을 변경할 수 있으며 이 경우 서면으로 그 이유를 구체적으로 통지하여야 한다(제29조).

- (급여의 중지 등) 보장기관은 수급자에 대한 급여의 전부 또는 일부가 필요없게 된 경우나 수급자가 거부한 경우에 급여의 전부 또는 일부를 중지하여야 한다(제30조 제1항). 근로능력이 있는 수급자가 자활사업 참여조건을 이행하지 아니하는 경우 조건을 이행할 때까지 근로능력이 있는 수급자 본인의 생계급여의 전부 또는 일부를 지급하지 않을 수 있다(제30조 제2항).
- (급여의 반환 등) 보장기관은 급여의 변경 또는 급여의 정지・중지에 따라 수급자에게 이미 지급한 수급품 중 과잉지급분이 발생한 경우에는 수급자에게 전부 또는 일부의 반환을 명하여야 한다. 다만, 이미 이를 소비하였거나 부득이한 사유가 있을 때 그 반환을 면제할 수 있다(제47조 제1항). 긴급급여를 먼저 실시하였으나, 조사결과에 따라 급여 실시를 하지 않기로 결정한 경우에도 급여비용의 반환을 명할 수 있다(제47조 제2항).

(2) 권리구제

- (시・도지사에 대한 이의신청) 수급자가 시장・군수・구청장(교육급여의 경우 시・도교육감에게)의 처분에 대하여 이의가 있는 경우 그 결정을 통지받은 날부터 90일 이내에 시・도지사에게 서면 또는 구두로 이의를 신청할 수 있다(제38조 제1항). 이의신청을 받은 시장・군수・구청장은 10일 이내에 의견서와 관계 서류를 첨부하여 시・도지사에게 보내야 한다.

  시・도지사는 이의신청서를 받았을 때에 30일 이내 필요한 심사를 하고 이의신청을 각하 또는 기각하거나, 해당 처분을 변경 또는 취소하거나 그 밖에 필요한 급여를 명하여야 한다(제39조).
- (보건복지부 장관에 대한 이의신청) 시・도지사에 대한 이의신청 결과 그 처분에 이의가 있는 사람은 시・도지사를 거쳐 보건복지부 장관에게 서면 또는 구두로 이의를 신청할 수 있다(교육급여 또는 주거급여인 경우 소관 중앙행정기관의 장에게)(제40조).

보건복지부 장관 또는 소관 중앙행정기관의 장은 이의신청서를 받았을 때 30일 이내에 필요한 심사를 하고 이의신청을 각하 또는 기각하거나, 해당 처분의 변경 또는 취소를 결정하여야 하며(제41조 제1항), 그 결과를 시 · 도지사 및 신청인에게 각각 서면으로 통지하여야 한다(제41조 제2항).

6) 보장비용

(1) 보장비용의 부담 구분

- 국가 또는 시 · 도가 직접 수행하는 보장업무에 드는 비용(보장업무에 드는 인건비와 사무비, 생활보장위원회의 운영에 드는 비용, 급여실시 비용 등으로 제42조 규정에 의한 보장비용)은 국가 또는 해당 시 · 도가 부담한다(제43조 제1항 제1호).
- 시 · 군 · 구가 수행하는 보장 비용 중 급여실시 비용 등에 대해 시 · 군 · 구의 재정여건, 사회보장비 지출 등을 고려하여 국가, 시 · 도 및 시 · 군 · 구가 차등하여 분담한다(제43조 제1항 제4호).

가. 국가는 시 · 군 · 구 보장비용 총액 중 100분의 40 이상 100분의 90 이하 부담
나. 시 · 도는 시 · 군 · 구 보장비용의 총액 중 100분의 30 이상 100분의 70 이하 부담

(2) 비용의 징수

- 수급자에게 부양능력을 가진 부양의무자가 있음이 확인된 경우 보장비용을 지급한 보장기관은 생활보장위원회의 심의 · 의결을 거쳐 그 비용의 전부 또는 일부를 부양의무자로부터 부양의무의 범위에서 징수할 수 있다(제46조 제1항).
- 속임수나 부정한 방법으로 급여를 받거나 타인으로 하여금 급여를 받게 한 경우에는 그 비용의 전부 또는 일부를 급여를 받은 사람 또는 급여를 받게 한 자(부정수급자)로부터 징수할 수 있다(제46조 제2항).
- (반환명령) 급여의 변경 또는 급여의 정지나 중지에 따라 수급자에게 지급한 수급품 중 과잉지급분이 발생한 경우 수급자에게 전부 또는 일부의 반환을

명하여야 하며, 다만 이미 이를 소비하였거나 부득이한 사유가 있을 때에는 반환을 면제할 수 있다(제47조).

7) 벌 칙

- (금융정보 누설 및 제공) 법 제23조의2 제6항을 위반[2]하여 금융정보를 사용·제공 또는 누설한 자는 5년 이하의 징역 또는 5천만 원 이하의 벌금에 처한다(제48조).
- (부정수급자) 속임수나 그 밖의 부정한 방법으로 급여를 받거나 타인으로 하여금 급여를 받게 한 자는 1년 이하의 징역, 1천만 원 이하의 벌금, 구류 또는 과료에 처한다(제49조).
- (비밀누설 등의 금지) 자활복지개발원의 임직원 또는 임직원이었던 자가 직무상 알게 된 비밀을 누설하거나 다른 용도로 사용했을 경우 1년 이하의 징역 또는 1천만 원 이하의 벌금에 처한다(제49조의2).
- (보장시설의 거부 또는 종교행위 강제) 수급자의 급여 위탁을 정당한 사유 없이 거부한 자나 종교상의 행위를 강제한 자는 300만 원 이하의 벌금, 구류 또는 과료에 처한다(제50조).
- (양벌규정) 법인의 대표자나 법인 또는 개인의 대리인, 사용인 그 밖의 종업인이 그 법인 또는 개인의 업무에 관하여 위반행위를 하면 행위자를 벌하는 외에 그 법인 또는 개인에게도 각 해당 조문의 벌금 또는 과료의 형을 과한다. 다만, 법인 또는 개인이 그 위반행위를 방지하기 위하여 해당업무에 관하여 상당한 주의와 감독을 게을리하지 아니한 경우에는 그러하지 아니하다(제51조).

---

2) 수급권자와 그 부양의무자의 급여 신청 시 제출한 자료에 대한 금융조사 시 이 업무에 종사하고 있거나 종사하였던 사람이 업무 수행 시 취득한 금융정보 등을 이 법이 정한 목적 외에 다른 사람 또는 기관에 제공하거나 누설하였을 경우

3. 국민기초생활보장법 관련 판례

1) 서행심 2012-663 : 기초생활수급자 부적합 결정처분 취소

(1) 재결 개요

피청구인(관할구청장)은 2012년 2월경 청구인이 등록된 주소지에 실제 거주하지 않는다는 사유로 청구인의 기초생활수급 자격을 중지하였다. 청구인은 2012년 4월경 피청구인에게 사회복지급여를 재신청하였고, 이에 관할 구청은 국민기초생활보장법에 따라 청구인과 부양의무자의 주소이력, 통화내역, 건강보험이력, 재산이력 등을 조사한 결과 청구인의 부양의무자가 부양능력이 있고 청구인과 관계단절로 볼 수 없다고 보아, 2012. 6. 19. 청구인에 대하여 기초생활수급자 부적합 결정(이하 "이 사건 처분"이라 한다)을 하였다. 이에 피청구인이 서울행정심판위원회에 행정심판을 청구하였으며 이에 대한 재결 결과는 다음과 같다.

국민기초생활보장법상 부양의무자가 있어도 부양의무자가 부양을 기피하거나 거부하는 경우로 실질적인 가족관계 단절상태에 있는 경우 수급권자가 될 수 있는데, 청구인과 부양의무자의 주소이력, 통화내역, 청구인이 부양의무자의 직장건강보험에 피부양자로 등재된 사정 등으로 볼 때 청구인은 부양의무자와 가족관계 단절상태에 있다고 볼 수 없고 부양의무자의 부양능력에 비추어 청구인에 대한 기초생활수급자 부적합 결정처분은 위법하다거나 부당하다고 할 수 없다. 이에 청구인의 청구를 기각한다.

(2) 재결례의 의의

행정심판 청구를 심사하는 기관을 재결청이라 하며(이 사례에서는 서울행정심판위원회) 행정심판에 대한 판단 결과를 '재결'이라 칭한다. 본 재결례는 2008년부터 국민기초생활보장 수급을 받아온 대상자에 대한 관할 구청의 확인조사 결과 부양의무사항의 변동에 따른 기초생활수급자 부적합 판정이라는 행정처분에 대해 청구인이 그 처분의 취소를 구하는 행정심판을 제기한 것이다. 국민기초생활보장법에 따른 권리구제절차로서 행정심판의 한 예에 해당한다. 본 재결은 국민기초생활보장제도에 있어 관할 구청의 확인조사에 의해 부양능력이 있는 부양자와 실질적인 가족관계를 유지하는 사실이 밝혀짐에 따라 기초생활수급 자격 부적합 처분을 내린 점에 대해 적법한 처분이었음을 확인해 주고 있다.

2) 서울행법 2013구합51800 : 생계비 등 지급청구

(1) 판례 개요

甲은 아들 乙과 함께 거주하고 있는데, 관할 구청장이 乙을 국민기초생활보장법상의 '근로능력 있는 수급자'에 해당한다고 보아 자활에 필요한 사업에 참가할 것을 조건으로 생계급여를 지급받는 사람으로 결정하여 통지하였다. 그러나 乙이 자활사업 참여 조건을 이행하지 않자 관할구청장은 乙에게 추정소득 부과처분을 하고 그에 따라 甲에게 개별가구의 생계 · 주거급여를 감액하는 급여변경통지를 하였다. 여기서 개별가구의 급여액을 산출하기 위해 최저생계비에서 소득인정액을 공제할 때 소득인정액에 포함되는 '개별가구 소득평가액'에서의 소득은 개별가구 구성원이 실제로 벌어들이는 근로소득, 사업소득, 재산소득, 기타소득을 의미한다. 그런데 근로능력이 있는 수급자가 자활사업에 참여하지 않는다는 이유로 그에게 일정한 소득이 있는 것으로 추정하여 추정소득 부과처분을 할 수 있는 법령상의 근거가 없으므로 추정소득 부과처분은 위법하고 하자가 중대 · 명백하여 당연무효에 해당하므로, 생계 · 주거급여를 감액하는 급여변경통지도 당연무효라고 판결하였다.

(2) 판례의 의의

국민기초생활보장법 제30조(급여의 중지 등) 제2항은 근로능력이 있는 수급자가 자활사업 참여 조건을 이행하지 아니하는 경우 조건을 이행할 때까지 근로능력이 있는 수급자 본인의 생계급여의 전부 또는 일부를 지급하지 아니할 수 있다고 규정하고 있다. 그러나 법 제4조 제3항에 의하면 국민기초생활보장 급여를 개별가구

단위로 실시한다고 규정하고 있고, 관할 행정기관은 가구에 지원되는 생계 및 주거급여를 산출함에 있어 가구의 소득액 평가 시 조건부수급자에게 '추정소득'을 부과하여 계산한 점이 아무런 법령상의 근거가 없기 때문에 무효라는 것이다.

실제 법 제2조 제9호 및 시행령 제3조 제1항, 시행규칙 제2조 어느 경우에도 개별가구의 소득평가액 산정 시(실제소득 및 기타소득) '추정소득'에 근거한 소득평가액 산정 규정은 발견되지 않는다.

그렇다면 법 제30조 급여의 중지 조항에서 조건부 근로 수급자에 대한 급여의 중지는 가구 단위가 아닌 개인 수급자 단위에 적용되어야 할 것으로 보인다. 그러나 본 판례는 서울행정심판위원회 행정심판을 거쳐 서울행정법원으로 행정소송이 제기된 1심 결과이며, 이후 '항소'가 진행되었기 때문에 최종 판결이 어떻게 확정될 것인지 지켜보아야 한다.

본 판례는 법규정에 근거하지 아니하는 행정행위는 효력이 없다는 법률우위의 원칙 및 법치행정의 원칙의 사례를 보여주는 것이기도 하다. 또한 본 판례의 확정 결과에 따라 조건부 수급자에 대한 급여 중지 처분의 절차와 같은 구체적인 규정이나 행위지침이 마련되는 정책이 형성될 것으로 예측된다.

3) 부산지법 2011구합4436 : 사회복지서비스 및 급여변경처분 취소소송

(1) 판례 개요

구청장이 국민기초생활보장법 제23조에 따른 기초생활보장수급자 부양의무자 확인조사를 통해 부양의무자인 딸 및 사위가 부양능력이 있는 것으로 보고 수급자 甲에게 지급하던 생계·주거급여를 감액하는 사회복지서비스 및 급여변경 처분을 한 사안에서, 수급기관이 수급자에 대한 급여를 감액하는 경우에는 관련 규정에 따른 충실한 조사를 하여야 한다고 해석되는 점, 딸이 혼인하여 남편 소득으로 월소득이 있고 재산이 있다 하더라도 시어머니와 함께 거주하여 부양능력이 없는 경우에 해당하거나 부양을 기피하여, 甲이 부양의무자가 있어도 부양을 받을 수 없는 경우에 해당될 여지가 있는 점 등을 보면, 甲에게 국민기초생활보장법 제5조 제1항의 부양능력이 있는 부양의무자가 있다고 보기 어려우므로 이와 다른 전제에서 한 위 처분은 위법하다고 한 사례이다. 법원은 구청장이 2011. 6. 20. 원고에게 한 사회복지서비스 및 급여변경처분을 취소한다는 판결을 내렸다.

(2) 판례의 의의

부양의무자의 부양능력과 부양의사에 대한 판단은 사회복지현장에서 늘 이슈가 되어온 사안이다. 본 판례는 1촌 이내의 부양의무자로서 혼인한 딸에게 부양능력이 있는가가 쟁점이었으며, '부양을 받을 수 없는 경우'에 해당된다고 판단한 경우이다.

본 판례는 행정처분의 취소를 명령한 법원의 확정 판결로서 행정기관의 급여변경처분으로 인해 수급권자의 권리가 침해되었을 경우 법원의 행정소송에 의해 구제될 수 있음을 보여준다.

요 약

- 국민기초생활보장법은 생활이 어려운 사람들의 최저생활보장과 자활을 돕고자 하는 목적으로 제정된 공공부조의 대표적인 법이다. 1961년 생활보호법 제정, 1999년 국민기초생활보장법의 제정에 이어 2014년 12월 30일 맞춤형 급여체계로의 개편을 골자로 하는 법의 개정이 이루어졌다.
- 수급자 선정기준은 생계급여, 주거급여, 의료급여, 교육급여, 해산급여, 장제급여, 자활급여 등 급여의 종류마다 다르며 국민 가구소득의 중위값인 기준 중위소득을 선정기준으로 한다. 또한 급여의 종류에 따라 지원하는 금액이나 보장수준으로 최저보장수준을 공표한다.
- 국민기초생활보장법은 자립노력의 원칙과 보충성의 원칙을 유지하며 보장기관인 시 · 도지사 및 시 · 군 · 구청이 급여를 실시하고 각각 생활보장위원회를 설치한다. 한편 사회복지사업법에 따른 사회복지시설은 국민기초생활보장법의 보장시설로서 최저기준 이상의 급여 실시, 차별대우 금지, 종교의 강제 금지 및 수급자의 자유로운 생활을 보장할 의무가 있다.
- 국민기초생활보장 수급권은 정당한 사유 없이 불리한 급여의 변경 및 압류와 양도를 금지한다. 그러나 수급자의 소득, 재산, 근로능력 등이 변동된 경우 급여의 종류 및 방법 등을 변경할 수 있으며, 급여가 필요없게 된 경우나 수급자가 거부한 경우 급여의 전부 또는 일부를 중지할 수 있다.
- 보장기관의 처분에 대한 이의가 있을 경우 이의신청을 할 수 있으며 행정심판이나 행정소송 등의 권리구제 절차를 밟을 수 있다.

참고문헌

2019년 기준 중위소득 및 생계 · 의료급여 선정기준과 최저보장수준 고시. www.law.go.kr
서울사회복지공익법센터 홈페이지. www.swlc.welfare.seoul.kr
주거급여 홈페이지. www.myhome.go.kr
서울특별시 저소득주민의 생활안정지원에 관한 조례.
국민기초생활보장법.
국민기초생활보장법 시행령.
국민기초생활보장법 시행규칙.
의료급여법
주거급여법

Chapter 13

사회복지사의 권익보호를 위한 법제

본 장의 목표

사회복지법은 사회복지에 대한 국가와 지방자치단체의 책임과 의무 및 사회복지대상자의 권리뿐 아니라 사회복지사업 시행의 핵심 주체인 사회복지조직과 사회복지사에 대해 다양한 규정을 담고 있다. 사회복지사에 대한 법적 접근은 사회복지사업 수행의 책임 있는 의무주체로서뿐 아니라, 인권과 전문적 권한을 갖는 권리의 주체로도 접근되어야 한다. 본 장을 학습하고 난 뒤 :

- 사회복지사의 법적 지위와 법적 자격에 대한 규정을 알 수 있다.
- 근로자로서 사회복지사가 보장받아야 할 인권과 법적 권리에 대해 이해하고 사회복지사 보호를 위한 법적 지원 장치에 대해 알 수 있다.
- 「사회복지사 등의 처우 및 지위 향상을 위한 법률」의 주요 내용과 현황 및 법률의 문제점을 찾고 대안을 모색할 수 있다.
- 사회복지사는 원고나 피고 등 다양한 쟁송의 소송당사자가 될 수 있으며 판례와 사례를 통해 문제가 발생할 수 있는 상황과 권리구제절차 그리고 판결의 결과와 이유에 대한 논거를 이해할 수 있다.

주요 용어

- 「사회복지사 등의 처우 및 지위 향상을 위한 법률」
- 사회복지시설 종사자 인건비 가이드라인
- 서울사회복지공익법센터
- 사회복지종사자 인권
- 「사회복지시설 종사자 폭력피해예방 매뉴얼」
- 근로권
- 공무상요양비
- 부당해고
- 부당노동행위
- 지방노동위원회
- 중앙노동위원회

본 장의 핵심

"2013년 1월 31일 경기도 용인에서 29세의 사회복지전담공무원이 투신자살. 2월 26일 성남에서 석 달 뒤 결혼할 여성 사회복지전담공무원이 투신자살. 3월 19일 울산에서 어린 자녀를 둔 30대 사회복지전담공무원이 자살. 그리고 또 5월 15일, 충남 논산에서 33세 사회복지전담공무원이 열차에 투신. 네 사람 모두 자살 원인은 업무과다"(에이블 뉴스, 2013-05-03)

2013년 한 해 넉 달 동안 발생했던 무려 4명의 사회복지공무원의 자살 사건은 우리 사회에 큰 충격을 주었다. 열악한 사회복지사들의 근무환경과 처우에 대한 사회적 정책적 관심이 어느 때보다 촉발되었다. 2011년 「사회복지사 등의 처우 및 지위 향상을 위한 법률」이 제정된 이후에 발생한 터라 그 안타까움은 더하다.

사회복지사는 사회복지실천의 시작이자 핵심이라 해도 과언이 아니다. 사회복지사에 대한 학문적 접근은 행정의 인사관리 측면에서, 실천의 역량강화 측면에서 등 다양하게 접근될 수 있다. 사회복지사에 대한 법적 접근은 사회복지사의 법률적 지위, 법적 책임과 의무(또는 금지행위), 그리고 근로자로서의 권리와 전문직으로서의 권한 등에 대한 내용을 담고 있다.

본 장에서는 사회복지사의 법적 지위와 근로자로서의 권리를 살펴보고 사회복지사의 처우개선과 지위 향상을 목적으로 제정된 법률의 내용과 문제점을 짚어본다. 또한 사회복지사가 중심이 된 다양한 사례와 판례를 검토해 봄으로써 사회복지사의 권리보호를 위해 필요한 법적 지식 및 권리구제절차, 그리고 사회복지현장 및 정책에 대해 시사하는 바를 살펴본다.

Chapter 13

사회복지사의 권익보호를 위한 법제

1. 사회복지사의 법적 권리와 지원장치

사회복지업무에 종사하는 사회복지사는 사회복지를 필요로 하는 사람을 위해 인권을 존중하며 최대로 봉사하여야 한다는 사회복지사업법 제5조의 원칙은 사회복지사에 대하여 봉사성의 원칙을 규범화한 것으로 해석된다. 사회복지사라 하면 '좋은 일 하는', '돈을 받는 자원봉사자'와 크게 다를 바 없다는 인식이 현재에도 남아 있는 사회적 분위기에서 낮은 급여에 야근 업무, 이용자로부터의 폭언과 폭행을 감내하면서 법적으로 보장된 휴가마저 꿈꿀 수 없는 복지의 사각지대에 놓여 있는 것이 현실이다(동아일보, 2014. 7. 28., 오피니언).

그러나 사회복지사 역시 헌법에서 보장하고 있는 행복추구권과 인간다운 생활을 할 권리를 갖는 국민이며 국가는 이러한 사회복지사의 기본권 보장의 의무를 가진다. 또한 사회복지사는 법적으로 규정된 교육과 훈련 및 자격요건을 갖춘 전문가이며 이러한 전문직 근로자로서의 지위는 법적으로 부여받고 있다.

1) 사회복지사의 법적 지위

사회복지사의 법적 정의는 사회복지사업법 제11조에 의거하여 보건복지부 장관으로부터 사회복지사 자격증(1급 · 2급)을 발급받은 자라 할 수 있다. 사회복지사들은 법률이 정한 채용 규정(사회복지사업법 제13조)에 따라 사회복지법인 및 사회복지 시설에서 근무한다. 한편 사회복지사 자격을 가진 사람 중 시 · 도, 시 · 군 · 구 및 읍 · 면 · 동, 또는 복지사무전담기구에서 사회복지사업에 관한 업무를 담당하는 사회복지전담공무원이 있으며, 이들은 국가공무원법 제2조 및 지방공무원법 제2조의 공무원(사회복지직렬)으로 그에 준하는 신분이 보장된다.

피성년후견인 또는 피한정후견인, 금고 이상의 형을 선고받고 집행이 끝나지 않았거나 집행정지가 확정되지 아니한 사람, 법원의 판결에 따라 자격이 상실되거나 정지되었거나 마약 · 대마 또는 향정신성의약품의 중독자, 정신건강증진법 제3조 제1호에 따른 정신질환자(전문의가 사회복지사로 적합하다고 인정하는 자는 예외)는 법률에 의해 사회복지사가 될 수 없다(사회복지사업법 제11조의2. 사회복지사의 결격사유).

사회복지전담공무원의 경우 국가공무원법 및 지방공무원법에 의한 신분상의 권리와 직무집행과 관련되는 권리 및 재산상의 권리를 가진다. 민간 사회복지기관에 종사하는 사회복지사는 근로자로서의 권리와 사회보장기본법을 비롯한 사회복지 관계법령에서 규정하는 사회복지사업 직무수행을 위한 권한을 갖게 된다.

2) 근로자로서 사회복지사의 권리

사회복지사를 채용하는 사회복지조직은 근로기준법이 정한 사업장이며 따라서 종사자인 사회복지사 역시 근로자로서 마땅히 근로기준법(법률 제16270호, 2019. 1. 15. 일부개정)에 의한 보호와 권리를 보장받아야 한다. 이 법에 의한 임금규정, 근로시간과 휴식, 안전과 보건, 취업규칙 등이 정하는 최저기준 이하로 근로조건 기준을 낮출 수 없고(근로기준법 제3조), 임금과 근로시간 및 휴일, 연차 유급휴가, 기타 근로조건을 명시한 근로계약서를 체결하며(제17조), 균등한 처우(제6조)와 강제근로의 금지(제7조), 폭행의 금지(제8조) 및 중간착취의 배제(제9조)와 같은 원칙이 그대로 적용된다는 것이다.

그러나 2013년 국가인권위원회에서 발표한 사회복지사 인권상황 실태조사에 따르면 사회복지사의 급여는 전체 임금노동자의 평균 임금인 243만 원의 약 80%인 196만 원 수준으로, 낮은 임금과 과중한 노동을 하고 있다. 나아가 열악한 근무조건은 낮은 직업만족도와 잦은 이직 및 10년 이내 퇴직이나 전업으로 이어지고 있다(김유경 외, 2014; 한국보건사회연구원, 2014).

근로자로서 가져야 할 노동3권(단결권, 단체교섭권, 단체행동권)의 경우 사회복지사업 전체 종사자 대비 노동조합 조직률이 0.01%에 불과하고 노동조합 규모는 26개 사업장에 약 500명 남짓인 실정이다(국가인권위원회, 2013). 본 사회복지사 인권실태 조사결과에서는 조사대상의 16.1%가 근로계약서를 교부받지 못하였고, 취업규칙을 비치하지 않은 경우는 11.2%에 달하며 내용 면에서도 10% 내외의 취업규칙은 노동시간이나 임금, 휴가 등 근로조건 보장이 법령이 정한 최저 기준선마저 지키지 않고 있었다.

사 례 사회복지시설의 주된 근로기준법 위반사항

- 연장 · 야간 · 휴일근로수당 미지급
- 1주 연장근로시간 상한(12시간) 초과
- 연월차휴가 근로수당(휴가보상비) 미지급
- 생리휴가 미부여
- 취업규칙 미작성 및 미신고
- 노사협의회 미설치 및 노사협의회 규정 미신고
- 직장 내 성희롱 예방교육 미실시

출처 : 사회복지시설 노무 가이드북(2008). 서울특별시사회복지사협회.

이러한 문제는 사회복지사를 낮은 처우뿐 아니라 부당노동행위 및 부당해고의 환경에 노출되게 할 가능성으로 연결되며 관련한 상담사례와 행정심판 및 행정소송 판례들이 발견되고 있다. 나아가 사회복지 업무 수행 중 발생하는 사고나 재해 또는 업무 기인성에 의한 질병에 대해 산업재해보상보험과 같은 법적 사회보험제도를 어느 정도 활용하고 있으며 과연 산업재해로서의 판정을 받아내고 있는가에 대해서는 파악되지 못하고 있다.

사 례 근로계약 갱신 거절에 의한 부당해고 상담사례

[사건개요] A사회복지시설에서 2004년 4월 1일부터 2005년 3월 31일까지 1년을 계약기간으로 하여 근로계약서를 작성하고 근무를 시작하여 위 계약기간이 만료된 이후에도 계약기간이 갱신되어 같은 업무를 계속하고 있던 중 2007년 2월 말경에 A사회복지시설 측으로부터 근로계약의 갱신을 거절하는 일방적인 통지를 받고 해고되었다. 이런 경우에 구제책은 없는가?

[법률상담] 근로기준법 제23조 제1항은 "사용자는 근로자에게 정당한 이유 없이 해고, 휴직, 정직, 전직, 감봉, 그 밖의 징벌을 하지 못한다"라고 규정하고 있다. 일반적으로 계약직 직원의 경우에 근로계약기간이 종료되면 사용자의 해고 등 별도의 절차 없이 당연히 근로자와 사업주의 고용관계가 종료되는 것이 원칙이다. 그러나 위 사안과 관련하여 판례는 "기간을 정하여 근로계약을 체결한 근로자의 경우 기간이 만료되면 근로자로서 신분관계는 당연히 종료되고 근로계약을 갱신하지 못하면 갱신 거절의 의사표시가 없어도 당연 퇴직되는 것이 원칙이다. 그러나 근로계약, 취업규칙, 단체협약 등에서 기간이 만료되더라도 일정한 요건이 충족되면 근로계약이 갱신된다는 취지의 규정을 두고 있거나, 그러한 규정이 없더라도 근로계약 내용과 근로계약이 이루어지게 된 동기 및 경위, 계약 갱신 기준 등 갱신에 관한 요건이나 절차의 설정 여부 및 그 실태, 근로자가 수행하는 업무 내용 등 근로관계를 둘러싼 여러 사정을 종합하여 볼 때 근로계약 당사자 사이에 일정한 요건이 충족되면 근로계약이 갱신된다는 신뢰관계가 형성되어 있어서 근로자에게 근로계약이 갱신될 수 있으리라는 정당한 기대권이 인정되는 경우에는, 사용자가 이를 위반하여 부당하게 근로계약 갱신을 거절하는 것은 부당해고와 마찬가지로 아무런 효력이 없고, 이 경우 기간만료 후 근로관계는 종전 근로계약이 갱신된 것과 동일하다"라고 하였다(대법원 2011. 7. 28. 선고 2009두2665 판결).

따라서 위 사례의 경우에도 <u>근로계약이 장기간에 걸쳐서 반복하여 갱신됨으로써 근로자에게 근로계약이 갱신될 수 있으리라는 정당한 기대권이 인정되는 경우에 해당한다면, A사회복지시설의 근로계약 갱신 거절이 부당해고라는 이유로 해고일로부터 3월 이내에 관할노동위원회에 구제신청을 하거나, 법원에 해고무효확인소송을 제기할 수 있을 것으로 보인다</u>.

참고로 2007. 7. 1.부터 순차적으로 시행되는 「기간제 및 단시간근로자 보호 등에 관한 법률」에 의하면 기간제근로자의 최대 사용기간을 2년으로 정하고 있고, 그 기간을 초과하여 사용하는 경우에는 기간의 정함이 없는 근로계약을 체결한 근로자로 보도록 하고 있으며, 사용자는 기간의 정함이 없는 근로계약을 체결하고자 하는 경우에 당해 사업 또는 사업장의 동종 또는 유사한 업무에 종사하는 기간제근로자를 우선 고용하는 노력을 기울이도록 하여 기간제·단시간근로자에 대한 각종 차별 금지 및 이를 시정하는 제도를 도입하고 있다.

출처 : 대한법률구조공단 사례.

근로기준법에 의거한 법적 권리의 보장이 제대로 지켜지지 못할 뿐 아니라 사회복지사들은 성희롱 및 성폭력 금지와 여성노동자 권리, 종교의 자유보장과 보편적 차별 금지, 공익제보자 보호, 거주인 및 주민폭력으로부터의 보호와 같은 기본적인 인권에 있어서도 위험에 노출되어 있는 것으로 나타났다.

〈표 13-1〉 사회복지사의 폭언, 폭행, 성희롱 경험 비율

	동료로부터	상급관리자로부터	클라이언트(주민)로부터
폭언(언어)	6.4%	13.3%	28.9%
폭행(신체)	0.4%	0.6%	8.7%
성희롱(성추행 포함)	1.7%	2.7%	6.4%
따돌림	3.7%	3.4%	1.1%

출처 : 김종해 외(2013). 사회복지사 인권상황 실태조사. (사)한국노동사회연구소·국가인권위원회.

한국보건사회연구원의 조사결과에서도(2014) 사회복지시설 종사자가 인권을 (충분히) 보장받는 정도는 45.3%였고, 평균 점수는 5점 만점에 3.4점으로 높지 않은 편으로 나타났다.

한편 2016년 서울시 사회복지사 근로실태조사 분석결과에 따르면, 사회복지시설 종사자가 이용자로부터 비방·공갈·협박 등 정신적 괴롭힘을 경험한 비율은 48.5%, 신체적 폭력 14.9%, 성적 괴롭힘 14.7%, 재산피해 경험도 4.6%였던 것으로 나타났다.

〈표 13-2〉 이용자의 괴롭힘 현황

(단위 : 명, %)

구 분	빈도	비율
비방·공갈·협박 등 정신적 괴롭힘	661	48.5
신체적 폭력	203	14.9
성희롱 등 성적 괴롭힘	200	14.7
차량훼손·절도 등 재산 피해	63	4.6

출처 : 서동명 외(2016). 2016 서울시 사회복지사 근로실태조사 분석 결과.

사회복지종사자의 폭력 및 폭언 경험 후 피해대응은 다수가 '주변 동료에게 푸념이나 하소연으로 넘기거나 어떠한 대처도 하지 않고 참고 넘긴다'는 것이었다(송영은 외, 2018). 사회복지종사자의 인권보호 강화는 이용자의 복지서비스 질 제고와 직결되는 문제임을 인식하며, 사회복지종사자의 입장에서 조사하고 중재하는 영

향력 있는 기관이나 치료와 회복을 위한 전문적 상담이 가능한 고충처리센터 등의 설립도 제안되고 있다(최병근, 2019).

3) 사회복지사를 위한 법적 지원 장치

(1) 사회복지사 보수교육을 통한 법지식 강화

사회복지사업법 제13조 제2항에 따르면 “사회복지사의 자질 향상을 위하여 사회복자사에게 교육을 받도록 명할 수 있으며, 사회복지법인 또는 사회복지시설에 종사하는 사회복지사는 정기적으로 인권에 관한 내용이 포함된 보수교육을 받아야 하는 것”으로 명시되어 있다.

서울시사회복지사협회의 2015년 보수교육 실시 결과(170회 1만여 명 교육 참여) 자료에 의하면 향후 교육희망 주제 분야에 있어 22개 교육 분야 중 ‘정책’ 분야의 교육내용이 4번째로 많았으며, 구체적으로 변화하는 법률이나 제도, 최근 이슈 및 동향, 외국 및 선진국의 사회복지정책, 사회복지 관련법(장기요양, 기초생활보장 등)에 대한 내용이었다.

사회복지사의 권익보호를 위한 교육의 경우 사회복지사의 안전과 인권, 사회복지시설의 노동법 적용과 근로기준법 이해 등 소수에 불과하다. 이에 사회복지사의 권리 침해나 인권 침해의 사례 및 이를 위한 권리구제절차와 실제 판례 등과 같은 교육 내용 역시 보강되어야 한다. 사회복지사의 법적 권리와 인권보호를 위해 필요한 법적·제도적 장치를 마련하기 위한 노력이 필요할 것으로 보인다.

(2) 법률 및 소송 지원 장치

① 서울사회복지공익법센터

서울시복지재단은 2013년 이전까지 서울복지법률지원단을 운영하였다. 변호사 5명과 복지전문가를 포함한 9명의 전문 인력이 상주하며 저소득 시민을 대상으로 기초수급, 임대차, 이혼, 양육권, 부양가족 문제 등 복지법률 상담과 사회복지 담당공무원 · 복지시설 종사자들의 복지법률 교육을 주로 담당해 왔다. 사회복지사의 역량강화를 위해 연중 필수적으로 실시되는 사회복지사 보수교육에 사용할 법률 교육 프로그램을 마련하여 연 8~10회 개설하였다. 이 교육 프로그램에는 사회복지 정책과 복지법률 교육뿐 아니라 시설에서 발생할 수 있는 다양한 법률분쟁 사례와 해결방안 등이 담겨 있다.

그 후 사회복지사들이 과도한 감정노동으로 인해 업무 스트레스에 시달리고 인권침해 등에 노출되어 있는 현실에 주목하고, 법률상담과 법률교육 등을 통해 사회복지사의 법률도우미 역할을 하는 '워커스 애드버킷(Worker's Advocate)'을 운영하였다.

2014년 5월부터는 서울복지법률지원단의 기능을 대폭 추가 · 확대한 서울사회복지공익법센터(swlc.welfare.seoul.kr)가 새롭게 출범했다. 이 센터는 복지소외계층의 권리행사를 돕고, 다양하고 실질적인 법률구제의 토대를 만들어 가고자 서울시복지재단 내에 설립된 기관이다. 서비스 대상은 복지법률서비스 필요 시민과 복지담당공무원 및 복지시설 종사자 등이며, 복지 관련 법률 상담 및 자문, 복지 관련 법 · 제도개선, 복지법률 교육, 법률구제 지원 사업을 주 업무로 하고 있다.

② 대한법률구조공단

우리나라는 경제적으로 어렵거나 법을 모르기 때문에 법의 보호를 제대로 받지 못하는 사람들이 적법한 절차에 의하여 정당한 권리를 보호받을 수 있도록 하기 위한 법률구조제도를 마련하여 두고 있다. 이러한 법률구조사업을 효율적으로 수행하도록 하기 위하여 법률구조법을 제정하고, 이 법에 따라 설립(1987)하여 운영하는 기관이 대한법률구조공단이다. 법률구조 대상 사건은 민사 · 가사사건, 형사사건, 가정 · 소년 · 인신 등 각종 보호사건, 성범죄 · 아동학대 등 각종 피해자변호사건, 개인회생 및 파산 · 면책사건, 행정심판사건과 행정소송사건, 헌법소원사건 등이며 사회복지사 및 사회복지대상자들의 법률적 상담과 소송 등도 지원해 주고 있다.

(3) 사회복지사 협의체를 통한 지원

서울특별시사회복지사협회의 경우 사회복지실천현장에서 활동하는 사회복지사의 전문성과 권익증진을 위한 단체로 연 2회 사회복지사 노무교육 실시를 통해 사회복지시설에서의 노무관리의 적법성과 노무권리에 대한 인식 제고 사업 및 사회복지사 처우 개선을 위한 정책세미나 사업 등을 전개하고 있다. 무엇보다 홈페이지상으로 권익상담센터(sasw.or.kr/zbxe/counsel)의 운영을 통해 사회복지실천현장에서 일어나는 노무권리, 인권침해, 고충 등 사회복지사의 권익과 관련된 문제에 대하여 상담을 해주고 있다. 나아가 서울사회복지사의 권익증진을 위하여 서울사회복지공익법센터와 '워커스 애드버킷(Worker's Advocate)' 협약을 체결(2013년 12월 16일)하고 '워커스 애드버킷' 서비스의 일환으로 법률상담창구를 마련하여 협회 유자격 회원이라면 누구나 사회복지사 개인, 사회복지사와 시설 간, 사회복지사와 이용자 간 등 다면적으로 발생할 수 있는 법률분쟁에 대한 상담을 진행하고 있다.

(4) 국가인권위원회 진정

국가인권위원회는 행정상 독립기구로서 인권 관련 정책기능과 인권침해 사례에 대한 조사와 구제 기능 등을 담당한다. 이 가운데 위원회는 인권의 보호와 향상에 중대한 영향을 미치는 재판이 진행 중인 경우, 법원 또는 헌법재판소의 요청이 있거나 필요하다고 인정하는 때에는 법원의 담당재판부 또는 헌법재판소에 법률상의 사항에 관하여 의견을 제출할 수 있다. 또한 법인, 단체 또는 사인(私人)에 의하여 평등권 침해의 차별행위, 즉 합리적인 이유 없이 성별, 종교, 장애, 나이, 사회적 신분, 출신지역, 출신국가, 출신민족, 용모 등 신체조건, 혼인 여부, 임신 또는 출산, 가족상황, 인종, 피부색, 사상 또는 정치적 의견, 효력이 실효된 전과, 성적(性的) 지향, 학력, 병력(病歷) 등을 이유로 차별행위를 당한 경우 등에 해당하는 사람은 누구나 위원회에 진정서를 제출할 수 있고 이에 대한 조사와 구제 기능을 담당한다. 사회복지사와 관련하여 국가인권위원회에 제기된 사례로는 사회복지사 1급 응시 자격 기준에 있어서의 학력구분, 성별을 이유로 한 고용차별, 신분이나 출신학교의 차별 등의 진정건과 결정 사례가 축적되고 있다.

(5) 행정심판 및 행정소송

사회복지사의 임금이나 해고, 근로계약 위반 등 노동권과 관련한 권리의 침해가 발생할 경우 지방노동위원회에 행정심판을 청구할 수 있으며 그 결과에 이의가 있을 경우 중앙노동위원회에 재심판정을 청구할 수 있다. 나아가 중앙노동위원회 재심판정결과에도 이의가 있을 경우 그 결정을 취소하는 소송을 제기할 수 있으며, 행정소송 절차에 따라 3심까지 진행될 수 있다.

2. 사회복지사 등의 처우 및 지위 향상을 위한 법률

1) 법 제정 배경

2011년 3월 30일 「사회복지사 등의 처우 및 지위 향상을 위한 법률」(약칭 : 사회복지사법)이 제정(법률 제10511호)되어 2012년 1월 1일부터 시행되었다. 본 법의 제정 배경은 일차적으로 사회복지사의 열악한 근무환경에서 기인한다. 즉, 사회복지법인 등에 종사하는 사회복지사 등이 지역단위의 사회복지서비스 전달체계의 주요한 구성요소임에도 불구하고 열악한 근로환경, 낮은 임금수준, 과중한 업무량으로 높은 이직률을 보이고 있어 사회복지서비스 제공의 지속성과 전문성을 위협함은 물론 사회복지 역량을 극대화하는 데 장애가 된다는 문제인식에서이다. 이에 따라 국가와 지방자치단체가 사회복지사 등의 처우와 지위 향상을 위하여 지속적이고 적극적으로 노력하도록 책무를 부여하고 사회복지사 등의 생활안정과 복지증진을 도모하기 위하여 사회복지공제회를 설립하여 운영하도록 함으로써 사회복지사 등의 처우를 개선하고 궁극적으로 국민의 복지를 증진하려는 배경에서 제정되었다.

이에 본 법은 사회복지사 등에 대한 처우를 개선하고 신분보장을 강화하여 사회복지사 등의 지위를 향상하도록 함을 목적(제1조)으로 하고 있다.

이후 본 법은 2018년 12월 11일 개정(법률 제15886호, 시행 2019. 12. 12)을 통해 사회복지사의 보수수준 개선을 위한 지방자치단체별 준수율 조사 공표 등의 규정을 신설함으로써 사회복지사 처우에 대한 실질적 조치들을 강화해 나가는 노력을 보이고 있다.

2) 법률의 주요 내용

(1) 사회복지사 처우개선과 신분보장

① 보수수준 향상

「사회복지사 등의 처우 및 지위 향상을 위한 법률」은 국가와 지방자치단체로 하여금 사회복지사 등의 보수가 사회복지전담공무원의 보수수준에 도달하도록 노력하여야 함을 명시하고 있다(제3조 제2항). 국가는 사회복지사 등의 적정 인건비에 관한 기준을 마련하여야 하며, 지방자치단체는 해당 기준을 준수하기 위하여 노력해야 한다(제3조 제3항). 이러한 조치들이 실행될 수 있도록 보건복지부 장관과 지방자치단체의 장은 사회복지사 등의 보수 수준 및 지급실태와 지방자치단체별 지급기준 준수율 등에 관하여 3년마다 조사·공표하여야 한다(제3조 제4항). 이 실태조사 결과를 바탕으로 사회복지사의 보수수준과 사회복지전담공무원의 보수수준을 비교하여 사회복지사 등의 보수수준에 관한 권고기준을 정하도록 하였다(시행령 제4조).

이에 2016년 보건복지부는 사회복지시설 종사자 인건비 가이드라인 지침을 통해, 기본급 등 인건비 지급기준의 우선 참고기준을 활용하되 봉급 및 수당기준은 개별시설과 지방자치단체 예산 사정 등에 따라 개별적으로 편성 가능하다고 명시하고 있다. 이때 국가와 지방자치단체는 사회복지사 등의 보수가 「사회복지사 등의 처우 및 지위 향상을 위한 법률」을 근거로 사회복지전담공무원의 보수수준에 도달하도록 급여 처우개선을 우선 과제로 추진하도록 하였다. 또한 근로기준법 제

56조의 규정에 따른 연장, 야간, 휴일근무수당, 퇴직금, 기타 4대 보험 등의 경우 근로기준법 및 개별법령을 준수하고 법정근로시간 과다초과 및 시간외근무수당 미지급 등에 따른 노사분쟁이 발생하지 않도록 권고하였다.

지방정부 차원에서도 서울특별시(2012) 및 부산광역시(2013) 등을 비롯하여 지방자치단체에서 사회복지사 등의 처우에 관한 조례를 제정하고 있고 실태조사 연구를 실시하였다. 서울시의 경우 「서울시 사회복지시설 종사자 처우개선 및 인사관리 체계 마련 연구」(서울시 · 서울복지재단, 2013)를 통해 2014년까지 사회복지시설 종사자 평균 급여수준을 공무원 대비 95% 수준으로 인상하는 방안을 제시한 바 있다.

② 신분보장

본 법률은 사회복지사 등이 사회복지법인 등의 운영과 관련된 위법하거나 부당행위 및 그 밖의 비리사실 등을 관계 행정기관과 수사기관에 신고하는 행위로 인하여 징계 조치 등 신분상 불이익이나 근무조건상 차별을 받지 않도록 규정함(제3조 제5항)으로써 사회복지사의 신분보호를 강화하기 위한 법적 장치를 마련하였다.

사 례 **동료직원의 장애인폭행 폭로하며 퇴직한 사회복지사**

〈사례의 개요〉 ㅇㅇ구청과 위탁계약을 맺은 서울시 ㅇㅇ구의 P 복지관에서 사회복지사 B씨(55)가 지적장애인 A양(25)을 상습적으로 폭행했다는 사실이 알려졌다.
이러한 사실은 P사회복지관 한 직원이 퇴사를 하면서 그동안 사회복지사 B씨(55, 현재 퇴사 후 이직)가 상습적으로 프로그램에 참여한 지적장애 여성 A씨를 폭행하는 장면을 촬영한 동영상을 가족에게 알리면서 폭로되었다. 이를 안 A씨의 어머니는 노원경찰서를 방문하여 폭행사건의 가해자 B씨를 고소했고, 이때 구청 장애인지원과 직원도 함께했다.

출처 : 에이블뉴스(2016. 4. 7).
www.ablenews.co.kr/News/NewsContent.aspx?CategoryCode=0014&NewsCode=001420160407114351844889

〈생각해 볼 문제〉 가족에게 폭행 사실을 알리고 퇴사한 직원은 보호될 수 있는가?
- 장애인복지법 제59조의4 제2항 제1호에 따라 사회복지시설에 종사하는 자는 장애인학대 신고 의무자이며, 제3항에 의해 신고인의 신분은 보호되어야 하고 그 의사에 반하여 신원이 노출되어서는 아니 된다고 규정되었다.

(2) 한국사회복지공제회

사회복지사 등은 생활안정과 복지증진을 도모하기 위해 보건복지부 장관의 인가를 받아 한국사회복지공제회를 설립할 수 있으며(제4조), 사회복지사업법 제11조에 따른 사회복지사, 제2조에 따른 법인 및 시설 등에 종사하는 사람, 민법 또는 다른 법률에 따라 설립된 법인 등에서 사회복지 관련 업무에 종사하는 자 등이 회원으로 가입할 수 있다(제4조의3).

공제회는 회원에 대한 공제급여의 지급, 사회복지시설의 안전·화재 등에 대한 공제사업과 자금조성을 위한 사업 및 회원의 복지·후생을 위한 사업을 수행한다(제6조). 대표적인 사업으로 사회복지종사자 상해보험 사업을 진행하여 보험료 일부를 지원하고 있다.

총 10개의 조로 구성된 본 법률에서 제4조에서 제9조에 이르는 규정은 모두 공제회의 조직과 회원자격, 사업, 재원, 행정조치 등으로 대부분의 내용이 한국사회복지공제회와 관련된 규정이 차지하고 있다.

사 례 사회복지사 권익보호 위한 주요 단체(서울사회복지공익법센터, 한국사회복지공제회)

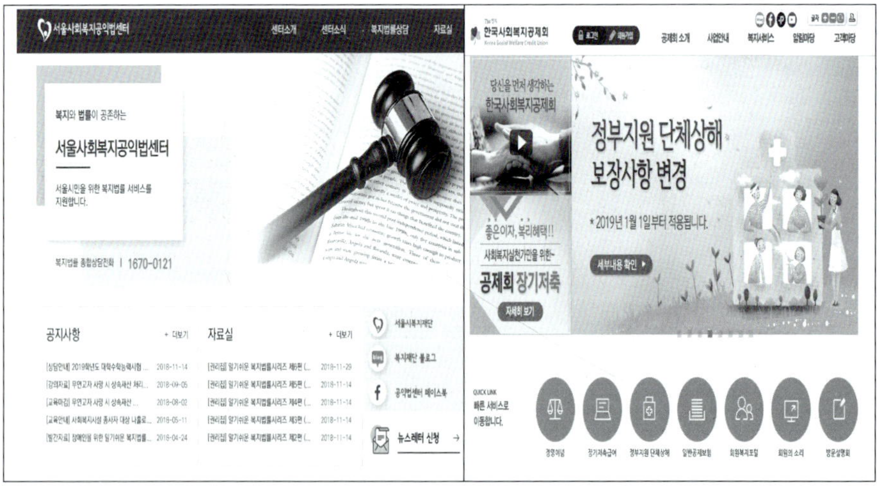

3) 법률의 문제점

「사회복지사 등의 처우 및 지위 향상을 위한 법률」은 법률명과 입법목적을 통해 사회복지사 등의 처우개선과 신분보장을 강화하여 사회복지사 등의 지위를 향상함을 목적으로 하고 있다. 그러나 이러한 입법목적의 구체적 실현은 지방자치단체로 일임하고 있으며 임의규정으로 명시되어 있어 결국 사회복지사 등의 처우개선은 지방자치단체의 재량과 법 준수 노력에 달려 있을 수밖에 없다. 또한 법률의 대부분이 '한국사회복지공제회'의 설치에 관한 사항을 규정함으로써 본래의 입법목적과 실효성을 달성하는 데 충분한가에 대한 의문점이 든다.

현재의 법률 규정만으로는 단지 현재의 열악한 처우만이라도 개선될 것이라는 사회복지사의 처우개선과 같은 외형적인 지위향상조차 실현되기 어려울 수 있다는 것이다.

더 중요한 문제는 사회복지사의 인권증진과 권리보장에 대한 근본적인 규정이 없다는 것이다. 이러한 문제에 대해 국가인권위원회는 상임위원회 결정으로 사회복지사 인권증진 및 처우개선을 위한 관련 법령 개정을 보건복지부 장관과 광역자치단체장에게 각각 권고한 바 있다(국가인권위원회, 2014. 8. 21).

구체적인 내용으로 첫째, 「사회복지사 등의 처우 및 지위 향상을 위한 법률」에 사회복지사의 권리 및 신분보장에 대한 근거규정을 신설할 것을 권고하였다. 이는 사회복지사가 자신의 전문지식과 경험, 양심에 따라 개입 및 실천기술을 사회복지가 필요한 당사자와 협의하여 선택할 수 있고 그 지위와 신분에 영향을 미치는 부당한 간섭을 받지 아니하도록 '사회복지사의 직무상 권리와 신분보장을 위한 근거규정'을 의미한다. 둘째, 광역자치단체장에게는 보건복지부의 사회복지시설 종사자 인건비 가이드라인을 준수할 것을 권고하며, 미이행 시 보건복지부 장관이 준수율을 공고하여 이행을 독려하는 방안을 마련할 것을 동시에 권고하였다.

3. 주요 판례

1) 대법원 2014두250 : 공무상요양불승인처분 취소

-과로로 뇌출혈 사회복지공무원의 공무상 '산재판정'-

(1) 사건개요

2000년 공무원에 임용된 조모 씨(45)는 2006년부터 목동주민센터에서 사회복지사로 일했다. 조 씨의 담당지역은 재개발 전까지 '해방촌'이라고 불리던 쪽방촌으로, 주민이 공중화장실을 이용하는 저소득층 밀집지역이었다. 조 씨는 2007년 해방촌에 재개발 사업이 시작되자 수급자들의 보상과 이주지원과 관련된 조사업무를 맡게 됐고, 1년 동안 170가구를 정리하면서 수급자들의 반발을 사며 수급자들로부터 욕설과 폭언에 시달리는 건 예사였다. 게다가 2011년부터 방문상담을 통해 수급자 조사를 하고 민간자원을 발굴해 맞춤형 복지를 지원하도록 업무 강도도 높아졌다. 복지담당 부서 공무원은 조 씨를 포함해 3명이었지만, 민원인의 상담에 응대하는 것은 조 씨의 업무였다.

조 씨는 뇌병변 1급을 앓고 있는 어린 아들을 돌보기 위해 정시에 퇴근했지만, 아들을 재우고 밤늦게까지 업무를 처리하는 일도 잦았다.

결국 조 씨는 2011년 10월 집에서 쓰러져 병원으로 이송되어 뇌내출혈 진단(뇌출혈)을 받고 공무원연금공단에 요양신청을 냈지만 거부당하자 2012년 5월 행정소송을 냈다. 1심과 원심에서 조 씨는 승소하였으나 공무원연금공단이 다시 대법원에 상고한 판례이다.

(2) 판결

공무원연금법 제35조에서 정한 '공무상 질병'은 공무원이 공무집행 중 그로 인하여 발생한 질병을 뜻하므로 공무와 질병 사이에 상당인과관계가 있어야 하는바, 주된 질병 발생원인이 공무와 직접 관련이 없다고 하더라도 직무상 과로가 주된 질병 발생원인에 겹쳐서 질병을 유발하거나 악화시켰다면 상당인과관계가 있다고 보아야 한다. 그리고 과로로 인한 질병에는 평소 정상 근무가 가능한 기초질병이나 기존 질병이 직무 과중으로 급속히 악화된 경우까지도 포함되며, 상당인과관계의 유무는 보통 평균인이 아니라 그 공무원이 가진 건강과 신체조건을 기준으로 하여 판단하여야 한다(대법원 1994. 12. 13. 선고 94누9030 판결 등 참조).

제1심 판결과 원심판결의 이유에 의하면, 원심은 다음과 같은 이유로 원고의 과중한 업무에 따른 피로와 스트레스가 심하게 누적된 탓에 다른 유인과 함께 뇌동맥류 등 기존 질환을 자연경과 이상으로 급격히 악화시켜 뇌동맥류 파열로 인한 지주막하출혈 및 뇌내출혈이 발생한 것으로 봄이 상당하다는 이유로, 이 사건 상병과 원고가 수행한 업무 사이에 상당인과관계가 있다고 판단하였다.

① 원고와 같이 일선 주민센터에서 사회복지업무를 담당하는 사회복지사의 경우 민원인들의 항의, 폭언, 협박 등에 시달리는 경우가 허다한 것이 일반적이고 그로 인하여 우울증에 시달리거나 심지어는 자살을 하는 공무원도 있는바, 원고는 목동주민센터에서 근무하던 2007년경 목동해방촌 수급자 책정 및 조사업무를 담당하면서 170가구를 정리하는 과정에서 수급자들로부터 갖은 욕설과 폭언을 들어야만 했고, 그 후에도 저소득층의 민원인이나 수급자들과의 전화·대면 상담과정에서 심한 과로와 스트레스에 시달렸던 것으로 보인다.

② 원고가 담당하던 복지 관련 업무 중, 특히 2011. 1.부터 사례관리가 매월, 분기별, 연간 방문상담을 통하여 욕구조사를 하고 민간자원까지 발굴 연계하여 맞춤형 복지 지원을 하도록 강화되었을 뿐 아니라 보편적 복지업무가 증가하였으며, '복지만두레' 조직을 재정비하고 활성화하기 위한 정책에 따라 행사개최, 교육, 홈페이지 구축 업무가 추가되는 등 업무량이 대폭 증가하였다.

③ 원고는 2008년과 2010년 건강검진 당시 고혈압 또는 당뇨병 질환이 의심된다는 진단을 받은 적이 있으나, 총 콜레스테롤 수치가 정상범위 이내로 측정되는 등 심각한 건강상 문제에 이르지는 않은 것으로 보이고, 그 밖에 다른 질환은 없으며, 평소 음식조절과 걷기 운동을 하며 꾸준히 건강관리를 해왔다.

④ 원고에게 발생한 뇌동맥류는 고혈압에 의하여 장기간에 걸쳐 크기가 증가하다가 파열되는 뇌동맥류와 달리 그 크기가 작고 투사방향(동맥류의 장축이 향하고 있는 방향)이 후방을 향하고 있는 동맥류로서 급격한 혈관의 변화에 의하여 발생하고 파열된 것으로 추정되므로, 원고의 경우 과로 및 스트레스로 인하여 일시적으로 혈압이 상승하여 위 뇌동맥류가 파열되었을 가능성이 충분히 있다. 이에 공무원연금공단의 상고를 기각한다.

(3) 판례의 의의

공무원연금법의 운영기관은 공무원연금공단이며 공무상요양비 지급요건 심사를 행함에 있어 관련 법률 규정을 해석하여 적용한다. 즉, 업무에 기인한 공무상 질병 여부의 판단을 하는 행정청의 처분에 따라 권리의 보장 여부가 결정된다는 것이다. 그러나 이 판례의 경우 행정청의 처분 결과에 이의가 있을 경우 권리구제 절차는 결국 행정소송에 의한 사법적 판단에 맡겨지며 그 결과 수급권을 보장받은 것이다. 사회복지전담공무원 역시 예외는 아니었다.

산업재해보상보험 등의 급여자격 심사는 제도를 운영하는 근로복지공단인 행정청이 담당하고 있으며, 대부분 법률과 행정지침 규정의 엄격한 문자적 해석 및 재량적 판단에 의거하여 판정하는 경우가 많다. 이로 인해 발생하는 공단의 급여불승인 처분 등이 있을 경우 행정소송으로 이어지는 경우가 많으며 이러한 판례의 축적으로 구체적인 행정지침으로 반영되거나 산재보험 수급권 보장이 확대되고 있다.

민간 사회복지기관에 근무하는 사회복지사 역시 산재보험적용 대상자이다. 그러나 실제 사회복지업무 수행 중 또는 업무에 기인한 사고나 질병에 대해 어느 정도 산재보험의 적용을 받고 있는지에 대한 기본적인 실태조차 알기 어렵다. 사회복지사 등의 처우 및 신분보장에 관한 법률에 의한 공제회에서 사회복지사 상해보험 가입지원을 별도로 하고 있으나 그 이전에 근로자로서 사회보험 수급권이 제대로 적용되고 있는지 파악해 볼 필요가 있을 것이다.

2) 청주지법 2012. 12. 27. : 주민투표법 위반 노인 부재자 대리신고 사회복지사 선고유예

(1) 사건개요

사회복지사 이 씨(37)는 2012년 6월 자신이 일하는 충북 청원군 현도면의 한 사회복지시설에 있는 노인 48명의 청주 · 청원 통합결정을 위한 주민투표 부재자 신고서를 대리 작성해 주었다. 선거관리위원회는 이 시설의 신고서 상당수가 같은 필적인 점을 의심하여 조사에 착수해 이 씨가 노인들의 의사를 묻지 않고 대리 작성한 사실을 밝혀냈다.

선거관리위원회 고발에 따라 검찰이 벌금 300만 원에 약식 기소하자 사회복지사 이 씨는 정식재판을 청구했다. 재판이 시작되자 청주 · 청원 통합에 찬성했거나 반대했던 단체 위원들이 이 씨를 선처해 달라는 취지의 탄원서를 잇달아 제출했다.

(2) 판결

청주지법 형사4 단독(유이나 판사)은 2012년 12월 27일, 거동이 불편한 노인들의 부재자 투표신고서를 대리 작성한 사회복지사는 법률을 잘 알지 못해 벌인 일이고, '요양자들의 투표 편익을 위한다는 순수한 마음에서 부재자 투표 신고서를 작성한 것으로 보인다'며 부득이 유죄를 선고하지만 그 형의 선고를 유예한다고 판시했다.

(3) 판례의 의의

사회복지사라 해도 직업수행에 직접적으로 관련된 사회복지법 지식에 대한 이해뿐 아니라 일반 국민으로서 지켜야 할 보편적인 법규범이 존재한다. 사회복지시설에 거주하는 생활인도 똑같은 투표권의 권리를 가지며 선거법을 지킬 의무를 갖는다. 이 판례는 법률에 대해 잘 알지 못한 채 사회복지대상자를 위해 행한 행위라도 위법할 경우 사회복지사 역시 법적 쟁송의 대상자가 될 수 있음을 보여준다.

3) 서울행정법원 2007구합46005 : 부당해고 및 부당노동행위 구제 재심판정 취소

(1) 사건의 개요

원고는 2006년 ○○시 장애인종합사회복지관에 입사한 사회복지사로서 노동조합의 조합원 지위에 있다. 2007년 복지관이 경기도재활프로그램에 선정되자 원고(사회복지사)를 주관부서인 직업재활팀에 파견근무를 명하였으나 원고는 이에 불응하고 시말서 제출명령도 여러 번 불응하여 복지관 인사위원회로부터 견책처분(해고)을 받았다. 이에 원고는 복지관의 징계처분이 부당하며 조합원이라는 이유로 행한 이 처분은 부당노당행위에 해당하므로 이를 구제해 줄 것을 경기지방노동위원회에 청구했으나 부당징계 및 부당노동행위 구제 신청 각각에 대해 기각판정되었다. 이후 중앙노동위원회에 재심판정을 청구하였으나 이 역시 기각되자 서울행정법원에 행정소송을 하였고 서울행정법원은 중앙노동위원회 재심판정 중 부당해고에 대해 기각한 재심판정을 취소하라는 판결을 하였다.

(2) 판결

서울행정법원은 이 사건 징계가 정당한지에 대해 복지관 인사규정에 의한 인사위원회 구성 수에 있어 경미한 절차 위반이 있으나 이 사건 징계가 부당하여 무효라고 보기 어려우며, 근로계약서 내용에서 직위를 사회복지사로 정하고 있을 뿐 담당업무를 제한하지 않았고, 오히려 근무장소는 복지관으로 하되 운영상 필요에 따라 직종이나 근무장소를 변경할 수 있다고 명시하고 있으며, 직업재활팀과 원고가 근무한 보호작업장의 업무가 상당히 유사하고 직업재활팀 인원 보충이 필요했으며, 파견명령으로 인한 출퇴근시간이나 급여 및 근무시간 등 조건이 다르지 않은 등 파견근무명령이 권리남용으로 보기 어려울 뿐 아니라 오히려 원고가 정당한 업무명령인 파견근무명령을 따르지 않은 행위는 이 사건 복지관의 인사규정 및 복무규정을 위반한 것으로 징계사유에 해당한다. 그러나 시말서 제출명령을 따르지 않은 것을 이유로 또 다른 독립된 징계사유(견책징계로 부당해고)로 삼은 것은 헌법에 보장되는 양심의 자유를 침해하는 위법한 업무명령에 해당하므로 복지관의 징계재량권을 남용한 것으로 위법하다.

하지만 원고가 주장한 복지관의 징계행위가 조합원으로서 적극 관여하고 있는 노동조합에 대한 부당노동행위에 해당한다고 볼 수는 없다고 하였다.

결론적으로 서울행정법원은 복지관에 원고에게 내린 본 사건 징계(해고)는 위법한 부당해고로 판단하여 중앙노동심판위의 재심판정을 취소하였다.

(3) 판례의 의의

본 판례는 사회복지사가 사회복지기관에 입사할 때 체결하는 근로계약서의 내용에 대한 이해와 의무이행의 중요성을 환기시킬 뿐 아니라 사회복지기관 내부의 인사규정 및 복무규정의 내용과 절차 준수가 매우 중요함을 다시 한번 일깨워 주고 있다. 나아가 사회복지사 스스로가 부당한 징계 또는 해고라고 판단될 때 일차적인 권리구제 절차인 행정심판(노동위원회 등) 청구를 거치고 그 결과에도 승복하기 어렵다면 행정소송 절차를 거쳐나가면서 1심에서 복지관의 징계가 부당해고임을 확인받는 결과를 이끌어 냈다는 데 의의가 있다.

그럼에도 본 판례는 사회복지사(원고)가 중앙노동위원회를 피고로 하여 제기한 1심 소송 결과이며, 이후 중앙노동위원회가 항소를 제기할 수도 있을 뿐 아니라 종국적으로는 대법원까지 상고될 수 있기 때문에 확정적인 해석에는 주의를 필요로 한다.

요 약

- 사회복지사에 대한 법적 접근은 사회복지사의 법률적 지위, 법적 책임과 의무, 그리고 근로자로서 사회복지사가 갖는 권리와 전문직으로서의 권한, 법적 보호장치들을 다룬다.
- 사회복지사의 법률적 지위는 사회복지사업법 규정에 의한 사회복지사 자격요건에 기반하며 사회복지전담공무원은 공무원법에 준하는 법률적 신분을, 그리고 민간 사회복지 종사자는 근로기준법 및 노동관계법과 「사회복지사 등의 처우 및 지위 향상을 위한 법률」 등에 의한 법률적 신분을 보장받는다.
- 사회복지사 결격사유 및 채용금지 규정을 담고 있는 사회복지사업법은 사회복지사업 종사자들에 대한 강제적 행위규범으로서 기능을 하고 있으며 관련된 판례들을 발견할 수 있다.
- 사회복지사들의 열악한 근로조건과 근무환경에 대한 문제가 사회적 · 정책적 이슈로 등장하면서 「사회복지사 등의 처우 및 지위 향상을 위한 법률」이 제정되었음에도 여전히 복지와 인권의 사각지대에 놓여 있는 사회복지사 처우의 문제는 해결되지 않고 있으며 본 법의 입법 목적을 실현하기 위한 수단적 장치가 보완될 필요가 있다.
- 사회복지사는 법적 지식의 미흡과 적극적인 법적 권리 요구에 대한 미온적 태도, 사회복지실천 과정에서 의도하지 않게 발생한 법적 분쟁 등의 상황에 놓일 수 있으나 이러한 상황에 도움을 줄 수 있는 제도적인 법적 지원 장치는 여전히 미흡한 실정이다.

참고문헌

국가인권위원회 상임위원회 결정문(2014. 8. 21).

김유경 외(2014). 사회복지시설 종사자 보수수준 및 근로여건 실태조사. 한국보건사회연구원.

김종건 · 배화숙(2014). 사회복지사 등의 복지증진 계획수립 연구. **지역사회**, 71, 129-141.

김종해 외(2013). 사회복지사 인권상황 실태조사. (사)한국노동사회연구소 · 국가인권위원회.

변경희 외(2014). 장애인거주시설 종사자의 인권보호 및 서비스 질 향상에 관한 연구. 한신대학교 산학협력단.

보건복지부(2016). 2016년 사회복지시설 종사자 인건비 가이드라인(게시용).

보건복지부 · 한국사회복지사협회(2016). 2016 사회복지사 보수교육 운영지침.

______________________(2017). 사회복지시설 종사자 폭력피해 예방 매뉴얼.

서동명 외(2016). 2016 서울시 사회복지사 근로실태조사 분석결과. 서울시 사회복지사협회.

서울시복지재단(2013). 사회복지시설 종사자 처우 개선 및 인사관리 체계 마련 연구. 서울시.

손영은 외(2018). 2018 사회복지사 통계연감. 한국사회복지사협회.

인천발전연구원(2014). 인천광역시 사회복지시설 종사자 처우 실태조사 및 개선 연구.

최병근(2019). 사회복지종사자 인권보호를 위한 개선과제. 이슈와 논점, 제1563호. 국회입법조사처.

대한법률구조공단 홈페이지. www.klac.or.kr

동아일보 오피니언(2014. 7. 28). www.news.donga.com

서울사회복지공익법센터 홈페이지. swlc.welfare.seoul.kr

서울시사회복지사협회 홈페이지. sasw.or.kr

중앙일보(2012. 12. 27). news.joins.com/article/10280310

부록

부록 1. 주요 사회복지법 제정 및 개정 연표

윤락행위등방지법 제정(~1995)	1961		
생활보호법 제정(~1999)			
아동복리법 제정(~1981)	1962		
사회보장에관한법률 제정(~1995)	1963	1963	산업재해보상보호법 제정
의료보험법 제정(~1976)	1963		
		1970	사회복지사업법 제정
국민복지연금법 제정(~1986)	1973		
의료보험법 전면개정 시행(~1999)	1976		
		1977	의료보호법 제정
심신장애자복지법(~1989)	1981	1981	아동복지법 전부개정 노인복지법 제정
		1986	국민연금법 전부개정
모부자복지법 제정(~2008)	1989	1989	장애인복지법 전부개정
		1991	영유아보육법 제정
		1993	고용보험법 제정
		1995	사회보장기본법 제정
		1996	정신보건법 제정
청소년보호법 제정	1997	1997	가정폭력방지 및 피해자보호 등에 관한 법률 제정 사회복지공동모금회법 제정
		1999	국민건강보험법 제정 국민기초생활보장법 제정
건강가정 기본법 제정	2004	2004	성매매방지 및 피해자보호 등에 관한 법률 제정
		2005	긴급복지지원법 제정
		2007	한부모가족지원법 개정
		2008	장기요양보험법 제정 다문화가족지원법 제정
		2010	장애인연금법 제정 성폭력방지 및 피해자보호 등에 관한 법률 제정
사회서비스이용 및 이용권에 관한 법률 제정	2011	2011	노숙인 등의 복지 및 자립지원에 관한 법률 제정 장애인활동 지원에 관한 법률 제정 장애아동 복지지원법 제정
사회보장기본법 개정	2012	2012	청소년복지 지원법 전부 개정
사회보장급여의 이용·제공 및 수급권자 발굴에 관한 법률 제정	2014	2014	기초연금법 제정 국민기초생활보장법 개정 아동학대범죄의 처벌 등에 관한 특례법 제정 발달장애인 권리보장 및 지원에 관한 법률 제정
		2016	정신건강증진 및 정신질환자 복지서비스 지원에 관한 법률 전부 개정

부록 2. 사회보장급여신청서

[별지 제1호 서식] <개정 2019. 1. 1>　　　　[1 면]

사회보장급여 신청(변경)서

처리기간: 별도안내

신청인	성명		주민등록번호 (외국인등록번호)		세대주와의 관계		전화번호	
	주소	(실거주지 주소[1] :)					휴대전화	
							전자우편	

구분	세대주와의 관계	성 명	주민등록번호 (외국인등록번호 등)	동거여부 (미동거 사유)	학력·재학여부 (학교명/학년반)	건강상태 (장애/질병)	취업상태: 직업	취업상태: 직장명	전화번호 (집/직장)
가족사항									
	1. 배우자 관계[2] (□ 법률혼 □ 사실혼 □ 사실상 이혼) 2. 외국여권 소지자명[3]:________, ________ 3. 국외출생자명[4]:________, ________ 4. 복수국적자명[5]:________, ________								

구분	수급자와의 관계	성 명	주민등록번호 (외국인등록번호)	주 소	가구원수	전화번호
부양의무자[6]	의					
	의					
	의					
	의					

구분	신청인과의 관계	성 명	금융기관명	계좌번호	비고(사유)[7]
급여계좌					
통지방법	□ 서면 □ 전자우편(E-mail) □ 문자메시지서비스(SMS) □ 기타( )				

1) 주민등록상 주소와 실제 거주지의 주소가 다른 경우 실제 거주지의 주소 기재(주거급여 신청자 중 임차가구에 한함)

2), 3) 해당자에 한함

4), 5) 아동수당, 양육수당 신청대상에 한함

6) 부양의무자 조사 사업 해당자에 한함(부양의무자 : ① 수급권자의 1촌의 직계혈족, ② 수급권자의 1촌의 직계혈족의 배우자, 다만 사망한 1촌의 직계혈족의 배우자는 제외)

7) 동일보장가구원의 계좌가 아닐 경우 사유를 반드시 기재하고, 디딤씨앗계좌(CDA) 또는 압류방지통장이 있는 경우에도 반드시 기재

210㎜×297㎜(일반용지 60g/㎡(재활용품))

[2 면]

보장구분	사회보장급여 내용
기초생활보장	□ 생계급여 □ 의료급여 □ 주거급여(□ 자가 □ 임차[8] □ 기타[9]) □ 교육급여
영유아	□ 양육수당(대상자 이름 :), (□ 가정양육수당 □ 장애아동양육수당 □ 농어촌양육수당) □ 종일제 아이돌봄서비스(대상자 이름 :), □ 시간제 아이돌봄서비스(대상자 이름 :)
아동수당	□ 지급대상아동이름: ① ② ③)

<table>
<tr><td rowspan="2">아동·청소년</td><td>□ 초·중·고 학생 교육비 지원</td><td>① 방과후학교자유수강권 ② 급식(중식)비 ③ 고교학비지원
④ 교육정보화지원(PC, 인터넷통신비+유해차단서비스)
[PC 신청 여부 : □ 신청 □ 미신청]
[통신사 □ KT □ SK브로드밴드 □ LG U+ □ SK 텔레콤 □ 기타(　　)]
[인터넷 가입(예정)자 성명 :　　　, 주민번호 :　　　　]
* (필수) 본인 관련 정보를 정부, 지방자치단체 및 지정 기관(PC 설치업체, 인터넷 통신회사)에 제공 동의 □</td></tr>
<tr><td colspan="2">□ 소년·소녀가정 보호비 □ 청소년특별지원(□ 연장신청)</td></tr>
<tr><td>노 인</td><td colspan="2">□ 기초연금(□ 배우자 동시신청)</td></tr>
<tr><td>장 애 인</td><td colspan="2">□ 장애인연금(□ 배우자 동시신청 □ 차상위 부가급여) □ 장애수당
□ 장애아가족양육지원 □ 장애아동수당 □ 장애인자립자금 대여</td></tr>
<tr><td>한부모 가족</td><td colspan="2">□ 한부모 가족지원(급여지급, 증명서 발급) □ 청소년 한부모 자립지원(급여지급, 증명서 발급)</td></tr>
<tr><td>기 타</td><td colspan="2">□ 차상위계층 확인 □ 차상위 본인부담경감 □ 차상위 자활급여
□ 시설이용·입소 □ 희망키움통장(Ⅱ) □ 타법 의료급여[10] (　　　　)
□ 개발제한구역 거주민 생활비용보조 □ 사회복지공동모금회 등 서비스 의뢰 및 연계
□ 다문화가족 방문교육서비스-자녀생활서비스</td></tr>
</table>

<table>
<tr><th>〈개인정보 수집 및 활용 동의〉</th><th>확 인
(√ 체크)</th></tr>
<tr><td>1. 개인정보 활용 목적
동 신청서를 접수한 보장기관의 장이 「사회보장급여의 이용·제공 및 수급권자 발굴에 관한 법률」 제7조 및 제19조에 따라 지원대상자의 선정 및 확인조사 등을 위하여 개인정보를 활용하고자 합니다.
2. 활용할 개인정보와 동의요청 범위
인적사항 및 가족관계 확인에 관한 정보, 소득·재산·근로능력·취업상태에 관한 정보, 사회보장급여의 수혜이력에 관한 정보, 그밖에 수급권자를 선정하기 위하여 필요한 정보로서 주민등록전산정보·가족관계등록전산정보(기초생활보장은 본인, 배우자, 직계존·비속 및 그 배우자 정보, 영유아 및 한부모 가족은 본인, 배우자 및 직계비속 정보, 노인 및 장애인은 본인 및 배우자 정보), 금융·국세·지방세, 토지·건물·건강보험·국민연금·고용보험·산업재해보상보험·출입국·병무·보훈급여·교정 등 자료 또는 정보에 대하여 정기적으로 관계기관에 요청하거나 관련 정보통신망(행정정보공동이용 포함)을 통해 조회 및 적용하는 것에 대하여 동의합니다.
3. 개인정보 보유 및 파기
같은 법 제34에 따라 5년간 보유하고(지원대상자 보호에 필요한 사회보장정보는 5년을 초과하여 보유할 수 있음), 그 기간이 경과하면 파기함을 고지합니다.</td><td>□</td></tr>
</table>

< 유 의 사 항 >	확 인 (√ 체크)
1. 장애인연금의 차상위 부가급여를 신청하여 차상위 자격이 확인되었으나, 위탁 심사결과 장애등급이 경증으로 하락한 경우, 장애인연금 신청일을 장애수당 신청일로 처리하는 데 동의합니다.	□
2. 「사회보장급여의 이용·제공 및 수급권자 발굴에 관한 법률」 및 관계 법률에 따라 허위 또는 기타 부정한 방법으로 급여를 받거나 타인으로 하여금 급여를 받게 한 경우, 급여 지급 사유가 소급하여 소멸한 경우 등에는 보장비용을 지급한 보장기관이 그 비용의 전부 또는 일부를 그 급여를 받은 자 또는 급여를 받게 한 자로부터 환수할 수 있으며, 해당 법률에서 정한 바에 따라 징역, 벌금, 구류 또는 과태료 등의 처분을 받을 수 있습니다.	□
3. 사회보장급여의 제공여부 결정에 필요한 조사를 거부, 방해 또는 기피할 경우 관계 법률에 따라 신청이 각하되거나 결정이 취소되고, 급여가 정지 또는 중지되거나, 과태료 등이 부과될 수 있습니다.	□

4. 이 신청에 따라 사회보장급여를 제공받으면 거주지, 세대원, 소득·재산상태, 근로능력, 수급이력, 복수국적발생 등이 변동되었을 때 변동사유를 신고하지 않거나 허위로 신고한 경우 해당 급여는 환수될 수 있으며, 관계 법률에 따라 형사 처벌 또는 과태료 등의 처분을 받을 수 있습니다.	□
5. 사회보장급여 신청을 위해 작성·제출하신 서류는 반환되지 않습니다.	□
6. 사회복지공동모금회 등 서비스연계를 신청하는 경우, 신청을 대행하고 필요한 경우 관련 정보(성명, 주소, 연락처, 자격정보 등)를 제공하는 것에 동의합니다.	□
7. 교육급여를 신청한 경우, 초·중·고 학생 교육비 지원을 신청한 것으로 처리하는 것에 동의합니다.	□
8. 「국민기초생활 보장법」 제8조의2 제1항 제3호, 같은 법 시행령 제5조의6 제2항 제3호에 따른 부양의무자 기준 미적용 요건이 향후 변경되는 경우(부양의무자 또는 그 가구원의 기초연금·장애인연금 수급권 소멸·상실 또는 지급 정지, 장애등급 하향조정 등)에는 같은 법에 따른 급여가 정지 또는 중지될 수 있으며, 부양의무자 조사를 위한 서류('금융정보등 제공동의서' 등) 제출이 필요할 수 있습니다.	□
9. 기초생활보장급여를 신청한 경우 차상위계층 지원사업(차상위계층 확인, 차상위 본인부담경감, 차상위 자활급여)을 신청한 것으로 처리하는 것에 동의합니다. 기초생활보장급여를 신청하였으나 조사 결과 부적합한 경우, 기초생활보장급여가 전부 중지된 경우에는 관련 개인정보를 활용하여 차상위계층 지원사업 지원 여부를 확인하고, 그 결과를 안내 받는 것에 동의합니다.	□
10. 차상위계층 지원사업 수급 중 소득이나 재산 등이 변동된 경우에는 「국민기초생활보장법」 제21조의 제2항에 따라 기초생활보장급여를 신청하는 것에 동의하며, 이 경우 관련 개인정보(수급가구 및 부양의무자 가구의 정보)를 활용하는 것에 동의합니다.	□

본인(대리신청인 포함)은 개인정보 활용 동의와 유의사항에 대하여 담당공무원으로부터 안내받았음을 확인하며, 위와 같이 사회보장급여를 신청합니다.

년 월 일

신청인(대리 신청인)[11] 성명 : (서명 또는 인)

(배우자 동시신청 시) 배우자 : (서명 또는 인)

특별자치시장·특별자치도지사·시장·군수·구청장·교육감 귀하

8) 민간·공공임차, 사용대차, 공동생활가정 거주자,

9) 가정위탁(입양대상), 보장시설, 타 법령 우선지원 주거시설, 공공운영 공동생활가정 등

10) 「의료급여법」 제3조 제1항 제2호부터 제10호에 해당하여 의료급여를 받고자 하는 수급권자

11) 가족, 친족(8촌 이내의 혈족, 4촌 이내의 인척), 사회복지담당공무원 및 기타 관계인(후견인) 등

210㎜×297㎜(일반용지 60g/㎡(재활용품))

부록 3. 사회복지법제 자료 접근을 위한 유용한 웹사이트

가정법원(서울). slfamily.scourt.go.kr
국가법령정보센터. www.law.go.kr
국가인권위원회. www.humanrights.go.kr
국민건강보험공단. www.nhis.or.kr
국민연금관리공단. www.nps.or.kr
근로복지공단. www.kcomwel.or.kr
대한민국 국회. www.assembly.go.kr
대한민국 법원. www.scourt.go.kr
대한법률구조공단. www.klac.or.kr
법무부. www.moj.go.kr
법제처. moleg.go.kr
보건복지부. www.mohw.go.kr
사회보장정보원. www.ssis.or.kr
서울사회복지공익법센터. swlc.welfare.seoul.kr
서울특별시 사회복지사협회 권익상담센터. sasw.or.kr/zbxe/counsel
서울행정법원. sladmin.scourt.go.kr
여성가족부. www.mogef.go.kr
주거급여 홈페이지. www.myhome.go.kr
중앙노동위원회. www.nlrc.go.kr
중앙아동보호전문기관. korea1391.go.kr
중앙행정심판위원회 온라인행정심판. center.simpan.go.kr
찾기 쉬운 생활법령 정보. www.easylaw.go.kr
한국사회복지공제회. www.kwcu.or.kr:444/index.do
헌법재판소. www.ccourt.go.kr

찾 / 아 / 보 / 기

저/자/약/력

■ 정진경

현 광운대학교 행정학과 교수, E-mail : whitenap@kw.ac.kr

이화여자대학교 사회사업학과 졸업 및 동 대학원 사회복지학과에서 석 · 박사학위를 취득하였다. 삼성전자와 행정자치부의 현장실무를 거쳐 침례신학대학교 사회복지학과 전임강사로 재직한 바 있다. 2007년부터 광운대학교 행정학과 교수로 재직 중이며, 광운대학교 상담복지정책대학원 원장을 역임하였다.
보건복지부 규제심사위원, 행정안전부 정책자문위원, 대통령실 시민사회수석 정책자문위원, 총리실 자원봉사진흥위원회 위원, 국가보훈처 갈등관리심의위원, 서울서부지검 보통고충처리위원 등으로 활동하였다.
사회복지법제와 실천은 가장 사랑하는 과목 중 하나이다.

사회복지법제와 실천

|저자| 정진경

|1판 1쇄| 발행 2016년 9월 5일
|1판 2쇄| 발행 2018년 3월 15일
|2판 1쇄| 발행 2019년 7월 30일

|발행인| 김 동 훈
|발행처| **공 동 체**

|주소| 경기도 고양시 일산동구 호수로 358-39 동문타워 I 905호(백석동)
|전화| 031) 920-8305(대표)
|팩스| 031) 920-8308
|e-mail| compub@naver.com
|출판등록| 2005년 10월 6일
|등록번호| 제396-2005-36호

|ISBN| 979-11-6105-444-5
정가 18,000원